張夢機著

文史哲學集成

詞律探原

文史哲出版社印行

詞律探原 / 張夢機著. -- 初版 -- 臺北市：
文史哲, 民 70.11 印刷
面；　公分（文史哲學集成;63）
ISBN 978-957-547-272-6（平裝）

文史哲學集成 63

詞律探原

著　者：張夢機
出版者：文史哲出版社
http:// www.lapen.com.tw
e-mail：lapen@ms74.hinet.net
登記證字號：行政院新聞局版臺業字五三三七號
發行人：彭正雄
發行所：文史哲出版社
印刷者：文史哲出版社
臺北市羅斯福路一段七十二巷四號
郵政劃撥帳號：一六一八〇一七五
電話886-2-23511028・傳真886-2-23965656

實價新臺幣五二〇元

一九八一年（七十年）十一月初版

ISBN 978-957-547-272-56　00063

自序

夫倚聲之學，源於隋之燕樂，三唐導其流，五代揚其波，至兩宋遂蔚爲巨觀。是知倚聲之道，本樂辭相資，出乎喉舌，合乎絲篁，初爲諧律而作。惟自詞樂亡其節奏，失其鏗鏘，作者既無準繩，歌者益乖規槷，而詞律之理，遂漸闇於世。曩者王氏晦叔、張氏玉田、凌氏廷堪、方氏成培諸家，考訂律呂，推求牌調，或鈎稽遺譜，細繹祕文，雖亦精言蔚起，片羽猶珍，然終覺文約旨晦，堂奧難窺，爰逮近世，專著寖多，惜又爲陳言蠹說所蔽，是以論者愈衆，而治絲益棼，苟非詳加董理，實難盡窺其全豹，此則本書之所由作也。惟綆短汲深，恐不足以副之耳。

本書區爲四章，都三十萬言。於章節條目之安排，內容詳略之增損，嘗數易其稿，煞費經營。玆撮其旨要，依次說明於后：

第一章曰中國詩樂關係略說。此章蓋總述詩樂遞嬗代變之軌轍也。以時代言之，則自周秦而漢魏，而南北朝，而李唐趙宋，而胡元朱明。以詞章言之，則自三百篇而楚辭，而樂府，而詩詞，而雜劇傳奇。以聲樂言之，則自古樂而清樂，而燕樂。雖衆類紛披，群品雜呈，然樂聲之盈銷，文運之隆替，均可於此覘之。竊觀夫吾國韻文，一體之成，譬猶水之由細流而滙爲江河也，有千里會流者焉，有九派分酬者焉，遠祧近嗣，鉅細不捐，縱源雜而支繁，要難自外於聲樂，則可確認也。溯乎歌謠之起，遠肇唐虞，賡歌擊壤，純乎天籟，厥後風詩三百，周樂以興，九歌祀神，楚聲彌盛，降及西漢樂章，唐詩宋詞，北劇南曲，靡不聲樂俱備，律呂相和，雖各代名制互異，要其性質，皆屬樂府。故欲推索詞章流變之跡，宜兼及聲樂，彰彰明甚矣。若但知尋繹其詞，而昧於詞樂之嬗遞，雖累紙千萬，亦終莫得其條貫之所在。本書探究詞律本源，而先論歷代詩樂相契之關係，其意卽在於此。

第二章曰樂曲嬗變與詞體之建立。詞體之興，異說紛紜，莫衷一是。論者大抵窺一斑以概全豹，見廊廡而稱廟堂，此乃皮相之論，未爲得也。究其乖誤，殆有三端：一曰不知詞乃音樂文學，徒就形式或長短，以辨其源，誤謬孰甚；二曰不知一種文體之興，如人造酒，必醞釀久長，漸變其質，漸易其貌，而後成焉。若謂其體一變遂逕爲某體，則吾知其不能溯長流以探遠源矣；三曰不知一種文體之興，必承衆流而彙多變，以時而言則遠因近緒，以地而言則內蘊外爍，然後化合多元質素，以成新物。若謂某體必自某體蛻出，則是管錐之見，吾知其不能周顧整體矣。原夫詞體之興，實繫於隋唐以來之多元化音樂。以時言之，則古今之樂並存。以地言之，則華戎之樂兼備。若大別其類，則有前代清樂之餘響，有西域傳入之胡樂，有清、胡交融之新聲而當時名曰燕樂者。蓋雅樂至隋唐，典諸太常，見薄當世，僅聊備宮懸而已，實不足影響當世樂風。而清樂流衍變易，舊曲淪亡，新曲孳衍，先是融入吳聲西曲，後又羼入胡樂，始終進化不已，且又世代流響，何嘗銷歇？而胡樂東漸，至隋唐而大盛，然亦不免受清樂影響。如是中西交滙，遂形成有唐壯盛博大之樂風。故審唐世音樂，有清樂舊曲，有以清樂爲本而融合胡樂之新聲，有直接輸入之胡曲，有以胡樂爲本而融合清樂之新聲，此一現象，益徵隋唐音樂之多元性。而卽此多元性之音樂背景，乃所以釀就吾國另一新生之音樂文學，卽所謂詞者也。

第三章曰詞樂之音律與宮調。論詞而欲探源星宿，則不能不講樂律，欲尋繹詞與音律之關係，則非窮古樂燕樂之變，通音律宮調之微，無以爲功，此不待言也。雖然，音聲出口，移時而杳，未可形求，趙宋以前，文士伶工，旣未能纂集譜法，勒成專書，則處今日而論詞樂之源，音律之變，終難免扣槃捫燭之誚，吾人所能致力者，惟據前代典籍中論律之言，而加以推闡耳。所幸趙宋以還，言樂律之書漸多，悉心研摩，當有助於樂律之索解。至宮調一道，固甚秘奧，然明乎隔八相生之義，還相爲宮之法，則八十四調所由成，七宮十二調所從出，亦略可推索而知。故本章探究詞樂，大抵董理前世論樂之言，論列是非，洞悉本末，以期窮詰音律之變，而進窺詞樂之理。文詞本倚聲而作，則詞中所表之情，必與曲中所表之情相應，是以製詞之道，首貴乎辭與聲之相副，詞調之風格，猶內涵之特質，而抒旨屬辭，猶特質之外發，如聲旨與詞旨不能相符，又庸有當乎？故就倚聲而論，必憑依一詞調之本質風格，以敷辭旨之方向，始足以發其實；若矜言意匠天工，而敝屣詞調特質，則終不免偏頗之誚。本章末節於宮調與聲情之關係，特作詳明解說者，職是故也。

第四章曰唐五代詞考源及訂律。詞本聲學，原爲應歌而作，唐五代之作，固爲最富音樂之文字矣。惟自樂譜亡佚，倚聲者遂漫無矩矱，萬樹詞律、御製詞譜等取前賢詩餘，參伍比勘，意在求其通律，立爲程式，誠亦功在詞壇，惟敦煌殘卷所載唐詞，猶未及見，終不免遺珠之憾，則本章卽緣是而作也。本章體例，首列曲調考源，次列異名，次列宮調，又次於行間列詞譜，而以訂律爲之殿焉。詞調初創，卽爲詞題，後乃流於泛詠，然沿波討源，必知所自，故本章鈎稽載籍，考證出處，必得其所昉而後乃安。又詞律之義有二，一爲詞之音律，一爲詞之格律。前者謂宮商，後者謂字句間之聲響。格律止求諸乎喉舌，音律則兼求諸乎筦絃。故本章訂律，先攷其宮調，宮調既定，則臚列唐五代同一調名之詞，比勘其句法聲響，與夫平仄之通假，以攷訂其格律，蓋欲倚聲塡詞者於謹守繩墨之餘，並須會通其變也。

余自民國四十九年負笈台灣師範大學以後，卽備蒙林師景伊、李師漁叔之循循教誨，於詞藝音律之學，奠其初基。其後又蒙高師仲華、鄭師因百之殷殷啟廸，於是而有本書之作。撰寫期間，復蒙潘師石禪、邱師爕友、李教授殿魁、洪教授惟助，或賜借珍本，或指點樂理，匡我不逮，惠我實多，謹此一併致謝。

民國七十年六月　**張夢機**　識於臺灣師範大學國文研究所

詞律探原目次

張夢機著

第一章　中國詩樂關係略說……一
第一節　周時楚辭多合古樂……二
第二節　漢魏樂府競響新聲……六
第三節　唐絕宋詞多被絲竹……一三
第四節　元曲傳奇律協宮商……二六
第二章　樂曲嬗變與詞體之建立……三七
第一節　詞體起源之音樂性與多元性……三七
第二節　詞體產生之音樂背景……六一
一、雅樂之式微……六一
㈠先王雅樂之產生及其概況……六一
㈡先王雅樂之淪缺及僵化……六九

二、清樂之衍變……七二
㈠清樂之產生及其流變……七二
㈡隋唐之清樂新聲……七七
三、外族音樂之昌盛……八二
㈠外族音樂之輸入及其流變……八二
㈡隋唐各部胡樂之特色及其樂曲……八六
第三節　隋唐燕樂對詞體形成之影響……九二
一、詞體之醞釀與形成……九三
㈠詞體之醞釀時期……九四
㈡詞體之雛型時期……一〇〇
㈢詞體之形成時期……一〇七
二、詞調與隋唐燕樂曲調之關係……一一〇
㈠出於隋唐燕樂雜曲者……一一一
㈡源於隋唐燕樂大曲者……一一二
第三章　詞樂之音律與宮調……一二三
第一節　音律發凡……一二四

第二節　音數與律數……一三二
第三節　宮調之組成……一四八
第四節　隋唐雅樂清樂與燕樂音階之嬗變……一六〇
第五節　燕樂二十八調述略……一六六
第六節　宮調與聲情……一八〇
第四章　唐五代詞考源及訂律……一九五
凡　例……一九五
拋毬樂……一九七　清平樂……一九八　賀聖朝……二〇一
泛龍舟……二〇二　春光好……二〇三　鳳樓春……二〇四
長命女……二〇五　柳青娘……二〇六　楊柳枝……二〇八
柳含煙……二一〇　浣溪沙……二一一　浪淘沙……二一四
紗窗恨……二一五　望梅花……二一六　憶江南……二一八
烏夜啼……二二〇　摘得新……二二一　河瀆神……二二二
醉花間……二二四　思帝鄉……二二六　歸國遙……二二七
感皇恩……二二九　皇帝感……二三〇　戀情深……二三一
定風波……二三三　木蘭花……二三四　更漏長……二三八

菩薩蠻……二四〇
八拍蠻……二四三
臨江仙……二四四
虞美人……二四七
獻衷心……二四九
遐方怨……二五〇
送征衣……二五一
鳳歸雲……二五二
離別難……二五四
定西蕃……二五六
荷葉杯……二五七
感恩多……二五九
長相思……二六〇
西江月……二六二
拜新月……二六四
上行杯……二六五
鵲踏枝……二六七
傾杯樂……二六八
謁金門……二七〇
巫山一段雲……二七二
婆羅門……二七三
麥秀兩岐……二七五
相見歡……二七七
蘇幕遮……二七八
黃鐘樂……二八〇
訴衷情……二八一
洞仙歌……二八三
喜秋天……二八五
三　臺……二八六
醉公子……二八八
望遠行……二八九
南歌子……二九〇
漁歌子……二九三
風流子……二九五
生查子……二九六
山花子……二九八
竹枝子……二九九
天仙子……三〇〇
酒泉子……三〇二
赤棗子……三〇五
甘州子……三〇六
采蓮子……三〇七
破陣子……三〇九
贊普子……三一一
南鄉子……三一二
撥棹子……三一四
河滿子……三一五
西溪子……三一六

樂世詞……三一七
後庭花……三一九
回波樂……三二一
一片子……三二二
一斛珠……三二三
一葉落……三二四
八六子……三二五
卜算子慢……三二六
三字令……三二七
小重山……三二七
女冠子……三二九
月宮春……三三一
內家嬌……三三二
水調詞……三三四
中興樂……三三五
甘州遍……三三六
玉蝴蝶……三三七
玉樓春……三三九
竹　枝……三四一
阮郎歸……三四二
好時光……三四四
江城子……三四五
花非花……三四六
杏園芳……三四七
別仙子……三四八
更漏子……三四九
采桑子……三五一
阿那曲……三五三
阿曹婆……三五四
金浮圖……三五五
金錯刀……三五六
芳草渡……三五七
河　傳……三五八
怨回紇……三六〇
秋夜月……三六一
紇那曲……三六二
思越人……三六三
欸乃曲……三六四
恭怨春……三六六
後庭宴……三六七
後庭花破子……三六八
桂殿秋……三六八
閑中好……三六九
清平調……三七一
望江怨……三七二
連理枝……三七三
接賢賓……三七四
魚游春水……三七四

解紅……三七六
賀明朝……三七六
陽臺夢……三七七
喜遷鶯……三七八
塞姑……三八〇
歌頭……三八一
搗練子……三八二
漁父……三八三
壽山曲……三八四
滿宮花……三八五
舞春風……三八七
舞馬詞……三八八
調笑……三八九
醉妝詞……三九一
鄭郎子……三九二
踏歌詞……三九三
樂遊曲……三九四
蝴蝶兒……三九五
劍器詞……三九六
蕃女怨……三九七
憶仙姿……三九八
憶秦娥……三九九
應天長……四〇一
薄命女……四九三
瀟湘神……四〇四
點絳唇……四〇五
謝新恩……四〇六
謫仙怨……四〇六
歸自遙……四〇八
擷芳詞……四〇九
贊成功……四一〇
鬪百草……四一〇
結語……四一二
重要參考書目……四一五

第一章　中國詩樂關係略說

樂歌之興，自生民始。夫樂者，樂也，初民日出而作，擊壤成音，而歌生焉，拊瓴叩盆，鼓缶搏髀，而樂生焉，然僅以適其情性已耳，初無篇什趨亂之分，律呂宮商之辨也。爾后民智稍啓，塵事日繁，而人本情性激越之餘，發爲喜愠哀樂之義，嗟嘆永歌，遂生謳吟。迨夫聖智者出，始正六律、諧八音，調之以律度，文之以歌頌，蕩之以鐘石，播之以絃管，寖假而樂音內範於律，詠歌漸進爲詩矣。

夫樂者寄於音而生於心，詩者託於言而本於志，要皆情性自然之所趨發，其義至爲昭晰。然上世詩樂，實相表裏，蓋詩以言志，樂以和詩，詩者情志之所發，協之以音律，而後謂之樂。樂不獨成，因詩而立，詩不徒行，逐樂而歌，樂者音律之謂，詩者文辭之屬，兩者相依爲用，不可偏廢。禮記樂記曰：「詩言其志也，歌詠其聲也，舞動其容也，三者本於心，然後樂器從之。」（註一）則詩什樂章，曷嘗相離耶？尚書虞書曰：「詩言志，歌永言，聲依永，律和聲，八音克諧，無相奪倫。」（註二）朱子詩集傳序亦曰：「人生而靜，天之性也；感於物而動，性之欲也。夫既有欲矣，則不能無思；既有思矣，則不能無言；既有言矣，則言之所不能盡，而發於咨嗟詠嘆之餘者，必有自然之音響節奏而不能已焉，此詩之所以作也。」是知成周之際，詩樂未分，詩必協律以達志，樂必宣情以和歌，二者相因相長，本無舛迕，何曾分道揚鑣，各闢歧逕。使不遘六國嬴秦之亂，則古樂尚可垂未斬之緒，詔示來茲，惜暴秦一炬，典籍湮淪，古樂遂與之俱隳，良可痛已。雖然，古樂亡而樂不盡亡也，其與文學之關係亦未嘗斷然相絕也，使吾人以韻文美文為廣義之詩，則三百篇楚辭以降，樂府詩餘以至雜劇傳奇，莫不與音樂相與為一，以傳於天下。魏晉樂府，競響新聲；唐人七絕，猶被絲管；宋詞元曲，調雜雅胡；雜劇傳奇，律協宮徵；諸體振藻揚葩，並暢五音，自然天籟，都入繩墨，惟聲律臻於精美，故情志易於發抒，詩樂之關係，遂釐然可按矣。今請略陳梗概，俾知其凡。

第一節　周詩楚騷多能合樂

三百篇為周詩之總滙，本太師之所陳，而孔子所刪定者也。左傳襄公二十九年記吳季札聘魯，請觀於周樂，魯使工為之歌周南、召南、邶、鄘、衞、王、鄭、齊、豳、秦、魏、唐、陳、鄶、曹十五國之風，雅頌之樂。又孔子憫當時王澤既竭，雅頌相錯，樂官師瞽抱其器而奔散，或適諸侯，或入河海，因論定之，曰：「吾自衞返魯，然後樂正，雅頌各得其所。」（註三）史記亦云：「三百五篇，孔子皆絃歌之。」（註二）故知三百篇之詩，未嘗離夫樂音節奏也，特因曲調有異而別為風雅頌三類耳。

觕略言之，風則閭巷風土男女情思之詞；雅則燕饗朝會公卿大夫之作；頌則鬼神宗廟祭祀歌舞之樂。風多爲民間風土之樂歌；雅則爲朝廷貴族之樂歌；至若周頌三十一篇，率皆祭祀天地、社稷、明堂、后稷、先王、先公之樂歌；商頌五篇，則祀祖及大禘之樂歌也。禮記樂記曰：

「子貢見師乙而問焉，曰：「賜聞聲歌各有宜也，如賜者，宜何歌也。」師乙曰：「乙，賤工也，何足以問所宜，請誦其所聞，而吾子自執焉。……寬而靜，柔而正者，宜歌頌；廣大而靜，疏達而信者，宜歌大雅；恭儉而好禮者，宜歌小雅；正直而靜，廉而謙者，宜歌風」（註五）。

此合詩樂而論之，知歌風歌頌歌雅，又各有所宜也。

詩三百篇，孔子皆絃歌之，以求合韶武雅頌之音，是詩經皆可歌而入樂者也。自樂經亡佚，詩遂失其樂音之用，後世見三百篇之徒存歌辭，遂有入樂不入樂之說。程大昌謂二南雅頌爲樂詩，國風爲徒詩，其言曰：「蓋南雅頌，樂名也，若今之樂曲之在某宮者也。南有周召，頌有周魯商，本其所從得而還以繫其國土也，二雅獨無繫，以其純當周世，無用標別也云云。若夫邶、鄘、王、鄭、齊、魏、唐、秦、鄶、曹此十三國，詩皆可采而聲不入樂，則直以徒詩著之本土」（詩論）。顧亭林亦稱詩有入樂不入樂之分，其言曰：「鼓鐘之詩曰：『以雅以南』，子曰：『雅頌各得其所』，夫二南也，豳之七月也，小雅正十六篇，大雅正十八篇，頌也，詩之入樂者也。邶以下十二國之附於二南之後，而謂之風；鴟鴞以下六篇之附於豳，而亦謂之豳，六月以下五十篇之附於小雅，民勞以下十三篇之附於大雅，而謂之變雅，詩之不入樂者也。」（日知錄）兩說並倡徒歌徒詩之論，細繹其言，殆皆非是，左傳襄公二十七年，鄭伯享趙孟于垂隴，伯有賦鶉之賁賁，子大叔賦野有蔓草，印段賦蟋蟀。按鶉之賁賁，鄘風也；野有蔓草，鄭風也；蟋蟀，唐風也。而謂列國燕享所用，不出二南雅頌之外乎？吳季札請觀周樂，魯使工爲之歌周南召南，並及十二國之詩，既以十二國之詩爲周樂矣。史記詩三百篇，孔子皆絃歌之，而謂自邶至豳，無一篇入樂乎？墨子公孟篇：「誦詩三百，弦詩三百，歌詩三百，舞詩三百」，毛氏鄭風青青子衿傳曰：「古者敎以詩樂，誦之，歌之，弦之，舞之。」其說正本之墨子，是三百篇皆可絃誦歌舞，而謂三百篇有入樂不入樂之別乎？鄭玄六藝論云：「詩者，弦歌諷諭之聲也。」鄭志答張逸云：「國史采衆詩，明其好惡，令瞽矇歌之，其無所主，皆國史主之，令可歌」，據此，則徒詩之說，蓋妄言耳。

惜夫姬曆云季，王道衰微，風俗趨於澆漓，人情日以浮薄，時君又多喜鄭衞而惡雅音，所謂詩敎樂敎，殆已湮沒淨盡，其後樂經亡於秦火，古樂寖失，而諸儒窮經，復專尚義訓，遂令微言昭於百代，而韶武闇於千秋，季札觀樂之事，已不復見於書史。雖然，樂本情性，浹肌膚而臧骨髓，雖歷千載，其遺風餘烈尚猶不絕，故未嘗以古樂之亡而遂寂然也。洎乎炎漢，樂府又興，自樂府而詩餘，自詩餘而雜劇傳奇，沿瀾觀海，益見其波濤之壯濶矣。

先秦之世，列國風謠不同，樂亦異致，觀呂覽四方聲音之說，可以徵也。謠諺之播於聲音者爲土樂，土樂又影響於文學，此在諸國皆然，而楚爲尤甚，左氏成公九年傳云：

晉侯觀於軍府，見鍾儀，問之曰：「南冠而縶者誰也。」有司對曰：「鄭人所獻楚囚也。」使稅之，召而弔之，再拜稽首，問其族，對曰：「伶人也。」公曰：「能樂乎。」對曰：「先父之職官也，敢有二事。」使之琴，操南音，……范文子曰：「楚囚，君子也，言稱先職，不背本也。樂操土風，不忘舊也。」

夫曰南音，曰土風，則楚樂必異乎北方之撰也。又案呂氏春秋音初篇曰：

禹行水，見塗山之女，禹未之遇，而巡省南土。塗山女之女乃令其妾於塗山之陽，女乃作歌，歌曰：「候人兮猗。」實始作爲南音。周公及召公取風焉，以爲周南召南。

是南音者，「兮猗」之音，卽南方國風之音（據高誘注說），亦卽楚辭之魄兆也。

戰國之末，楚人屈原旣遭罷黜，徜徉於江湘之間，睠顧鄉邦，繫心君王，遂發荆楚怨誹之聲，而爲楚辭。自離騷九歌以下二十五篇，在當時必皆可協於樂律，譬猶九歌，本爲楚漢間祠廟祭祀之神樂，而經屈原藻飾更定者也，且夫巫覡降神，必誦禱祝之辭，必作歌舞之樂，乃理所固然，王逸楚辭章句九歌序曰：

昔楚國南郢之邑，沅湘之間，其祀必作歌舞鼓樂，以樂諸神。屈原放逐，竄伏其域，懷憂苦毒，愁思弗鬱，出見俗人祭祀之禮，歌舞之樂，其詞鄙陋，因爲作九歌之曲。

朱熹楚辭集注九歌序所云，意亦同此，玆不具述。又據九歌東皇太乙曲辭，有「揚枹兮拊鼓，疏緩節兮安歌，陳竽瑟兮浩唱，靈偃蹇兮姣服，芳菲菲兮滿堂，五音紛兮繁會，君欣欣兮樂康」之語，東君有「緪瑟兮交鼓，簫鐘兮瑤簴，鳴䶬兮吹竽，展詩兮會舞，應律兮合節」之句，是知九歌合樂之事，斷無疑也。

餘如離騷篇末有「亂曰」，九章抽思篇有「少歌曰」，又有「倡曰」云云，所謂亂、倡、少歌，均樂節之稱，此非楚辭合樂之明徵乎？而宋書樂志載楚辭鈔「今有人」一首，譜入陌上桑調，卽用九歌山鬼之詞，其文曰：「今有人，山之阿，被服薜荔帶女羅。既含睇，又宜笑，又戀慕予善窈窕。乘赤豹，從文貍，新夷車駕結桂旗。被石蘭，帶杜衡，折芳拔荃遺所思。處幽室，終不見，天路險艱獨後來。表獨立，山之上，雲何容容而在下。杳冥冥，羌晝晦，東風飄颻神靈雨。風瑟瑟，木搜搜，思念公子徒以憂。」（註六）此就楚辭原文，刪減助字，點竄而成，爲三三七句體。崔豹古今注稱「羅敷彈箏作陌上桑之歌以自明」，知陌上桑原爲箏曲。宋志云：「相和，漢舊歌也，絲竹更相和。」（註七）所錄相和歌十三曲，內屬於陌上桑調者，尚有魏文帝詞棄故鄉，武帝詞駕虹蜺（註八），及本首「今有人」，是楚辭音節，晉宋人猶能識之。楚騷本合樂可歌，特音節之高下疾徐，飛沉抗墜，與詩經有所異耳。自此而楚調瀰漫，六合莫不耳楚聲，荀子所錄成相之歌，荆軻易水送別之曲，固爲楚聲，而項羽垓下虞兮之詠，亦楚聲也，則當時能楚歌者非僅楚人，應可知矣。

第二節　漢魏樂府競響新聲

秦社既屋，漢幟方張，政令律法，雖頗有改革，然於歌詠一道，則面目依舊，未之或易，楚聲仍復風靡天下，高祖大風之歌，卽楚聲也。史載高祖憚呂后，欲立寵姬戚夫人之子爲太子而不果，故寫哀痛悲怛之意，以作鴻鵠之歌（註九），酒酣，曰：「爲我楚舞，我爲若楚歌。」然則此鴻鵠高飛，橫絕四海之高詠，非楚聲而何？他如高祖之宮人唐山夫人，嘗作房中祠樂十七章（註一〇），房中樂者，於漢初爲唯一之樂歌，其後惠帝使樂令夏侯寬備其簫管，更名曰安世樂，用之於郊廟，可謂當時之國樂，然稽諸漢書禮樂志所明載者，猶純然楚聲也。又如武帝瓠子歌、秋風辭、天馬歌，其體裁格調，頗類九歌，且句中夾用兮字，亦可謂楚騷之遺響。由是觀之，則自戰國以迄秦漢，其間樂歌多爲楚聲。逮孝武之世，辭藻競騖，禮樂爭輝，武帝興天地諸祠，定郊祀之禮，欲造樂，遂立樂府，采詩夜誦，令司馬相如等詞客數十人作詩頌，協律都封李延年復依詩頌而作新曲（註一一），於是樂歌自楚辭遺音一變而爲新曲，文體亦由楚辭一變而爲樂府矣。

樂府之名，起於漢初，自孝惠帝時，夏侯寬爲樂府令，始以名官，至武帝乃立樂府，采詩夜誦，有趙代秦楚之謳，則採歌謠，被聲樂，其來蓋亦遠矣。故漢之所謂樂府，本指審音度曲之官署而言，類乎唐宋教坊，初非文體之異稱也。第樂府之名旣立，樂歌皆有節奏，後凡效其節奏而爲詞者，遂謂之樂府詩，其不循曲調，不以入樂者，則謂之古詩，如韋孟諷諫，蘇李贈答，無名氏十九首，古詩體也，羽林郎、陌上桑之類，樂府體也，二者較然有別。魏晉以降，因遂以樂府所肄之詩，卽名之曰樂府，以別於徒詩，於是所謂樂府，遂由官署之名，蛻變而爲詩之一體矣。

樂府以聲爲主，或製詩以協律，或倚聲以造辭，要之與樂契合，宜無可分，劉勰文心雕龍樂府篇曰：

樂府者，聲依永，律和聲也。鈞天九奏，旣其上帝；葛天八闋，爰乃皇時。自咸英以降，亦無得而論矣。至於塗山歌於候人，始爲南音；有娀謠乎飛燕，始爲北聲；夏甲嘆於東陽，東音以發；殷整思於西河，西音以興。音聲推移，亦不一概矣。匹夫庶婦，謳吟土風；詩官採言，樂盲被律；志感絲篁，氣變金石，是以師曠覘風於盛衰，季札鑒微於興廢，精之至也。

又曰：

詩爲樂心，聲爲樂體。樂體在聲，瞽師務調其器；樂心在詩，君子宜正其文。

是知樂府乃詩之入樂可歌者。自兩漢以迄六朝，郊廟樂章，鼓吹雜歌，凡被於管絃者，皆得以樂府名之。至若晉宋以下詩人依題仿古之作，唐代詩人自創新題之什，徒欲以辭爭勝，而未嘗被于音聲，雖亦沿稱樂府，究不免貽棼淆之誚矣。請言樂府之流變。

武帝旣立樂府，遂妙選音樂文學之士，任協律造文之職，承詩騷遺響，別製新聲，如郊廟歌辭、軍樂鼓吹歌辭、橫吹歌辭等皆是。又恢復周代采風之舉，博收天下歌謠會於樂府，悉被新律，趙代秦楚之詩樂無論矣，卽下迄樵歌牧唱，亦皆汎采博輯，定其曲譜，選童男童女七十餘人，夜夜吟誦，此卽所謂相和歌辭也。及至哀帝，鄭聲日盛，帝性不好音，又疾世俗奢泰文巧，詔罷樂府，歷六十餘年，迄東漢明帝，始修復墜典，制作備明，分樂爲四品：曰大予樂、曰雅頌樂、曰黃門鼓吹樂、曰短簫鐃歌樂。惜夫戰亂頻仍，樂章亡缺，其後雖經魏人杜夔等規復先代古樂，然是否已復漢樂之舊，則不能無疑耳。至晉永嘉之亂，伶官樂器，沒於劉石，舊典不存，雅樂漸亡。

魏自武帝登高作賦，首奠丕基，造新聲，被絲竹，率多蒼涼慷慨之作。建安而降，樂府之詩固盛，然多出貴族文士之手，民間謳歌無聞焉。其時五言始興，辭人競效，而惟樂歌爲衆，黃季剛詩品講疏云：「建安五言，毗於樂府，雖體有所因，而詞貴獨創，聲不變古，而采自己舒。」孟德諸作，均入樂章，子桓詩篇，並以樂妙，而子建所詠，亦可被之絲竹，皆其明徵已。至建安七子，雖稱作者，而於樂府，則不多覯，故敍魏代樂府，三祖陳王，實爲主位，其餘不過附庸耳。典午中興，玄風獨扇，詩必柱下之旨歸，賦乃漆園之義疏，至於樂府，遂率擬古之什，但析賞其辭，風諭其義，而聲樂音節，次第澌滅，及東晉南渡，其詩可被諸樂律者，唯存清商曲辭一體而已。

洎乎南北朝，樂府大盛。南北朝樂府民歌，因環境政教不同，習俗音樂各殊，故風格亦迥然有別。以樂論之，可大別爲「鼓吹」、「清商」兩類。北朝民歌，以郭茂倩樂府詩集所載之梁鼓角橫吹曲爲主，其曲固皆胡樂，其辭亦皆胡人所撰，多係敍述慕容垂及姚泓時戰陣之事，卽寫戀情，亦多慷慨爽朗之英雄氣慨。南朝民歌，泰半載於樂府詩集清商曲辭中。清商曲，一曰清樂，舊唐書音樂志曰：「清樂者，南朝舊樂也。永嘉之亂，五都淪覆，遺聲舊制，散落江左。宋梁之間，南朝文物，號爲最盛，人謠國俗，亦世有新聲。」（註一二）所謂宋梁新聲，卽南朝清商新聲，其詞則清商曲辭也。郭氏分清商曲辭爲吳聲歌曲、神弦歌、西曲歌、江南弄、上雲集、梁雅樂等六類，而吳歌西曲則爲六朝之創製。吳歌西曲，並出江東，始皆徒歌，既而被之筦絃，其詞多抒少艾怨慕之情，縱傷時艱，仍不脫宛轉溫柔之兒女本色。西曲較吳聲稍晚，出於荆郢樊鄧之間（註一三），盛於齊梁二朝，其聲節送和與吳歌亦異，詞則多詠漁郎篙師、渡客商婦之愁苦，與吳聲但詠兒女怨慕者殊異。

爰逮有唐，新樂府勃興，斯皆當時之新歌也，尋繹其辭，固屬樂府，而終未被之絲竹，聲詩既判，與徒歌無異，故不論列。

綜觀上述，則知樂府勃興於兩漢，極盛於南北朝，其嬗遞流變之跡固已約略可覘。雖然，詩樂相契之處，猶未洞明也。茲據郭氏樂府詩集之分類，撮其指要，更作演繹，以見樂府詩樂之未嘗脫輻焉。

按郭茂倩所輯樂府詩百卷，上采堯舜時歌謠，下迄于唐五代，共分爲十二類：曰郊廟歌辭、曰燕射歌辭、曰鼓吹曲辭、曰橫吹曲辭、曰相和歌辭、曰清商曲辭、曰舞曲歌辭、曰琴曲歌辭、曰雜曲歌辭、曰近代曲辭、曰新曲謠辭、曰新樂府辭。除末二類外，餘皆爲有聲有辭之樂府，茲爲明晰起見，列表於后：

郊廟歌，皆歷代禘祀天地、山川、社稷、明堂、客廟之作。如漢歌之朝隴首，亦曰白麟歌，漢武帝元狩元年，幸雍獲白麟而作，用以祀山川。又如朱明、靈芝歌，亦漢之郊祀歌也。燕射歌乃燕饗宗族、親戚、兄弟、朋友、故舊之樂歌。郊廟歌辭出於頌，而燕射歌辭則出於雅，如傅玄上壽酒歌、王韶之食舉歌、沈約胤雅等是。鼓吹曲乃軍樂，即所謂短簫鐃歌是也。如漢之朱鷺、戰城南、巫山高、將進酒、有所思、上邪等二十二曲，列於鼓吹，謂之鐃歌。其後歷代繼有更改，大抵言戰陣之事。齊武帝時，壽昌殿南閣置白鷺，鼓吹二曲以爲宴樂。陳後主常遣宮女習北方簫鼓，謂之代北，酒酣則奏之，

樂府				
入樂				徒歌
廟堂之樂	軍旅之樂	民間之歌	歷代新曲	雅俗之樂
①郊廟歌 ②燕射樂 ③舞曲歌	④鼓吹曲 ⑤橫吹曲	⑥相和歌 ⑦清商曲 ⑧琴曲	⑨雜曲歌 ⑩近代曲	⑪雜歌謠 ⑫新樂府

則又施於燕私矣。橫吹曲亦軍中之樂，鼓吹用簫笳，奏於朝會或道路；橫吹用鼓角，奏於馬上。北狄諸國皆馬上作樂，蓋胡曲也。漢橫吹有黃鵠、出塞、折楊柳、關山月、紫騮馬等十八曲。梁鼓角橫吹曲有瑯琊王、慕容垂、捉搦、隴頭流水等，雖曰梁曲，然辭多悲壯率直，如隴頭歌辭：「隴頭流水，

嗚聲幽咽。遙望秦川，心肝斷絕。」已雜北朝風味矣。相和歌亦漢舊曲，平調、清調、瑟調，皆周房中曲之遺音，漢世謂之三調。又有楚調、側調，合前三調，總稱爲相和調。相和歌辭如古辭之平陵東、陌上桑，魏武之度關山、短歌行，魏文之秋胡行、燕歌行，石崇之大雅吟、王明君等是，皆魏晉樂所奏。郭茂倩云：「晉書樂志云：『凡樂章古辭今之存者，並漢世街陌謠謳，江南可採蓮、烏生十五子、白頭吟之屬也。』其後漸被弦管，卽相和諸曲是也。魏晉之世，相承用之。」（註一四）其言諒矣。清商曲一曰清樂，清樂者，九代之遺聲，其始卽相和三調是也。並漢世以來舊曲，其辭皆古調及魏三祖所作（註一五）。南朝文物極盛，民俗國謠，亦世有新聲，後遭亡亂，存者蓋寡，及隋平陳得之，乃微更損益，去其哀怨，考而補之，以新定律呂，更造樂曲，因于太常置清商署以管之，謂之清樂。清樂以吳歌、西曲爲主，吳歌有子夜、團扇、桃葉、青溪小姑、歡聞、鳳將雛、玉樹後庭花、春江花月夜等曲。西曲有石城樂、烏棲曲、莫愁樂、江陵樂、楊叛兒等曲，大率多五七言短歌也。琴曲有所謂五曲、九引、十二操之目，託體甚古，殆起於商周，其歌辭如石崇思歸引、蔡琰胡笳十八拍等是。雜曲歌，據郭茂倩樂府詩集曰：「漢魏之世，歌詠雜興，而詩之流乃有八名，曰行、曰引、曰歌、曰謠、曰吟、曰詠、曰怨、曰歎，皆詩人六義之餘也。至其協聲律，播金石，而總謂之曲。」（註一六）雜曲者，歷代有之，或心志情思之所寄，或宴游憂憤之所發，或敍離別悲愴之懷，或言征戍行役之苦，或緣於佛老，或出自夷狄，兼收並載，故總謂之雜曲。雜曲歌辭，自秦漢以來，作者非一，如阮瑀之駕出北郭門，曹植之盤石、吁嗟，傅玄之昔君、飛塵，陸機之置酒，鮑照之鴻雁等，如此之類至夥，其辭具在，可資參鏡。近代曲，亦雜曲之類，以其出於隋唐之世，故曰近代曲。曲辭如李景伯回波樂，白居易憶江南，王建宮中調笑等是。又樂府詩集中近代曲辭所載唐曲，大抵五六七之齊言，而其名則多同於五代後之詞調，且有逕爲詞者，倘以音樂關係繹之，是蓋古樂府轉入近體樂府之交關，亦卽宋詞之所由成也。要之，漢魏六朝樂府之作，無論士夫之雅詠、民間之歌謠，莫不隨環境之變遷，風俗之轉移，而發爲聲律，善夫郭茂倩之言曰：

> 凡樂府歌辭，有因聲而作歌者，若魏之三調歌詩，因絃管金石，造歌以被之是也。有因歌而造聲者，若清商吳聲諸曲，始皆徒歌，既而被之絃管是也。有聲有辭者，若郊廟、相和、鐃歌、橫吹等曲是也。有有辭無聲者，若後人之所述作，未必盡被於金石是也。新樂府者，皆唐世之新歌也，以其辭實樂府，而未嘗被於聲，故曰新樂府也。

觀此則樂府詩樂相契之處，可悄覘其辜較矣。

第三節　唐絶宋詞皆被絲竹

洎乎有唐，詩人之作，可以播于樂章，譜入絲竹者，唯絕句之一體耳。其餘皆擬古，而徒有其辭者，杜甫、白居易之流則諷詠時事，以求合於古采詩之意。故王漁洋云：「唐三百年以絕句擅場，卽唐三百年之樂府也。」可謂知言。觀乎李唐之世，七五言絕句，規模已具，管絃之聲，被於天下，其間英彥輩起，雄傑特出，如李白、王昌齡、王維諸人所作小詩，皆神妙流動，冠絕千古。夫絕句承流於樂府，無古詩繁冗晦塞之病，而輕倩流便，易入絃歌，一經傳唱，天下謳之；故當時教坊菊部所唱，麗女名倡所詠，皆當時詞客之作，其意則無非閨中風暖，陌上草薰，新進奪寵，入宮見妒，或發邊塞噍殺之音，盪摩篇翰，或傷朋儕別離之情，凌紙生秋，是以倚聲爲歌，悄愴深婉，令人低徊不已。

或謂詩自李唐以還，有古近二體之別，而此二體率皆主義，與樂聲了無干涉，如鄭樵通志正聲序論之言曰：

古之詩曰歌行，後之詩曰古近二體。歌行主聲，二體主義；詩爲聲也，不爲文也云云。二體之作，失其詩矣。縱者謂之古，拘者謂之律，一言一句，窮物情，工則工矣，將如樂何？

鄭氏論詩主聲，語多可采，惟「二體之作，失其詩矣」以下數句，則可商榷。實則古近二體亦可歌，而尤以絕句爲然，前修論之甚夥。如王驥德曲律云：「唐人絕句，唐之曲也。」王世懋藝圃擷餘論詩云：「絕句之源出于樂府，貴有風人之致，其聲可歌。」王漁洋萬首絕句選敍云：「開元天寶以來，宮掖所傳，梨園弟子所歌，旗亭所唱，邊將所進，率當時名士所爲絕句，故王之渙黃河遠上，王昌齡昭陽日影之句，至今艷稱之；而右丞渭城朝雨流傳大衆，好事者至譜爲陽關三疊。他如劉禹錫、張祜諸篇，尤難指數。」欽定曲譜序云：「自古樂亡而樂府興，後樂府之歌法至唐不傳，其所歌者，皆絕句也。」嚴繩孫詞律序亦云：「唐世所傳若沈香被詔之作，旗亭畫壁之詩，及江南紅豆之曲，大抵其可歌者多五七言絕句。」是唐人絕句皆可歌而入樂審矣。

據舊唐書音樂志所載：時太常舊作，相傳有宮商角徵羽讌樂五調謌詞各一卷。或云貞觀中侍中楊恭仁妾趙方等所詮集，詞多鄭衞，皆近代詞人雜詩。足見絕句在唐，尚有歌錄流布，惜乎時代綿邈，紀錄散佚，今已了無可考。雖然，稽諸載籍，絕句入樂之事，數數可觀，而旗亭賭唱，殆其犖犖較著者，茲據王灼碧鷄漫志所載，迻錄於左：

開元中，詩人王昌齡、高適、王之渙詣旗亭飲，梨園伶官亦招妓聚燕，三人私約曰：「我輩擅詩名，未第甲乙，試觀諸伶謳詩分優劣。」一伶唱昌齡二絕句云：「寒雨連江夜入吳，平明送客楚山孤。洛陽親友如相問，一片冰心在玉壺。」「奉帚平明金殿開，强將團扇共徘徊，玉顏不及寒鴉色，猶帶昭陽日影來。」一伶唱適絕句云：「開篋淚沾臆，見君前日書。夜臺何寂寞，猶是子雲居。」之渙曰：「佳妓所唱如非我詩，終身不敢與子爭衡，不然子等列拜牀下。」須臾，妓唱「黃河遠上白雲間，一片孤城萬仞山。羌笛何須怨楊柳，春風不度玉門關。」之渙揶揄二子曰：「田舍奴，我豈妄哉？」（註一七）

按此事薛用弱集異記亦詳載之，文字視漫志略有增損，以此知李唐伶伎取當時名士詩句入歌曲，蓋常俗也。類此記載，見諸詩話者，累紙難罄，不遑博引，茲擇錄數則於后，以推其概。

天寶末，明皇乘春登勤政樓，令梨園弟子歌數闋，有唱至「富貴繁華能幾時」以下四句，帝春秋衰邁，問誰詩，或對李嶠，因淒然涕下，遽起曰：「嶠眞才子也。」（計有功唐詩紀事）

李益受降城聞笛詩云：「迴樂峰前沙似雪，受降城外月如霜。不知何處吹蘆管，一夜征人盡望

鄉。」敎坊樂人取爲聲樂度曲。（同上）

唐人樂府多唱詩人絕句，王少伯李太白爲多。杜子美七絕近百，錦城妓女獨唱其贈花卿一首，所謂「錦城絲管日紛紛，半入江風半入雲。此曲只應天上有，人間那得幾回聞」也。（丹鉛總錄）

祿山之亂，李龜年奔放江潭，曾於湘中採訪使筵上唱云：「紅豆生南國，秋來發幾枝。勸君多採擷，此物最相思。」又「秋風明月苦相思，蕩子從戎十載餘。征人去日慇懃囑，歸雁來時數附書。」此皆王維所製，而梨園唱焉。（全唐詩話）

權而論之，前人爲詩，無不龤龢音律，自三百篇以至唐人之所作，皆可入樂。晉代以後，雖分入樂與不入樂爲二塗，然唐人不入樂之詩，亦往往調協聲均，爲樂工所歌。王維送元二使西安，本不爲樂府作，而唐樂府收之爲渭城曲；王昌齡送辛漸，本不爲樂府作，而旗亭倡伎，附節而歌；杜甫贈花卿，本不爲樂府作，而唐樂府載其首次句爲涼州歌第三；韓翃贈李翼，本不爲樂府作，而唐樂府收入水調歌第三。其他類此者，不遑枚舉。是唐時詞體未興以前，樂人旣取詩中律絕爲樂府辭，以歌入樂曲，而詩人爲樂曲而作者，亦皆爲律絕也。其作樂府詩集著錄最多，而散見於各家集者亦有之，至其日後變爲詞調者，如水調歌、涼州、伊州、破陣樂、雨霖鈴、鳳歸雲等，尤不遑徧引，然則唐人絕句之合樂可歌，厥徵昭然，固毋待覼縷也。

有唐一代，文風丕振，聲華燦爛，詩樂二塗，並趨精美，所以然者，聲律之學至此而轉精故也。

聲律之體，凡有二端，屬於詩歌者，如四聲韵部之類是也；屬於音樂者，如宮調均拍之類是也。惟後者迄唐，已非前朝舊調，其時雅樂凌替，清樂式微，而胡部新聲則漸盛於世。推源厥故，殆唐初朝廷不重古曲，工伎轉缺，能合乎管弦者，唯明君、楊叛、驍壺、春歌、秋歌、白雪、堂堂、春江花月夜等八曲耳。考唐志知唐沿隋立燕樂十部伎，十部中，除清商巴渝外，皆爲胡樂。天寶末，明皇更詔道調法部與胡部新聲合作，於是繁音靡節，澶漫無方，而古樂澌滅殆盡。唐代既介乎新舊樂糅雜替更之期，故當時燕樂，乃由西涼龜茲之樂歌及吳歌楚調會萃而成，質言之，蓋屬清樂胡樂間之一種創作音樂也。夫詩歌體製之嬗遞，往往與音樂之變革，互爲推移，唐樂既上承清商遺曲，旁及域外新聲，則詞體之興，亦勢所使然，不待言也。

詞體之濫觴，初源非一，向之論列者衆矣，或謂萌於清樂，或謂孕於絕句，或謂起於胡聲，雖異說紛陳，各執一端，要皆與樂聲攸關也。昔賢所論，如朱子語類、沈括夢溪筆談嘗持泛聲和聲以立說，徐養源律呂臆說、方成培香研居詞麈則據纏聲散聲而立論，諸說皆主以實字塡襯音，遂變五七言爲長短句，雖未盡窺全豹，然不悖詞承樂變之旨。近代學者，則尋繹當時清樂胡樂之消長，沿波討源，撥雲去翳，所見視前人尤爲精允，詞體之淵源，遂漸白於世。從是以觀，詞體之濫觴，源於音樂之遷變，可斷言之。至膚廓者，徒然拘泥形式，昧於樂聲關係，而推其源於樂府之體，若就其色相觀之，則似亦得其髣髴，蓋樂府諸作，爲長短句者頗多，後人輯錄入譜，論者遂據此以爲唐詞嚆矢，實則二者音樂背景有異，體變殊塗，彼錙銖於字節句比，以自矜創獲者，其推迹源委之言，寧不謬乎？諒哉近人梅應運之言曰：

專重形式者，則斷言詞源於樂府，於是就漢魏以來之樂府詩中，反復尋索，簡取篇幅最短之作，以與唐五代詞相較，必謂某某句與詞調之某句相當，詞之某調卽樂府之某詞而變化者，膚妄之論，不一而足。姑無論樂府與詞因音樂背景不同，而來源各異，體變分塗，不必强繹其關係；卽就此種零碎不成系統之比較方法而言，亦根本不能成立。寧不知樂府與詞，旣同爲音樂文學，同屬長短句體，理應直接承變，緣何中間偏以律詩絕句爲橋梁？論者必瞠目不知所云。（註一八）。

觥觥議論，殊足以鍼砭妄說，彼肆言文體流變，而晦於詩樂關係者，允宜三復斯言。

要之，詞曲萌於唐而盛於宋，雖託名樂府者不尠，大抵出於緣飾，非盡屬漢魏舊曲也。唐時聲威四播，外域歌舞音樂之伎與器遂大行於中國，至立部教坊，轉相傳習，又從而演爲新聲，樂曲大昌。其始多爲舞曲，不盡有歌辭，有之，亦多出樂工之手，如近世所見敦煌寫本諸曲子，未爲雅馴也。嗣後文學騷雅之士，或擇其音韻流美之一章一節，倚聲譜詞，行之於世，至晚唐北宋，而詞曲體製乃臻大成。

詞體之進展，旣與歌舞樂曲爲緣，自無不能被之管絃按拍歌唱者，晚唐五代所爲側艷之詞，聲聲悉合鸞歌，字字都諧鳳律，自能盛播於櫻唇貝齒之間。至後唐莊宗，且有變舊聲爲新聲之作，徐釚詞苑叢談所載：「唐主嘗製小詞云：『曾宴桃源深洞，一曲舞鸞歌鳳。長記別伊時，和淚出門相送。如夢，如夢，殘月落花煙重。』此莊宗自度曲也。又古今詞話云：『後唐莊宗修內苑，掘得斷碑，中有三十二字，莊宗使樂工入律歌之，名曰宴桃源，一名憶仙姿。』」可爲參證。洎乎北宋，秦樓楚舘所歌，敎坊樂工所譜，朱門綺筵所唱，亦多爲當時詞客之什，因事繁不勝引，姑標舉數則如后，以當鼎臠之嘗。如葉夢得避暑錄話云：

柳永善爲歌詞，敎坊樂工每得新腔，必求永爲詞，始行於世。余仕丹徒，嘗見一西夏歸朝官，云：「凡有井水處，卽能歌柳詞。」亦言其傳之廣也。

又晏幾道小山詞跋云：

始時沈十二廉叔、陳十君寵，家有蓮鴻蘋雲，品清謳娛客，每得一解，卽以草授諸兒，吾三人持酒聽之，爲一笑樂。已而君寵疾廢臥家，廉叔下世，昔之狂篇醉句，遂與兩家歌兒酒使，俱流轉於人間。

又蔡絛鐵圍山叢談云：

少游女婿范仲溫，字元實，常預貴人家會。貴人有侍兒喜歌秦少游長短句，坐間略不顧及，酒酣歡洽，始問此郎何人。仲溫遽起叉手對曰：「某乃山抹微雲女婿也。」聞者爲之絕倒。宣和初，燕樂初成，八音告備，因作徵招角招，有曲名黃河清慢者，音調極韶美。晁次膺作此詞時，天下無間遐邇大小，雖偉男髫女，皆爭唱之。

又道山詩話云：

晏元獻公爲京兆，辟張先爲通判，新納侍兒，公甚屬意。先能爲詩詞，公雅重之，每張來令侍兒出侑觴，往往歌子野所爲之詞。

又后山叢談云：

文元賈公居守北都，歐陽永叔使北還，公預戒官妓辨詞以勸酒，妓唯唯，復使都廳召而喻之，妓亦唯唯，公怪歎以爲山野。既燕，妓奉觴以爲壽，永叔把盞側聽，每爲引滿，公復怪之，召問所歌，皆其詞也。

由是可知，北宋之時，上自公卿大夫騷人學士，下迨倡優舞妓繡帨佳人，付諸絲竹而可歌者，唯此倚聲塡辭之詩餘耳。觀夫屯田之新樂府，骪骳從俗，天下謳之，淮海之長短句，傳播遐邇，膾炙衆口，則當時風行之狀，尙堪想見也。卽如東坡，說者謂其「詞雖工而多不入腔，正以不能唱曲。」（苕溪漁隱叢話引）頗以不諧音律相詬病，然其詞決非不可歌者，集中卽席成篇，遽付歌喉者，蓋指不勝屈，陸放翁亦言：「世言東坡不能歌，故所作樂府辭，多不協，晁以道謂：『紹聖初，與東坡別於汴上，東坡酒酣，自歌古陽關。』則東坡非不能歌，但豪放不喜裁翦以就聲律耳。」蔡絛又有紀事一則：「歌者袁陶，乃天寶之李龜年也。宣和間，供奉九重，嘗爲吾言：東坡昔與客遊金山，適中秋夕，天宇四垂，一碧無際，加江流澒湧，俄月色如晝，遂共登金山頂之妙高臺，命陶歌其水調歌頭曰：『明月幾時有，把酒問青天。』歌罷，坡爲起舞而顧問曰：『此便是神仙矣。』」（鐵圍山叢談）據此，則坡詞之價值，雖不在音律，而被諸管絃，自有其淸雄激壯之音，非與歌喉扞格不入者。坡詞且如此，餘可知也。

北宋詞家，號爲知音者，首推周清眞。清眞博涉羣籍，妙解音律，宋史稱其能自度曲。清眞居汴梁聲歌繁盛之地，且十餘載，閒游坊曲，獲助於敎曲伎師，自在意中。嗣後提舉大晟，又得與田爲不伐等同官諸友，商榷律呂，極意於歌詞間之關係，張炎曰：「崇寧立大晟府，命周美成諸人，討論古音，審定古調，淪落之後，少得存者，由是八十四調之聲稍傳，而美成諸人又復增演慢曲引近，或移宮換羽，爲三犯四犯之曲，按月律之，其曲遂繁。」（註一九）按大晟樂府爲當日朝廷所設之最高音樂機構，網羅專門人才，必稱美備，以是創製新譜，其曲遂繁。清眞旣居要職，實總其成，自製當不爲少。據毛幷樵隱筆錄：

紹興初，都下盛行周清眞詠柳蘭陵王慢，西樓南瓦皆歌之，謂之渭城三疊。以周詞凡三換頭，至末段聲尤激越，惟敎坊老笛師能倚之以節歌者。其譜傳自趙忠簡家，忠簡於建炎丁未九日南渡，泊舟儀眞江口，遇宣和大晟樂府協律郎某，叩獲九重故譜，因令家伎習之，遂流傳於外。

今清眞集中之蘭陵王，下注「越調」。北齊時，有蘭陵王入陣曲，王灼云：「今越調蘭陵王凡三段，二十四拍，或曰遺聲也。」（註二〇）證以毛說，則此越調蘭陵王，疑爲當時大晟因舊曲創新聲之一，而又謂爲「九重故譜」，則非坊曲流行之曲，可推知也（註二一）。又據漫志之言曰：「江南某氏者，解音律，時時度曲。周美成與有瓜葛，每得一解，卽爲製詞，故周集中多新聲（註二二）。」與前引避暑錄話所載柳永事，大抵相類，其沈浸於音樂環境中者如此，實爲清眞詞成就之主因也。

清眞既精審樂律，益之天才學力交具，遂能集諸家之長，蔚爲北宋殿軍。其詞體製宏雅，聲律嚴密，足爲後世準繩，南宋諸大家如姜（夔）、史（達祖）、吳（文英）、張（炎）等人，皆奉之爲唯一典範。至其詞流播歌者之口，亦較同時作手爲久，强渙爲清眞搜輯遺詞，刋於溧水，嘗言「不謂於八十餘載之後，踵公舊蹤，暇日從容，式宴嘉賓，歌者在上，果以公之詞爲首唱。」（題周美成詞）則知清眞詞至南宋中葉，猶盛播於筦絃之間，原其所自，蓋不僅在其文字之富艷精工，而尤在其音律之繁會相宣也。沈義父樂府指迷謂：「凡作詞當以清眞爲主，蓋清眞最爲知音。」此言允矣。

趙宋南渡，建都江左，湖山毓秀，風物逞妍，文學之美殆與表裏。是時慢詞大作，詞人輩出，如向子䜌、朱敦儒、陸放翁、張孝祥、葉夢得、辛棄疾、吳文英、張玉田等，皆負時譽，所作並裒然可觀。若夫深通音律、辨析體製，足以垂範於世者，則首推姜夔。夔字堯章，自號白石道人，精音律，嘗獻大樂議及考古圖於朝，論當時樂曲、樂器、歌詩之失，惜時嫉其能，不獲盡所議（註二三）。張文虎舒藝堂隨筆云：「宋人詞集存於今者，惟張子野、柳耆卿分著宮調，其有旁譜者，惟堯章此集耳。」此言極是。今觀白石道人歌曲中，琴曲則著指法，越九歌則著律呂，令慢數首及自度曲、自製曲，則著旁譜宮調，爲詞家所絕無僅有。今傳姜詞著旁譜者，凡十七曲，茲表列於左：

類別	詞調
自度曲	揚州慢（中呂宮） 長亭怨慢（中呂宮） 淡黃柳（正平調近） 石湖仙（越調） 暗香（仙呂宮） 疏影 惜紅衣 角招（黃鐘角） 徵招
自製曲	秋宵吟（越調） 淒涼犯 翠樓吟（雙調）
令慢舊調	鬲溪梅令（仙呂宮） 杏花天 醉吟商小品 玉梅令（高平調） 霓裳中序第一

姜譜十七曲，不獨註明宮調，並於詞傍詳載樂譜，宋詞歌法久佚，僅此尚可尋其迹兆。試舉揚州慢原譜如后（註二四），以爲斑豹之窺焉。（注：旁譜右方第一行爲今工尺，第二行爲宋工尺。如第一字「淮」旁，「久」爲原譜，「六」爲宋工尺，「五」爲今工尺。）

揚州慢　中呂宮

五六凡工五六高上五上工六上尺上工凡工尺四上尺工凡工上凡工五六凡五六五高上五工

六凡工尺六凡五六一尺凡一上〇尺工尺上合〇上吕工吕一工尺六凡工合凡六五六尺

久りフ人久りす久一人り一么す人フ人么ムラ么分[?]今一フ人ス[?]フ冬り久す久人

淮左名都竹西佳處解鞍少駐初程過春風十里盡薺麥青青自胡馬窺江去後廢池喬木猶

尺上四上凡工五六五工尺上尺上　四尺凡工上凡工六四尺上凡六五高五六工四上尺

上一合一工吕六凡六尺上〇上〇　合上工吕一工尺凡合上〇工凡六五六凡尺合一上

么一ム一⑦分久[?]久人么す么す　分今フ介一フ人りム么すフ[?]久の久[?]人ム[?]么

厭言兵漸黃昏清角吹寒都在空城　杜郎俊賞算而今重到須驚縱豆蔻詞工青樓夢好難

工六工上工六五高上五六五上工尺凡四上凡工五六五工尺上尺上

吕凡吕一尺凡六五合凡六一尺上工合一工吕六凡合尺上〇上〇

分[?]今一人り久す冬り久一人么フ㊕一フ今久[?]冬人么す么す

賦深情二十四橋仍在波心蕩冷月無聲念橋邊紅藥年年知爲誰生

又姜詞小序中附論音律處，亦每多精到，如湘月詞小序云：

大舟浮湘，放乎中流，山水空寒，煙月交映，淒然其爲秋也。坐客皆小冠綀服，或彈琴，或浩歌，或自酌，或援筆搜句。予度此曲，卽念奴嬌之鬲指數也，於雙調中吹之。鬲指亦謂之「過腔」，見晁無咎集，凡能吹竹者便能過腔也。

滿江紅詞小序云：

滿江紅舊調用仄韻，多不協律，如末句云「無心撲」三字，歌者將「心」字融入去聲，方諧音律。予欲以平韻爲之，久不能成。因泛巢湖，聞遠岸簫鼓聲云云，頃刻而成。末句云「聞佩環」，則協律矣。

前謂念奴嬌之鬲指聲，吹以雙調，卽爲湘月。後謂滿江紅詞，舊調用仄韻多不協律，而改爲平韻，審別毫釐，非精於樂律者不辨。至琴曲下之論側商調，徵招下之論徵調去母聲，及淒涼犯下之駁唐人論犯之說，則尤爲典竅，辭繁不具引，然則白石歌曲之咀徵含商，悉合絲篁，固毋煩嘵嘵已。

要之，終宋一代，雖有少數學者仍考求古律呂制度，如朱子蔡沈胡瑗等，以期興復雅樂；而實際應用者，則無論朝野，皆爲自製之新腔。當時詞人，亦多妙解音律，每自歌所作以怡性情。至播於曲巷間者，亦卽學者遺興之作，故樂能普遍朝野上下，而臻用樂之一致，及夫人人對於樂之欣賞與肄習，實爲漢魏晉唐以來所未有，蓋幾與三代同風矣。

第四節　元曲傳奇律協宮商

胡元以異族入主中夏，虎兎紀年，形諸公牘，高文典册，所用極稀，而開國之初，更廢科舉，一般才智之徒，既不能馳騁中原，滅此朝食，復不能秉承天命，躬行朝政，故於邑之心，積壓難宣，適承宋詞普遍之餘，乃更演繹爲雜劇曲本，一以瀉性情之眞，一以應時俗之望，抒淋揮灑，慷慨激昂，以吹笳鳴角之雄風，汰金粉靡麗之末習，益之詞句通曉，村嫗都解，較宋詞尤易於流播，遂使此體異彩紛呈，開文學上至奇之局，而樂之普遍，遂亦較宋人更進一步。

曲體之興，由來已久，覘其蟬蛻之跡，要非驟變，蓋有以啓之也。萬紅友詞律註南歌子曰：「聲音之道，古今遞傳，詩變詞，詞變曲，同是一理。自曲盛興，故詞不可歌，然北曲憶王孫青杏花等郎與詞同，南曲之引子與詞同者將六十調，是詞曲同源也。況詞之變曲，正宋元相接處。」又王弇洲藝苑卮言曰：「宋未有曲也，自金元而後，半皆涼州豪嘈之習，詞不能按，乃爲新聲以媚之。」據此知曲體之濫觴，實與當時樂音之遷變極有干係。至其嬗遞之漸，則若犬牙之錯，苞萼之發，自非一言可決。世之論者，約有二說，一則以其勃起於金元之際，而疑其出自異域，備受胡樂番曲之影響。二則以其非創於金，殆詞體曼衍旁流，自然而生之變化。二說乍視稍覺乖反，實則相輔相成。善夫吳氏瞿安之言曰：

詞之與曲，犂然爲二，其蟬蛻之漸，不易定斷，雖大曲舞態，與後世不同，而勿放舞隊，已開後人科介之先。大徧諸詞，又爲金元套數之始，至如傳奇家記一人一事，備述離合悲愉之況，其體雖爲創見，顧如趙德麟蝶戀花一闋，述會眞記事，分段歌之，視後代戲曲之格律，更具體而微。金董解元西廂，仍德麟之舊，而雜劇體例，遂因之不變，是曲體雖成於解元，而其因固造端於趙宋，迨胡元入主中華，所用胡樂，嘈雜緩急之間，舊詞至不能按，乃更造新聲，而北曲大備。（詞餘講義）

其剖析論說，至爲精審。論曲之緣起，尤能明其順序，合於中道，允稱圓通之論。是元曲深受詞調與胡樂之影響，斷無疑也，此說朱謙之音樂文學史、王易詞曲史並詳言之。玆撮其旨要，述之於次：

一、受宋人詞調之影響者　金人之雜劇，初非金人之創製，實沿用宋人之體式，唯宋人全用詞調，金人則易爲曲牌耳。（見王季烈螾廬曲談）金雜劇創體於董解元西廂縐彈詞，世稱絃索西廂，演會眞之事，合琵琶而歌，有白有曲，而無演舞，頗類今之大鼓書詞，特其合多數宮調之曲以詠一事，變換其腔以爲之耳。然沿波討源，在絃索西廂以前，即有南宋趙令畤侯鯖錄之商調蝶戀花詞，亦詠會眞之事凡十首，皆有序引首，詞本舊腔，格則新創，合樂器而唱，所謂鼓子詞也。嗣後百年，始見董解元西廂縐彈詞、連廂詞之作，故毛西河詞話斷鼓子詞爲今日戲曲之元祖，蓋有以也。其意略謂：宋趙令時，始作商調鼓子詞譜，西廂傳奇則純以事實譜詞曲間，然猶無賓白也。至金董解元作西廂縐彈，則有白有曲，專以一人縐彈，並念唱之。嗣後金作清樂，仿遼金大樂之製，有所謂連廂詞者，則連唱帶演，以司唱一人，琵琶、笙、笛各一人，列坐唱曲。而復以男名末泥，女名旦兒者，並雜色人等，入构欄扮演，隨唱詞作舉止。北人至今謂之連廂，大抵連四廂舞人而唱其曲，故云。據此，可知由鼓子詞而綴彈詞，而連廂詞，本爲自然演進之趨勢，而此等創作，實爲後世胡元雜劇與傳奇之發端也。鼓子詞後變名爲賺詞，賺詞者，不限一曲，蓋取一宮調之曲若干，合之以成一全體，用以敷演故事。夢粱錄曰：「紹興年間，有張五牛大夫因聽鼓板中有太平令，或賺鼓板，卽今拍板大節抑揚處是也，遂撰爲賺。賺者誚賺之之義，正堪美聽中，不覺已至尾聲，是不宜片序也。又有覆賺，其中變花前月下之情及鐵騎之類。」是唱賺亦有敷演故事者，今已不傳，現存者，僅事林廣記所載圓社市語一篇，其結構似北曲，其曲名則多見於南曲中，亦元曲之先聲也（註二五）。此外尚有諸宮調，亦始自北宋而衍於南宋及金。諸宮調者，小說之支流，而被於樂曲者也。其體與董西廂相類（註二六），可以入曲說唱，夢粱錄、碧鷄漫志並載熙寧元豐間，澤州孔三傳說唱諸宮調事，東京夢華錄記有孔三傳要秀才諸宮調，武林舊事記諸宮調傳奇有高郎婦等四人，可見諸宮調一體，在詞曲嬗遞期間，確有其顯著位置，毋容等閒視之。惜乎諸宮調今多無傳，其詞完本尚存者，唯金董解元之西廂耳。又南宋楊萬里誠齋集中載歸去來引，凡十二曲，不著調名，考此曲之作，殆與董西廂同時，其體製亦復相近，然則元人雜劇固參合宋金兩邦歌曲之體裁以成一種新體。吳瞿安謂元劇於宋時大曲爲遠祧，於董詞爲近嗣，洵不誣也。

二、受宋人大曲之影響者　詞調在慢曲引近之外，尙有大曲之一體。大抵兼歌之技，而歌詞繁重，固不僅以一曲重疊或兩腔迎互而已。今可見者有王明清玉照新志所載曾布之水調大曲、樂府詞所載董穎之道宮薄媚、曹勛松隱樂府之法曲道情、鄮峯眞隱大曲之採蓮壽鄉詞等（其中節目，多寡不一）。其詞有賦物者，有分詠故事者，初無定則。王灼碧鷄漫志曰：「凡大曲有散序、靸、排遍、攧、入破、虛催、實催、衮遍、歇拍、殺衮，始成一曲，此謂大遍。」又沈括夢溪筆談云：「所謂大遍者，有序、引、歌、歙、催、哨、催攧、衮破、行、中腔、踏歌之類，凡數十解，每解有數疊者，裁截用之，謂之摘遍。今人大曲，皆是裁用，悉非大遍也。」可見大曲排遍極多，有長至數十遍數者。然檢現存者視之，僅有摘遍一體耳。按摘遍者，乃從大曲中摘取其一遍，單譜而單唱之也。任二北云：「按詞中大曲多者，有二十餘遍，體段之長，超過曲中長套，乃在宋時爲便於歌唱。對於此種冗長之大曲久有摘遍之法，卽就大曲之若干遍中，摘取其聲音美聽，且可單獨傳唱，起始無礙者一遍作爲慢曲，如泛清波摘遍、熙州摘遍是也。」因有摘遍，故大曲入破，可轉而爲流美之聲，此殆元人散套、小令，所託始也。又陳暘樂書曰：「大曲緩疊不舞，至入破則羯鼓襄鼓大鼓，與絲竹合作，勾拍益急，舞者入場，投節制容，故有催拍歇拍，姿制俯仰，百態橫出。」據此則當時歌舞之狀，猶可想見。然則元劇之原起，當孕育於此也。

三、受金元外樂之影響者　北宋末季，金人蹂躪中原，蕃曲頗爲盛行，能改齋漫錄所謂「政和後民間不廢鼓板戲，第改名太平鼓。」曾敏行獨醒雜志所謂「宣和末，京師街巷鄙人多歌蕃曲，名曰異國朝、四國朝、六國朝、蠻牌序、蓬蓬花等，其言至俚，一時士大夫亦皆歌之。」皆其類也。溯乎胡元，樂多涼州嚎嘈之音，樂器亦與漢人異製，王德驥曲律曰：「元時北虜達達所用樂器，如箏、篤、琵琶、胡琴、渾不似之類。其所彈之曲，亦與漢人不同。」據輟耕錄所載，其大曲有哈八兒圖、口溫、蒙古搖落四、也葛倘兀、畏兀兒、閒古里、起土苦里、跋四吐魯海、舍舍弼、阿耶兒虎等，小曲有哈兒火央哈赤、阿林格、曲律買、者歸、洞洞伯、牝畴兀兒、把擔葛失等，回回曲則有伉俚、馬黑某當當、清泉當當等，今雖不知其音調節拍如何，第自曲目觀之，已知非舊詞所能盡按也。厥時詞曲，既囿於客觀環境，故一方從舊有詞調變化翻造，一方則承受蕃曲胡樂之影響，更造新聲，蕃衍既久，而曲體遂成。徐渭南詞敍錄曰：「今之北曲，蓋遼金北鄙殺伐之音，壯偉狠戾，武夫馬上之歌，流入中原，遂爲民間之日用，宋詞既不可被絃管，世人遂尚此，上下風靡。」此以外樂影響追溯曲之初源，亦頗具見地。

以上綜溯元曲之濫觴，雖源雜而支繁，要其與樂音干涉，則斷無疑也。夫元曲體製可類別爲三，曰散曲、曰雜劇、曰南戲，其中散曲又區爲小令、套數兩類。試就其樂曲言之，小令蓋市井小曲，每闋只用一曲，與宋詞略同。套數則合一宮調中諸曲爲一套，與雜劇之一折相類。至雜劇則每劇皆用四折，每折易一宮調，每調中之曲必在十曲以上。至其中歌曲則以散曲中之套曲組成之，又雜以科白，所以代言而演故事，此誠滙歌舞之衆流而成巨浸者也。雜劇始於北而推於南，故謂之北曲，及其季也，南戲起而其體稍變，探其淵源，蓋自南宋之戲文。南曲宮調，元人未有著錄，今檢沈璟南九宮譜所錄者觀之，則泰半出於大曲、唐宋詞、諸宮調、唱賺及其他古曲，而同於雜劇曲名者十有三耳。南戲體製與夫配置之法，雖視雜劇稍異，然其所備歌唱，則與雜劇初無二致。

以此觀之，胡元一朝，樂之普遍，較趙宋尤有過之，流風所至，作者輩出，上自公卿，下至優伎，各就古今之事態，苟有所感，必按曲譜，反覆歌之，宛轉唱之，故述作續出，編於羣英，流傳後世者凡五百五十六本，亦云富矣。而詩樂關係，亦以是益臻於彌合之境焉。

朱明代興，此風未泯，曲苑蜚聲，雅存北調，故曲在明初，猶普遍於朝野，與元季略同也。加之洪武之初，科舉未復，諸文人尚能盡心此道，所作率矜重典麗，有關白馬鄭之遺風。迨科舉復興，學者精神悉耗於制義文字之揣摩，自無餘力以事製曲，是以仁宣而後，雖作者不絕，而曲文朴茂本色，已去元人遠甚。且元雜劇至此，亦漸與音樂分轍，被之絃索，乖失頗多，可謂名存而實亡矣。故言朱明文學之主幹，當推傳奇，即所謂南曲也。

傳奇興於元末而大備於明，以實質言，傳奇乃承襲舊曲形式，大抵以南詞牌爲主，間以北詞曲套爲用，故與南詞爲近支，而與南宋以後戲文，則屬遠祧。以演變言，則戲文傳至元末明初之際，因受雜劇影響，逐漸繁衍，寖假遂成長論鉅製之傳奇。王世貞藝苑卮言曰：「詞不快北耳而後有北曲，北曲不諧南耳而後有南曲。」北曲作者多籍隸北地之大都、平陽，曲作類取胡調。南耳慣於柔遠緩和之音，不諧於北曲，故東南文人，乃推演兩宋之舊制，力求雅正，而南曲以興。今所傳之荊釵記、白兔記、拜月亭、殺狗記、琵琶記五大傳奇，即南曲之先鋒也。永樂以後，南曲大昌，南劇傳奇，相繼爭席，北劇之作，幾同告餼。自是作者蠭起，詞采情事均有可觀。流傳誦習，卷帙至多，遂蔚爲一代壯觀。

至南北曲之異點究亦頗多，鬱藍生（卽呂天成）曲品一書嘗詳論之。其言曰：「雜劇北音；傳奇南調。雜劇折數惟四，唱止一人；傳奇折數必多，唱必句派。雜劇但摭一事顚末，其境促；傳奇備述一人始終，其味長。無雜劇則孰開傳奇之門，非傳奇則未暢雜劇之趣也。傳奇既盛，雜劇寖衰，北里之管絃播而不遠，南方之鼓吹簇而彌喧。」又王驥德亦云：「以聲而論，則關中康德涵所謂南詞主激越，其變也爲流麗；北曲主慷慨，其變也爲朴實。惟朴實故聲有矩度而難借，惟流麗故唱得宛轉而易調。吳郡王元美謂南北二曲，譬之同一師承而頓漸分教，俱爲國臣而文武異科。北主勁切雄麗，南主清峭柔遠。北字多而調促，促處見筋；南字少而調緩，緩處見眼。北辭情少而聲情多；南聲情少而辭情多。北力在絃；南力在板。北宜和歌；南宜獨奏。北氣易粗；南氣易弱。此其大較。」皆深造有得之言也。

明時南曲止用絃索官腔，至嘉靖隆慶間，太倉魏良輔乃漸改舊習，別創新聲，世稱崑腔，一名水磨調，音樂始盡洗北曲絃索噍殺斷促之音，而爲簫管纏綿抑揚之韻，南北曲至此截然分轍。崑山梁伯龍特製江東白苧及浣紗記諸曲，付良輔以水磨腔譜唱，聲調並茂，於是大江南北，不脛而走，海鹽弋陽諸舊腔，一時都廢。魏戫書集成曲譜序崑曲嬗遞之跡纂詳，其言曰：「嘉靖間崑山梁伯龍作浣紗記，太倉魏良輔爲之訂譜，創水磨調以歌之，卽今之崑曲也。良輔並將舊有之傳奇雜劇，改正腔拍，變爲水磨調，於是崑曲盛行，北曲之音節遂以失傳，卽南方梨園向習之弋陽、海鹽、餘姚諸腔，亦俱廢棄。

溯自有明嘉靖，以逮國朝道光，三百餘年間，南北歌場之壇坫者，厥惟崑曲。蓋崑曲雖創自明人，而其腔格猶有宋詞倚聲之遺意，況其曲文都爲騷人異客之名作，宜乎風行宇內，村謳俚唱，莫敢爭衡也。」崑腔既馳騁宇內，流播海外，擅譽一時，遂爲後世戲劇之鼻祖焉。

要之，雜劇傳奇，自宋之詩餘出。詩餘，樂也曲也；傳奇，亦樂也曲也。辨其角色，雖分生旦正副，是特由於技舞之動作以顯之，然其所主者，在歌唱而已。觀夫朱明中葉，所撰傳奇，率皆備律協呂，高唱入雲。嘉隆之後，崑腔風行，雖節柔詞靡，漸遺元音，然猶能韻逐悠揚，流播遐邇。其後絃索之學，講者寖衰，度曲之法漸失，迄遜清乾嘉之會，作者拈毫摛文，着意藻飾，聯套徒守形式，宮調都成具文，詞句與聲音無涉，聆賞共諷詠同旨，樂律既湮，則傳奇之式微，不其宜耶。

總上所述，皆詩樂遞遷代變之軌轍也。以時代言之，則自周秦而漢魏，而南北朝，而李唐趙宋，而胡元朱明。以詞章言之，則自三百篇而楚辭，而樂府，而詩詞，而雜劇傳奇。以聲樂言之，則自古樂而清樂，而讌樂。雖衆類紛披，羣品雜呈，然樂聲之盈銷，文運之隆衰，均可於此覘之。竊觀夫吾國韻文，一體之成，譬猶水之由細流而滙爲江河也，有千里會流者焉，有九派分酬者焉，遠祧近嗣，鉅細不捐，縱源雜而支繁，要亦與聲樂有關，則確可認也。溯乎歌謠之興，遠肇唐虞，賡歌擊壤，純乎天籟，稍後風詩三百，周樂以興，九歌祀神，楚聲彌盛，降及西漢樂章，唐詩宋詞，北劇南曲，靡不聲樂俱備，有律有樂，雖各代名制互異，要其性質，皆屬樂府。是以欲推索詞章流變之跡，宜兼識其與聲樂相因相長之處。若但知尋繹其詞，而昧於聲樂之嬗遞，雖累牘言之，終莫得其條貫之所在。本書探究詞律本源，而先論歷代詩樂相契之關係，其意蓋在於此焉。

【附註】

註 一：見禮記注疏卷三十八。
註 二：語見尚書虞書堯典。
註 三：語見論語子罕篇。
註 四：語見史記卷四十七孔子世家。
註 五：見禮記注疏卷三十九。
註 六：見宋書卷二十一。
註 七：同上註。
註 八：魏文帝棄故鄉、武帝駕虹蜺，並見宋書卷二十一。
註 九：高帝欲廢太子，而立戚夫人子趙王如意，太子得商山四皓爲輔，帝謂戚夫人曰：「我欲易之，彼四人輔之，羽翼已成，難動矣。」戚夫人泣涕，帝曰：「爲我楚舞，吾爲若楚歌。」歌曰：「鴻鵠高飛，一舉千里。羽翼已就，橫絕四海。橫絕四海，又可奈何？雖有矰繳，尚安所施？」戚夫人歔欷流涕。事見漢書張良傳。
註一〇：參見漢書卷二十二禮樂志。
註一一：漢書禮樂志曰：「郊祀歌者，武帝立樂府采詩夜誦，有趙代秦楚之謳，以李延年爲協律都尉，多舉司馬相如等數十人，造爲詩賦，略論律呂，以合八音之調，作十九章之歌。」
註一二：見舊唐書卷二十九。
註一三：見樂府詩集卷四十七。按荆，即今湖北江陵縣；郢，即今湖北宜昌縣；樊，在今湖北襄樊市一帶；鄧，即今河南鄧縣。
註一四：見樂府詩集卷第二十六相和歌辭題解。

註一五：參看隋書卷十五音樂志（下）。
註一六：見樂府詩集卷六十一雜曲歌辭題解。
註一七：見王灼碧鷄漫志卷第一。
註一八：見梅應運詞調與大曲引言。
註一九：見張炎詞源卷下。
註二〇：語見碧鷄漫志卷第四。
註二一：說本龍沐勛清眞詞敍論，見詞學季刊第二卷第四號。
註二二：見碧鷄漫志卷第二。
註二三：見明徐獻忠吳興掌故。
註二四：據夏承燾白石十七譜譯稿。見唐宋詞論叢頁一二六。
註二五：王國維宋元戲曲史第四章宋之樂曲云：「事林廣記雖載此詞，然不著其爲何時人所作，以余考之，則當出南渡之後。」又云：「此曲自其結構觀之，則似北曲；自其曲名，則疑爲南曲。」
註二六：王國維考董西廂之體製，斷其爲諸宮調，詳見宋元戲曲史第四章宋之樂曲。

第二章　樂曲嬗變與詞體之建立

第一節　詞體起源之音樂性及多元性

詞體之興，異說舛雜，不一而足。論者窺一斑以概全豹，見廊廡以測堂奧，多攻其一端，得其皮相，殊不足周延無頗，以全其說。究其乖誤，殆有三端：一者不知詞乃音樂文學，徒就形式或長短，以辨其源，其謬亦大矣；二者不知一種文體之興，如人造酒，必醞釀久長，漸變其質，漸易其貌，而後成焉。若謂某體一變遂逕爲某體，則吾知其不能溯長流以探遠源矣；三者不知一種文體之興，必承衆流而彙多變，以時而言則遠因近緒，以地而言則內蘊外爍，然後化合多元質素，以成新物。若謂某體必自某體蛻出，則管錐其見，吾知其不能周顧整體矣。今就此三端，以權衡詞體起源諸說，而指出其誤謬偏失如下：

一、形式說

彭孫遹詞統源流云：

詞之長短錯落，發源於三百篇。

汪森詞綜序云：

自有詩而長短句卽寓焉，南風之操，五子之歌是矣。周頌三十一篇，長短句居十之八；漢郊祀歌十九篇，長短句居其五；至短簫鐃歌十八篇，篇皆長短句。謂非長短句？謂非詞之源也乎？

楊愼詞品云：

王筠楚妃吟句法極異，其辭云：窗中曙花早飛，林中明鳥早歸，庭中日暖中閨，香氣亦霏霏；香氣飄，當軒淸唱調，獨顧慕，含怨復含嬌；蝶飛蘭復熏，裊裊輕風入翠裙；春可遊，歌聲梁上浮，春遊方有樂，沈沈下羅幕。大率六朝人詩，風華情致，若作長短句，卽是詞也。……予論塡詞必泝六朝者，亦昔人窮探黃河源之意也。

上列三說，不論源於詩經，源於古詩，源於六朝雜詩，殆皆徒就形式立言。蓋不知詞者乃音樂文學。音樂其體質，而辭句其衣飾也。今使胡人而著漢服，論者欲究其來歷，不知察其體質而徒觀其衣飾，則欲明其所從來，豈可得乎？而所謂齊言、雜言，乃音樂文學之二面共相，衡諸古今中外之詩歌，非齊言卽雜言。如詩經、漢魏古詩、六朝雜詩、唐詩、宋詞、元曲者，或齊言，或雜言，皆具此共相之個別體製。今欲以一二個別體製之形式統攝諸體而成一源，豈能周延其說乎？蓋音樂文學，以樂爲質，以辭爲貌。貌同者，質或異焉。故長短形式雖同，其音樂背景不一。故欲探究某一音樂文學之源起，舍其音樂背景不論，而徒就辭句形式以比合之，其謬可知矣。

唐宋之詞，初名曰曲子、曲子詞、小歌詞、倚聲。蓋辭依樂而生，故調有定格，字有定數，韻有定聲。（如雨霖鈴必用入韻；卜算子押上去韻）。其歌詞句式，全視樂句而定。樂句整齊者，則辭須齊言以應之，樂句錯落者，則辭須雜言以應之，此乃歌辭必有之現象。故辭之齊雜，繫乎當時之樂調。非文人覩詩經、古詩、六朝雜歌之有長短句，遂仿爲徒詩之長短詞句也。故彭孫遹、汪森、楊愼三氏之說，皆舍本而求末，何足以追溯詞體之源起？

二、突變說

江順詒詞學集成云：

詩餘之作，不謂之直接古樂府不可。

俞彥爰園詞話云：

五代至宋，詩又不勝方板，而詩餘出。

宋翔鳳樂餘論云：

太白憶秦娥、菩薩蠻皆絕句之變格，爲小令之權輿。

方成培香研居詞麈云：

唐人所歌，多五七言絕句，必雜以散聲，然後可被之管絃，如陽關必至三疊而後成音者，後來遂譜其散聲，以字句實之，而長短句興焉。

上列諸說，殆皆以詞體直接由另一詩歌體制突變而來。然一種文體之興，必醞釀恆久，漸變而成；此爲文學流變之通則。故漢賦之興，或謂古詩之流，或謂源出於荀賦，或謂變之於楚辭。自文體之源流而論，其說皆各有一得之見。然自古詩、荀賦、楚辭以至漢賦，其間相距，遠則數百年，近則數十年。必經此長久之醞釀轉化，而後漢賦始興。今若謂漢賦直接於古詩、直接於荀賦、直接於楚辭，殆皆不免偏頗之誚矣。

江順詒詞學集成，以爲詞體之作必直接於古樂府。古樂府者，籠統言之，亦只包括漢魏六朝清樂。今以詞體直由古樂府變出，蓋矇然不見隋唐數百年間，由外樂新樂之衝激，始漸有詞體之變生。論文學之演變，而截斷中流，無視於數百年間之諸種因素，其說固謬矣。

俞彥爰園詞話，以爲五代至宋，唐詩不勝方板，而詞體始出。然則，詞蓋興於五代乎？姑不論菩薩蠻憶秦娥二詞究否出自太白之手，卽張松齡、張志和之漁父，顧洗之漁父引，戴叔倫、韋應物、王建之調笑令，劉禹錫之憶江南，白居易之憶江南、長相思諸詞，載在典籍，信而有徵，而諸人晚不過中唐。且夫上列諸詞，已備詞體之型，若更發其萌蘖，則可溯至前代。而俞氏謂詞體直出於五代詩體之變，豈不斷其本源，直以尾閭之水來自下游乎？

至若宋翔鳳、方成培以詞體直承於唐人絕句，亦不知詞體之興，其源也遠，其流也長。姑以宋氏之說論之，宋氏以太白菩薩蠻、憶秦娥二詞，乃由絕句變出，而爲小令之濫觴。蓋彼以爲二詞皆短小，雖已變齊言而爲雜言，仍多五七言句式，絕句之跡顯著，故謂二詞爲絕句之變格。然宋氏不知自隋至唐，歌辭雖多齊言，但雜言亦爲數不鮮。任二北「敦煌曲初探」云：

「隋書音樂志」中，猶載有仁壽元年牛弘等所製「上壽歌辭」，三言四句，五言二句，各爲對偶，而以七言一句承之，且叶平韻，逼近後世詞體。「樂府詩集近代曲辭」中，猶保存隋煬帝與王胄所作之「紀遼東」四首，其分片、立格、叶韻、平仄，無一非後來長短句詞之體。……證以敦煌曲：首推定格聯章之「十二時」，雜言也，肇始於齊梁間之釋寶誌，貫澈至南宋，皆信而有徵。其主曲與輔曲之間，儼然後世詞調之分片、換頭，而叶韻、平仄，並無別焉；較之牛弘之「上壽歌辭」，王胄之「紀遼東」，又早百餘年。「五更轉」，雜言也，則與「十二時」同時並用。其次「鬥百草」、「泛龍舟」之和聲辭，皆已雜言，皆隋「清商」樂曲之遺。其次「蘇莫遮」、「獻忠心」、「婆羅門」、「菩薩蠻」等，其創作時期，早可以在初唐，晚不必過天寶。」

任氏徵引博實，資料明明可考。足見雜言之短歌，發軔早於隋唐。唐人所歌者，非僅絕句。如菩薩蠻、憶秦娥之雜言歌詞者，多見於先代。則豈可謂二詞突變於絕句，而爲小令之濫觴乎？宋氏明不見雜言歌詞，久醸造於絕句產生之先，其說亦陋矣。

次以方成培絕句「散聲塡實」之說論之（註一）：宋陳暘「樂書」云：「辭少聲多，則虛聲以足曲。如『相和歌』中，有伊夷、吾邪之類爲不可少矣。」又後漢書五行志載靈帝中平間有京都歌董逃，魏文帝作上留田行，皆於詩中雜以和聲。是知散聲之作，非始於唐人所歌絕句。若必欲以「散聲塡實」

爲詞之起源作解，亦不宜近取唐人絕句，況唐絕句之散聲，乃因音樂之須而制宜，實音樂影響歌詞之一相，其本仍在乎音樂，豈得以散聲周全詞體起源之說。故方氏直以詞體由唐絕句之散聲突變而出，一則不知散聲之源遠流長，二則未明散聲所繫之音樂背景，其說自不足以概詞體之源起也。

三、一元說

一種文體之興，必承衆流而彙多變。遠因近緒，內蘊外爍，多元並包，此又文學流變之一大通則。故文心雕龍論漢賦之興云：「賦也者，受命於詩人，拓宇於楚辭也。於是荀況禮智，宋玉風釣，爰錫名號，與詩畫境，六義附庸，蔚成大國。遂客主以首引，極聲貌以窮文，斯蓋別詩之原始，命賦之厥初也。」是則欲歸一種文體之興於一源，必有所不可矣。詩歌之流衍，自三百篇，而漢魏六朝樂府，而隋唐樂府，而後宋詞成立。其間千載，或衆流歧出，或衆流歸滙。文體之興替，代有作焉。愈後出者，其源愈雜。宋詞替唐詩而興，中國之音樂文學，至是已入下游階段，諸流奔滙，故欲求一端以定其源，其謬亦明矣。然前人諸說，多謂一元。歸納言之，約爲六類：

㈠源於詩經說：持此說者，可以彭孫遹詞統源流、丁藥園藥園閒話、田同之西圃詞說爲代表。
㈡源於古詩說：以汪森詞綜序、王昶詞綜序爲代表。
㈢源於樂府說：以王應麟困學紀聞、王灼碧鷄漫志、王世貞藝苑巵言、江順詒詞學集成、俞樾詞律序爲代表。
㈣源於六朝雜歌詩說：以楊愼詞品、徐釚詞苑叢談爲代表。

㈤源於唐朝絕句說：以俞彥爰園詞話、宋翔鳳樂府餘論爲代表。

㈥源於泛聲說：以朱子語類、沈括夢溪筆談、胡震亨唐音癸籤、吳照衡蓮子居詞話、方成培香研居詞麈、全唐詩論詞爲代表。

揆諸六說，不論源出於詩經、古詩、樂府、六朝雜歌詩、唐朝絕句、泛聲，其弊皆在乎歸結詞體之興於一源。是猶瞽者捫象，自不能周顧整體，而不免囿於一得矣。

綜上之論，乃知欲論究詞體之興，必循三徑：曰音樂，曰漸變，曰多元。合而言之，可爲詞體之興，試擬循本探源之通則云：

詞乃融合多元性之音樂，歷長遠之變化，而逐漸形成之一種音樂文學。故欲探其源，亦必當追溯詞體形成前數百年間之中國音樂眞象。

循音樂以探詞源，其理甚明。近世學者，多主其說，已成定論。而歷久漸變，醞釀成形，亦文學流衍之常理，無庸置辯。唯所謂多元化之音樂者何？中國音樂，洎至有唐，有所謂雅樂、清樂、燕樂三者。沈括夢溪筆談云：

「自唐天寶十三載，始詔法曲與胡部合作，自此樂奏全失古法。以先王之樂爲雅樂，前世新聲爲清樂，合胡部者爲宴樂。」（註二）

雅樂則三代古曲，清樂則漢魏六朝樂府遺聲，燕樂則隋唐胡華雜揉之俗樂。先王雅樂亡絕於晉世，其後雖代有訂製，已變其質，唯聊備宮懸而已，與詞體之興，鮮有關涉。清樂則肇始於兩漢，盛行於魏晉，嗣響於南朝，至隋唐而餘音繚繞，其於詞體之興，固不能無涉。燕樂造端於漢朝張騫之通使西域，成形於北朝隋代，而大盛於李唐，實爲詞體興起之主要音樂背景。故詞體之興，頗涉清燕二樂。而所謂燕樂者，又雜揉胡華，非純出一端。故詞體所繫音樂，可謂多元矣。玆爲論證如下。

近世學者多主循音樂以探尋詞體之源起，然隋唐音樂成分複雜，以時言之，則古今並存，以地言之，則胡華兼備。欲條疏百緒，界定流統，而多有不可畛域者。故論者或以爲詞體興於胡樂，或以爲興於華樂，或以爲兼賅胡華二樂。諸說紛陳，莫衷一是。今略舉數家，條列其論，以見概況。梅應運「詞調與大曲」云：

> 鄭譯既推演龜玆琵琶調，成爲當時之樂律主潮，乃至「雅俗之樂悉用其聲」；故雅樂清樂名存而實亡，獨俗樂大盛於時。（註三）

梅氏以雅樂消亡於晉，清樂起於漢武樂府，晉永嘉亂後，餘響於南朝。並時之北朝，雖華戎兼采，然駁雜已甚，「所用皆是新造，雜以邊夷之聲」（註四），故梅氏云：「與清樂無甚關係」。至隋開皇年間，平陳，得宋、齊舊樂，乃於太常設清商署管之。然梅氏以爲「當時清樂，是否純係南朝之舊，亦成問題。且至大業元年，煬帝卽位後，卽罷清商署矣」。迨唐移隋鼎，高祖踐祚之初，仍襲隋代九部之樂。太宗貞觀初，增爲十部，以「高昌伎」、「燕樂伎」代「禮畢」而立。高宗以後，復減爲九部，梅氏云：「意者，此後之九部蓋缺清商伎」。故梅氏斷云：「雅樂清樂名存而實亡，獨俗樂大盛於時」。所謂俗樂者，梅氏以爲「與燕樂、胡樂、邊聲，皆異名而同實」。如是，則詞體之興，實源於此由西域傳入之俗樂矣。梅應運「詞調與大曲」云：

杜氏通典云：「自周隋以來，管絃雜曲將數百曲，多用西涼樂；鼓舞曲多用龜玆樂。其曲度皆世俗所知也」。……今考其來源，有自西域各地傳入者，有根據西域樂而自造者。無論其傳自西域抑或出於自造，此皆「詞調」之所肇始也。

又云：

樂曲而塡入長短句者，謂之詞調。然此種樂曲皆爲俗樂，卽西域傳來之音樂。……後之論詞者，往往不知西域音樂爲詞體之源，而乃漫於漢魏之樂府中求之。……案詞與樂府，除詞調偶有襲用樂府調名者外，兩者並無甚關係。（註五）

審梅氏之說，蓋以胡樂爲隋唐音樂之主流。其曲調大別有二類，一爲自西域傳入者，一爲據西域樂而自造者。不論傳自西域、抑或據西域樂自造，總目之爲胡樂。蓋梅氏主要觀念，殆以胡樂爲立場，出於夷狄則夷狄之，故或有中國自造之曲，亦以其嗣響西域之樂而目爲胡化。如梅氏云：「所謂胡曲者，當亦包括依西域樂之節奏而自造者」（註六）。然立場之取決，固不免主觀心證，故論者亦有以華樂爲立場者，入於中國則中國之，則隋唐雖胡樂昌盛，然多經中國同化，實與華樂無別。張世彬中國音樂史論述稿云：

中國在上古已開始和周邊各民族有音樂交流活動，而中國人對那些外族音樂的態度，可歸納成一個原則，就是如果認爲外來的樂曲或樂器是可以接納的，就將它混入中國傳統音樂之內，不再分別。這實在是一種同化的方法，亦卽「進於中國則中國之」的意思。明顯的例證如漢代張騫從西域帶回一曲「摩訶兜勒」；後來李延年根據這一曲再參考北狄樂而作了二十八首軍樂曲。於是西北的外來音樂就成了中國音樂，不再分別。而外來樂器如橫吹、胡笳等也在漢代傳入，而爲中國音樂界所接納，加入俗樂裡應用，於是這些樂器也就成了中國樂器。這都是同化。（註七）

衡諸張氏之說，蓋以中國之接受外樂，必經消融轉化，洵非囫圇吞食，全盤采擷。舉凡胡樂之入於中國者，莫不中國之。舊唐書音樂志云：「晉宋末，中原喪亂，張軌據有河西。苻秦通涼州，旋復隔絕。其樂具有鐘磬，蓋涼人所傳中國舊樂而雜以羌胡之聲也。」隋書音樂志云：「苻堅之末，呂光出平西域，得胡戎之樂，因又改變，雜以秦聲，所謂『秦漢伎』也。」據二志所載，則盛行於北朝之西涼樂，實雜合華胡，本非純出一方。而張氏乃斷云：

> 晉世南渡以後，傳於涼州的「清樂」，便是雅化後的東西，故其樂器包括鐘磬等雅樂器。苻堅入涼州而得之，以爲己用，就叫做「秦聲」，這是界於苻堅建國號曰秦之故。其後呂光征西域，滅龜茲而取得龜茲樂，卽將之加入「秦聲」之內，稱爲「秦漢樂」。由此看來，「秦漢樂」是有相當多的胡樂成分在內的，但在名稱上却表明這是秦國的「漢樂」。單從這一點，已可證明呂光等在觀念上有意要將胡樂華化。而在事實上亦曾將「龜茲樂」「改變」，所謂改變，相信不單是華化，更可能作若干程度的雅樂化。（註八）

北朝盛行西涼樂，北魏以之爲「國伎」，隋初所立七部伎，亦以之爲首。故通典云：「魏代至隋咸重之」。洎乎隋開皇初，鄭譯據龜茲樂人蘇祇婆之琵琶法，合清樂之音階，以訂八十四調。張氏亦以爲「鄭譯是將胡樂的樂理加以華化的人」。（註九）而唐承隋樂，乃「在不斷創作新曲之中而將胡樂繼續華化」，至天寶年間，玄宗力倡燕樂，「胡樂的流行達到極盛，而華化的工作亦達到最高潮」。故元稹樂府詩「立部伎」自注云：「天寶十三載，始詔道調、法曲與胡部新聲合奏」，張氏亦論云：所謂「道調」、「法曲」與「胡部新聲」合作，並不是地位平等的結合，而是在「道調」「法曲」的立場上將胡樂同化。（註一〇）

因之，詞體所繫之隋唐音樂，雖雜入胡音，然已經同化而中國之，實與華樂無異。然不論梅氏之華樂胡化說，張氏之胡樂華化說，主客雖殊，而其兼融華胡則一也。故論者更有明爲辨析華胡樂曲之界域者，確指何者爲胡曲，何者爲華曲。任二北教坊記箋訂云：

教坊記所載三百四十三曲，自初唐以來，所用前代之清商曲，與初、盛唐特製之法曲，尤其民間里巷所流傳之清商曲，及民間自製之歌曲等，皆屬焉。……本書所見大部分之曲名，在含思抒情、承風維俗方面，頗可代表我漢民族自己所有之音樂。本編特就諸曲名一一留意，凡於此可以指證者，皆指之。並綜舉盛唐前後清商樂存在與流行之事例，以申其說。旨在彰明史實，肯定唐人於胡樂特盛之際，絕未拋棄其自己原有之樂，而專承借重於人，原封不動，全盤接受也。

又云：

本編對於諸曲所以分判清、胡之意，並不同於白氏「新樂府」所主張：用法曲一篇以正華聲。（按：白居易法曲歌云：「乃知法曲本華風，苟能審音與政通。」自注：「法曲雖似失雅音，蓋諸夏之聲也，故歷朝行焉。」）「不令華、夷相交侵」種種；而祇在明歷史事實，示與風行之胡樂同時，固有所謂「華夏正聲」者，依然存在於唐代朝野之間，殊不應掩沒耳。（註一一）

蓋夫任氏用意，在乎自唐崔令欽教坊記所存三百四十三曲中，一一分判清、胡，以明値隋唐胡樂大盛之時，中國清樂餘響未絕，多爲詞調之所從出者。任氏乃於教坊記曲名中，凡確知屬清樂範圍，或去胡音爲遠者，一一指出，而綜爲七類：

一、隋以來之法曲。

二、高宗以來之道調、道曲。

三、有漢、魏、六朝樂府之淵源者。

四、與琴曲有淵源者。

五、初唐以來，民間所製之曲。

六、有中國風俗爲其本事者。

七、與中國特製之樂器有關者。（註一二）

據此七項條例，任氏自教坊記三百四十三曲中，肯定爲清樂者凡八十二，肯定爲胡樂者凡三十五，其中清樂兼爲唐宋詞調者凡二十三，胡曲而兼爲唐宋詞調者凡五。茲爲列表於後：

清曲	獻天花、巫山女、衆仙樂、大定樂、夜半樂、破陣樂、還京樂、千秋樂、泛龍舟、章臺春、長命女、武媚娘、楊柳枝、望江南、烏夜啼、北門西、太白星、感皇恩、臨江仙、虞美人、送征衣、阮郎迷、鳳歸雲、羅裙帶、同心結、一捻鹽、刮家難、五雲仙、感庭秋、長相思、拜新月、巫山一段雲、玉樹後庭花、摻弄、瀁水吟、黃鐘樂、洞仙歌、漁父引、三臺、大酺樂、山鷓鴣、七星管、宮人怨、嘆疆場、拂霓裳、廣陵散、帝歸京、喜還京、小秦王、大明樂、思友人、南歌子、魚歌子、七夕子、吳吟子、水仙子、竹枝子、赤棗子、千秋子、得蓬子、剉碓子、採蓮子、破陣子、女冠子、摸魚子、南鄉子、大呂子、撥棹子、嵇琴子、莫璧子、涼州、泛龍舟、採桑、霓裳、後庭花、伴侶、羊頭神、羅步底、昊破、四會子、同心結、回波樂、垂手羅、烏夜啼。 按：其中同心結、烏夜啼重複，一爲雜曲，一爲大曲。
清曲兼詞調	長命女、楊柳枝、望江南、感皇恩、臨江仙、虞美人、送征衣、鳳歸雲、長相思、拜新月、巫山一段雲、玉樹後庭花、黃鐘樂、洞仙歌、三臺、南歌子、竹枝子、魚歌子、赤棗子、破陣子、女冠子、南鄉子、撥棹子。
胡曲	菩薩蠻、八拍蠻、女王國、南天竺、望月婆羅門、西河師子、西河劍器、蘇幕遮、胡渭州、楊下採桑、合羅縫、蘇合香、胡相問、胡醉子、甘州子、穆護子、贊普子、蕃將子、毗沙子、胡攢子、西國朝天、伊州、甘州、胡僧破、突厥三臺、穿心蠻、回波樂、龜茲樂、醉渾脫、春鶯囀、達摩支、五天、河邃、拂林、大渭州。 按：其中回波樂與清曲迴波樂重複，一爲大曲，一爲雜曲。
胡曲兼詞調	菩薩蠻、望月婆羅門、甘州子、蘇幕遮。

自教坊記所刊三百四十三曲中，清、胡二樂所佔之比例，及其演化爲詞調之多寡。任氏自必斷云：「與風行之胡樂同時，固有所謂『華夏正聲』者，依然存於唐代朝野之間，殊不應掩沒耳」。而詞體所繫之隋唐音樂，雖多有胡樂者在，而清樂勢當更爲其要。審任氏所訂以判清樂之條例，其主要觀念，在乎認定凡出自中國自造者，或歌詠中國情事者，不論其所用調律樂器如何，皆可定爲清樂。故任氏於清、胡二樂間，必涇渭而二分之。其可確指爲清樂者，則清樂之，可確指爲胡樂者，則胡樂之。其不可確指爲清爲胡者，則存疑之。教坊記箋訂云：「大曲名內，可以肯定爲外國樂者，不過三十五調，俱詳下文大曲名之末（按：卽上表所列）。因知凡不注『清』字之曲名，除此三十餘調外，餘乃或清，或胡，一時難判而已。」（註一三）則任氏之觀念，於隋唐音樂中，清、胡蓋並存而不交雜也。

綜觀上述三氏之說，梅氏張氏所異者，在乎立場之取決各殊。然隋唐音樂，華戎相參，乃不爭之史實。凡二者交融之物，必互變互易，其間主客，本難判定。故論者可取「出於夷狄則夷狄之」之見，而謂之華樂之胡化，亦可取「進於中國則中國之」之見，而謂之胡樂之華化，二面取證，師心自用，是非難決。故同引一證，而論斷有反正之殊。卽以上引舊唐書音樂志、隋書音樂志所載「西涼樂」之事，梅應運斷云：「西涼樂實源於龜茲樂」（註一四），而張世彬則斷爲呂光在觀念上有意將胡樂華化，事實上亦曾將龜茲樂改變，而所謂改變，非僅華化，而更雅樂化矣（張氏中國音樂史論稿，原文已見上引）。另隋書音樂志載鄭譯從蘇祇婆學琵琶法，以訂八十四調，梅氏斷爲清樂悉變胡聲，張氏則以爲胡樂之華化。職是言之，欲於華戎交雜之間，純據一面而定乎一尊，實不能無所偏向。譬若水乳交融，曰水曰乳，皆不得其中也。

然近世學者，每論及隋唐音樂，不曰胡，則曰華。持清樂亡於隋唐，而胡樂獨行者，除梅應運而外，如夏敬觀「詞調溯源」，陰法魯「唐宋大曲之來源與組織」，孫楷第「清商曲小史」，孔德「外族音樂流傳中國史」等，亦作如是說。夏氏據鄭譯從龜茲蘇祇婆琵琶法以訂八十四調之事，斷清商樂亡於此時，故郭茂倩樂府詩集所刋鬥百草、泛龍舟等清商曲，亦一一指爲龜茲樂。孫氏更斷云：「隋朝時，西域樂在中國，已佔了音樂的重要地位。至唐開元時，西域樂的發展達於極點，清商樂便完全被西域樂打倒了。」陰氏孔氏所持論見，亦大抵若是（註一五）。而主胡樂華化者，除張世彬而外，龍沐勛「詞體之演進」，楊蔭瀏「中國音樂史」等亦然。龍氏雖以爲「所謂清商三調，雖在隋代尚存，而舊樂式微，已成不可挽回之勢。隋氏有天下，承北朝之系統，所有胡戎之樂，經長時間之醞釀，已深入人心，牢不可破」。然「胡夷之樂，相習既久，不期然而由接受以起消化作用，以漸進於創作時期。開元天寶間，即促成胡樂之中國化」，故詞體實源於隋唐間胡樂華化之「近代曲」（註一六）。楊氏亦以爲「西域音樂中最有力量的龜茲樂，一進中國，便夾入了秦聲的成份」。「西涼樂與高昌樂都是先被中國音樂同化了之後，才重新傳入中國的」，故「雖天寶樂曲，皆以邊地爲名；然後世樂府所傳，伊州、涼州、熙州、石州、胡渭州等曲（按：梅應運以爲皆胡曲），恐怕已不再能合理地歸入外族音樂的名下去了」（註一七）。諸氏所論，悉認胡樂雖蠶入於隋唐間，然久經鎔冶，實與華夏之聲無異矣。

然梅氏諸輩，確判清樂亡於隋唐之際，唯胡樂之獨行，其說實有大謬不然者。首先，吾人須界定「清樂」之義。沈括夢溪筆談卷五云：「唐天寶十三載，以先王之樂爲雅樂，前世新聲爲清樂，合胡部者爲宴樂」。職是言之，則中國音樂至天寶年間，蓋分爲三階段，先秦舊聲，乃所謂先王雅樂，以其典雅足備宮懸也。清樂乃漢魏六朝之新聲；與先王雅樂對舉。然則清樂實爲漢魏六朝之流行俗樂。燕樂則爲隋唐雜合胡聲之「現代曲」；與漢魏六朝清樂對舉。然則清樂遂成古典之雅樂，而燕樂始爲當世流行之俗樂矣。而所謂「合胡部者爲燕樂」，則燕樂除胡聲而外，必尚有別聲者在，何哉？曰華夏之聲也。故隋唐之新聲，華戎兼晐，乃爲不爭之實。而所謂「前世新聲」之「清樂」，復可別爲二期：一爲漢魏古樂，一爲南朝之吳歌西曲。隋書音樂志與郭茂倩樂府詩集，並謂「其始卽清商三調」（註一八），而此清商三調，晉初尚頗盛行，及晉室播遷，其音分散，北傳於涼州者，與龜玆樂融合爲「西涼樂」；南播者，則與吳楚之聲融爲吳歌西曲，殆卽清商之新聲矣。故魏書音樂志載宣武帝定壽春，收所傳中原舊曲：明君、聖主、公莫、白鳩之屬，及江南吳歌、荆楚西聲，總謂之「清商」。則於隋唐人言之，所謂「清樂」者，蓋漢魏以來之舊曲也。此爲狹義之「清樂」。梅氏諸輩所稱銷亡於隋唐之淸樂，乃指此狹義之淸樂也。然中國音樂，代有衰竭，亦代有新興，故先王雅樂亡，漢魏淸樂繼之，漢魏淸樂亡，隋唐燕樂繼之。則其所亡者，前代之古曲形制也，中國之音樂生命何嘗亡乎？此薪盡火傳，新陳代謝，爲一種文化流變必有之現象。故漢魏古曲，其形制雖亡，然中國之音樂生命，已別創生隋唐之燕樂，則隋唐之燕樂，實卽繼淸樂而起之另一形制，猶若漢魏淸樂，實卽繼先王雅樂而起之另一形制也。若以先王古樂爲雅樂，漢魏今樂爲清樂，則於隋唐人而言，何嘗不可以漢魏古樂爲雅樂，隋唐今樂爲清樂之新聲？此蓋廣義之清樂也。故廣義之清樂，實指與前代雅樂對稱之新俗樂，何必漢魏清商爲然。惟隋唐清樂，融合胡聲，而別稱爲「燕樂」。中國繼漢魏古樂而起之新樂，乃於潮流趨會之際，鎔鑄於變型之新音樂中，而不見其原型。論者乃惑於漢魏清樂之銷竭，遂以爲中國無復音樂矣。故所謂隋唐燕樂者，實沈潛中國清樂之濃厚質素者也。豈可以漢魏清樂之形制銷亡，卽斷言隋唐唯胡樂獨行乎，此殆囿於色相，認薪不認火之見也。邱瓊蓀法曲論云：

> 清樂之消，正因法曲之長；法曲是清樂的化身。法曲昌卽清樂昌；是清樂並沒有亡，不過換了一副面目出現於唐代的樂壇罷了。

邱氏之說，實能洞灼文化流變之眞象也。漢魏古樂雖式微，而中國未嘗無清樂存在，胡樂亦未嘗獨行，以理度之，概如上述。徵之史實，亦斑斑可考。新唐書尉遲敬德傳：

> 敬德晚節謝賓客不與通，飭觀沼，奏清商樂，自奉養甚厚。（註一九）

袁郊「甘澤謠」：

> 陶峴者，開元末家于崑山，通于八音，撰樂章八章，以定八音得失，有女樂一部，奏清商曲。

李肇「國史補」：

> 凡東南郡邑，無不通水，故天下貨利，舟楫居多。……凡大船必爲富商所有，奏商聲樂，從婢僕，以據柂樓之下。

杜佑「杜城郊居五處士鑿山引泉記」：

泛方舟而聘懷，聽清商而怡神。（註二〇）

徐鉉「韓熙載墓誌」：

熙載年位俱高，彌自縱逸，擁女妓，奏清商。

揆諸上引史料，則自盛唐以迄晚唐，清商之樂，何嘗亡絕。敬德慓悍，以軍戎稱功，略不嫻文事，晚節猶以清商自娛。陶峴風雅，精進八音，嘗著「樂錄」，蓋知音之士。杜佑博洽，著通典，頗論述樂事。熙載善文章書畫，精好樂伎。是知唐朝士大夫，不論文與不文，多有好弄清商樂者在。李肇爲中唐名士，國史補所載東南諸邑，富賈奏清商之風甚盛。則所謂清樂亡絕於隋唐，實悖於史實。又唐人詩中，亦每言及清樂者，如白居易雜詩：「可憐月好風涼夜，一部清商伴老身」。「當時一部清商樂，亦不長將樂外人」。劉禹錫雜詩云：「欲抛丹筆三川去，先教清商一部成」。張祜雜詩云：「一管妙清商」。陸贄、張濛等，亦有「曉過南宮聞太常清樂」詩。由是觀之，則清樂猶繚繞於有唐朝野間，則梅氏諸輩，欲謂清樂絕響於隋唐，不論於理於史，皆不能圓其說也。蓋隋唐之際，漢魏古樂，其形制雖日趨僵化，然中國音樂之質素，更以參合胡聲，得創新之生命，而洋洋充盛於隋唐樂壇。其時所謂「法曲」者，卽融合清胡之妙聲。故白居易法曲歌云：「乃知法曲本華風，苟能審音與政通」，自注云：「法曲雖似失雅音，蓋諸夏之聲也，故歷朝行焉」。凌廷堪燕樂考原亦云：「天寶之法曲，卽清商南曲者」。乃梅氏特爲曲解云：「白氏蓋以其聲調清和，而兼欲藉此有所諷刺，非果有史實之證據也」。其後並斷云：「法曲之非清商，此間問題可以定讞矣」（註二一）。白居易生唐之世，號爲知音，其耳目所接，固信實有徵，豈反不如千年後人之憑空臆斷乎？梅氏以居易之論非有史實證據，其實梅氏此一斷言又有何證據乎？且梅氏亦謂「其調清和」，使法曲全爲胡樂，其聲必疾捷噍殺，焉得清和之風。故所謂法曲者，實有部份以清樂爲主，而和之以胡聲者，故居易以其雖失雅樂純正之音，然猶是華風也。陳暘樂書云：「法曲興自於于唐，其聲始出清商部，比正律差四，鄭衞之間，有鐃鈸、鐘、磬之音」（註二二）。鄭樵「通志」梨園法曲注：「法曲本隋樂，其音清而近雅。」（註二三）其音清雅，其器鐘磬，皆足證法曲頗具清樂之成分，惟其間融有胡樂，故非純爲華夏正聲。邱瓊蓀法曲云：「法曲是清商和外族樂結合而成的晶體」。林謙三隋唐燕樂詞研究：「法曲乃利用清樂器以演奏新聲」。此皆中肯之諦論。故凌廷堪以法曲爲清商南曲，雖不免將清樂囿解爲漢魏六朝之古樂，然梅氏謂法曲非清商，其謬亦然。蓋不知中國代有新興之清樂在也。法曲者，卽隋唐之清樂新聲，乃中國清樂有別於漢魏之新面目，華風昭顯，謂之悉爲胡樂，可乎？故梅氏諸輩之說，實謬不然。孫楷第於清商曲小史中，力主清商樂亡絕於唐朝，乃又於「傀儡戲考原」一文中，自左其說。曰：「清音、清樂，義同」。曰：「宋樂部中，猶有清樂」。曰：「宋民間猶有清樂」。曰：「金民間亦有清樂」。則歷代皆有新面目之清樂，其理豈不明矣哉！

審張氏一輩之說，則以胡樂之入於中國者，必經華化而不復見胡樂之迹。此說揭示吾華接受外樂必經融化之態度。卽民族本位言之，固非無見。然若謂隋唐數百年間，凡輸入之胡樂悉經同化，形銷迹泯，而一切樂曲槪可以華樂目之，則又未免見禾不見莠矣。蓋隋唐之樂，其類大別有三：

一爲漢魏六朝以來舊曲。通典樂典載隋唐清商伎所存樂曲，至武后朝猶存六十三曲。能合於管絃者，有明君、楊叛、驍壺、春歌、秋歌、白雪、堂堂、春江花月夜八曲。其數雖寡，不爲時俗所重。然若以樂曲之存亡論之，卽一曲猶在，亦不得謂當時無舊曲存也。

二爲隋唐新生之樂曲。此類樂曲，或造於隋，或造於唐，皆隋唐創作之新聲。至其成分，則胡華交融，或以清樂爲本而融以胡聲，或以胡聲爲本而和以清樂，頗難一一涇渭。所謂隋唐法曲者，卽此類樂曲之大要也。據前引陳暘樂書及鄭樵通志梨園法曲注所載，則法曲乃起於隋而盛於唐之新聲也。而法曲曲調，其源多歧，除部分清樂舊曲，如「王昭君」、「堂堂」等。其餘多兼揉華胡之聲，如隋煬帝時，龜茲人白明達所造「萬歲樂」、「鬥百草」、「泛龍舟」。白明達旣爲西域樂人，則所造新曲，自必雜有胡樂成分。又如陳暘樂書所載法曲之尤妙者，如「霓裳羽衣」之曲，原爲胡樂「婆羅門」，玄宗天寶年間始易其名。王灼碧鷄漫志引杜佑理道要訣云：

「天寶十三載七月，改諸樂名，中使輔璆琳宣進旨，令于太常刋石。內黃鐘商婆羅門改爲霓裳羽衣曲」。

唐會要亦云：

「天寶十三載七月十日，太樂署供奉曲名及改諸樂名……婆羅門改爲霓裳羽衣」。（註二四）

故法曲者，實交融華胡，而自成新貌，其間成分複雜，實不可以爲華爲胡而涇渭之也。邱瓊蓀「法曲」以為法曲乃結合清樂與外族樂而成者，林謙三隋唐燕樂調研究：

「法曲乃利用清樂器以演奏新聲，實清樂之胡俗樂化」。

楊蔭瀏中國音樂史：

「唐人的燕樂（包括法曲），是清樂與胡樂之間的一種創作音樂，是含有胡樂成分的清樂，含有清樂成分的胡樂」。（註二五）

綜上之述，則此類隋唐新聲，實兼融華胡之樂。以民族本位而言，雖可視為胡樂之華化，但若純以音樂本身之內容而言，實無法剔除既在之胡樂成分也。

三為外來之曲。此類樂曲，蓋直接由西域輸入，而流行於隋唐之際者，著錄唐代曲名之舊籍，以唐會要、教坊記為最詳整。唐會要載太常寺大樂署所司二百四十四曲，教坊記載三百四十三曲。其中，前者指出胡樂易稱漢名者凡六十餘曲。後者則出於胡樂，亦有三十餘調（見任二北教坊記箋訂）。如蘇合香者，羯鼓錄屬太簇宮，樂府雜錄列為軟舞曲，乃天竺樂也。又醉渾脫者，乃渾脫舞之一種，傳自西域，亦名潑寒胡戲，唐代極為盛行。唐會要卷三十三載并州清源縣尉呂元泰上疏云：「比見都邑城市，相率為渾脫。駿馬戎服，名曰蘇幕遮。……胡服相效，非雅樂也。」唐書張說本傳載張說上疏云：「潑寒胡戲，未聞典故……法殊魯禮，褻比齊優」。從上二疏，足見此戲實乃胡風，致有識者上疏力陳其弊。開元元年，遂下敕禁斷。然其戲雖絕，其樂則仍流行不輟。通考樂考卷二一云：「乞寒，本西國外蕃康國之樂。其樂器有大鼓、小鼓、琵琶、五絃、箜篌、笛」。唐教坊雜曲有蘇幕遮，或源此渾脫之樂。張說有蘇幕遮詩五首，自注云：「潑寒胡戲所歌」。又唐會要卷三三載宇宙清、感皇恩，亦皆改自蘇幕遮者。宋詞之蘇幕遮當係本於渾脫樂也。又唐大曲甘州，蔡寬夫詩話謂出自龜茲。元稹琵琶詩云：「語學胡兒撼玉鈴，甘州破裡最星星」。宋詞之甘州令、甘州徧、八聲甘州皆蛻變於此甘州大曲者。由上所舉，是知隋唐間，輸自外族之樂，實多以其噍殺之聲，鼓震於當時也。綜上所述，隋唐之樂，或前代舊曲，或當世新聲，或胡戎之樂，並列雜陳。其於接受外樂之際，固非全盤無革，更有融通而華化之者，然其中亦信有未盡消解者在。且就音樂成分論之，但須實存一二曲胡樂，則亦不得視隋唐音樂悉爲華聲矣。

至於任氏嚴判華胡之界，就教坊記三百餘曲，逐一分其爲華爲胡，必兩別其瓜葛而後可。此種二分之法，亦未必適用於兩種文化交融後所產生之隋唐音樂。蓋彼以爲必爲清樂者，未必全無胡樂之成分在；彼以爲胡樂者，亦未必全無清樂之成分在。即以任氏所立以判清樂之七種條例觀之，其中主觀唯心之見甚重。今略舉一二，論之如下。

任氏以隋以來之法曲，必爲清樂（按任氏以清樂與胡樂爲相對名詞，故彼所謂清樂，實指與胡樂無涉之中國樂），然法曲之挾雜華戎，已如前述。又法曲中部分實淵源於佛曲，係西域僧人由天竺傳入者。隋煬帝所定九部伎中之西涼樂，即有「和闐佛曲」。唐會要卷三三亦載有沙陀調「龜茲佛曲」；其後天寶十三載始改名爲「金華洞眞」。故所謂佛曲者，實爲胡樂之流。再就法曲所用樂器言之，按新唐書樂志所載，有鐃、鈸、鐘、磬、幢、簫、琵琶等，其中鐃、鈸，皆爲佛曲所用樂器。通考樂考胡部云：「鐃，浮屠氏所用浮漚，器小而聲清，世俗謂之鐃。」又云：「唐之燕樂法曲有銅鈸相合樂，今浮屠氏清曲用之，蓋出於夷音。」由此，可知法曲中實有淵源於佛曲者，而佛曲則蓋胡樂之流也。今若再就任氏所訂之樂曲論之，除上述法曲中之霓裳羽衣曲係胡樂「婆羅門」所易名而外，他如法曲中之火鳳、春鶯囀，任氏教坊記箋訂引元稹「法曲」篇云：「女爲胡婦學胡妝，伎進胡音務胡樂。火鳳聲沈多咽絕，春鶯囀罷長蕭索」。並確斷云：「足見此調爲胡樂」，則衡之任氏自訂之條例：以「隋以來之法曲」，「均可認爲非當時之外國樂」（註二六），其說豈不相左乎？

又任氏條例之二，以「高宗以來之道調、道曲」，必爲清樂。然道曲實頗多脫殼於佛曲者，新唐志謂玄宗時太清宮成，韋縚製景雲、九眞、紫極、水長壽、承天、順天樂等六曲，又製商調君臣相遇樂曲，其中景雲、九眞、承天、順天、君臣相遇樂等，唐會要卷三十三皆刋之於沙陀調，實爲胡樂系統。又唐會要載天寶十三載，詔改諸樂名，其中「龜茲佛曲」改爲「金華洞眞」、「因度玉」改爲「歸聖曲」、「舍佛兒」改爲「欽明引」、「色俱騰」改爲「紫雲騰」等等。由是言之，所謂道曲、道調，多與胡樂相糾葛，如是而遽以「高宗以來之道調、道曲」，「均可認爲非當時之外國樂」，可乎？綜上所述，故知任氏所謂清樂者，未必悉爲清樂，而所謂胡樂者，亦未必悉爲胡樂矣。

再就任氏所確訂爲清樂或胡樂之曲調觀之，其中不乏清樂而實雜有胡樂，或胡樂而實雜有清樂成份者。如涼州曲，任氏斷爲清樂，然唐志云：「本西涼所獻也」。又洪邁容齋隨筆卷十四，馬端臨通考樂考卷三，鄭棨開天傳信記卷三皆持是說。而蔡寬夫詩話則謂涼州曲本出於龜茲，是知此曲蓋源於龜玆樂，經西涼進獻，因稱之爲涼州曲者。按隋書樂志、通典並謂西涼之樂，乃變龜玆樂爲之，而雜以秦聲。則西涼樂，乃以龜玆樂爲主，而參和清樂之聲也。任氏敎坊記箋訂云：「涼州用西涼樂，乃以清樂爲主，而參合胡樂之聲」。然不論以清樂爲主，抑以胡樂爲主，其清胡交雜則一也。如是，而任氏確斷涼州曲必爲清樂者，又如何理其瓜葛哉！他如西河師子、西河劍氣，亦皆用西涼樂，係華戎交參之聲，而任氏逕訂爲胡樂，然任氏復於曲名「西河師子」下箋云：「其所含之清樂成分甚強」。凡此，皆於華戎交參之際，強判涇渭，而不知其勢實有渾然不可截斷者。乃知於隋唐之樂，欲就諸曲調一一判其或清或胡，而兩分之，皆不明二種文化交流之際，必如江河交會，不可抽刀強斷之理者也。

綜上所論，是知詞體之興，實繫於隋唐以來之多元化音樂。以時言之，則古今之樂並存。以地言之，則華戎之樂兼備。若大別其類，則有前代清樂之餘響，有西域傳入之胡樂，有清、胡交融之新聲而當時名曰燕樂者。其間，前代舊曲，雖餘響微弱，然固不可謂其悉數亡絕。至當時胡樂盛行，史跡昭著，吾人不必亦不能諱言之。惟中國之接受外族音樂，固非囫圇吞之，而自有所消化耳。故於前代清樂沾囁，而胡樂鼓噪之際，實經長期之涵融，而終創生非胡非清，亦胡亦清之新聲—燕樂。而此一新聲，則實關係詞體之興，爲最有力之音樂元素。總之，詞體之興所繫之音樂，可謂多元。謂其純出於清樂，或純出於胡樂，皆偏執一端之論也。

第二節　詞體產生之音樂背景

前引沈括夢溪筆談卷五之言曰：「唐天寶十三載（中略），以先王之樂爲雅樂，前世新聲爲清樂，合胡部者爲宴樂。」今若以唐朝爲劃定音樂類別之時間準點，則本節所謂雅樂者，概指秦漢前之先王古樂。所謂清樂者，概指漢魏六朝以來之舊樂。今欲論雅樂、清樂，當以此爲範疇。

一、雅樂之式微

㈠先王雅樂之產生及其概況

夫「歌詠所興，自生民始」（註二七），故音樂之興，可溯源於遠古。陰康氏之始，作舞以宣導民氣。葛天氏之樂，則三人操牛尾，投足以歌八闋：一曰載民，二曰玄鳥，三曰遂草木，四曰奮五穀，五曰敬天常，六曰建帝功，七曰依地德，八曰總禽獸之極（註二八）。及乎伊耆氏之時，士鼓葦籥，歌蠟辭以禱年瑞，其辭載在經典（註二九）。諸事幽渺，殊難考實。然歌詠之興，先乎語文。咿唔成聲，惟在達情。故先民之歌，於史難考，於情可信。周前古樂，頗存其名。通典云：

伏義樂曰扶來，亦曰立本；神農樂名扶持，亦曰下謀；黃帝作咸池；少皞作大淵；顓頊作六莖；帝嚳作五英；堯作大章；舜作大韶……禹作大夏，湯作大濩。（註三〇）

淮南子齊俗訓云：

有虞氏之樂，有咸池、承雲、九招；夏后氏之樂，有夏九成、六佾、六列、六英；殷人之樂，有大濩、晨露。

凡諸樂名，今雖無傳，然典籍所載，亦可略徵其實。論語八佾、述而、衞靈公諸篇，皆記孔子聞韶之說。曰：盡美矣，又盡善也。曰：三月不知肉味。又左傳亦載季札觀周樂於魯，得聞韶樂，則知虞氏之韶樂，至春秋猶存。迨漢高祖六年，更名爲「文始」，歷三國而至南北朝始絕焉。是韶樂之作，固非無稽也矣。

虞韶既徵，則夏、商、周之作樂也，亦屬可信；呂氏春秋仲夏紀侈樂篇稱夏桀作侈樂，有大鼓、鐘、磬、管、簫之音，以鉅爲美，以衆爲觀。管子亦云桀有女樂三萬人，晨噪於端門，樂聞於三衢。其說雖侈，信非空穴之風也。至於殷商，則樂舞勃興，其事可聞。墨子非樂篇云：

湯之官刑有曰：其恒舞於宮，是謂巫風。

書經伊訓載「官刑」原文云：

敢有恆舞於宮，酣歌於宮，時謂巫風。

蓋殷人尚鬼，以巫爲祝，祝則舞以降神，既舞，則必有樂以節之，樂舞斯和，聲容可想。又墨子三辯篇，謂湯克桀，以作濩焉，其後，殷人以濩祀湯及其顯祖，然則殷商之樂，固已寖盛。故下迨姬周，風雅大作，而蔚爲遠古音樂之大觀矣。

唐代所謂先王雅樂，蓋與漢魏以來之清樂，與乎隋唐之燕樂對舉焉。實則自所謂先王雅樂言之，周，並包先秦雅、俗諸樂也。至於樂分雅俗，或以爲始自漢世（註三一）。實則樂分雅俗，周朝已存其實矣。論語陽貨篇：「惡鄭聲之亂雅樂。」則鄭聲蓋有別於雅樂之俗樂也。孟子梁惠王篇：「寡人非能好先王之樂也，直好世俗之樂耳。」則雅樂俗樂之判豈不明歟？

上古音樂，以有周爲墟壑，衆流所歸，內容繁富。加之史籍所載，文獻詳實。至於先周之樂，史料約略，已概述如前，而秦世祚短，禮不及備立，其先則爲夏聲之舊，實文武之嗣響（註三二）。故欲述先王雅樂，當以周樂爲主。今就周世之雅樂與俗樂，分述如下：

周代之雅樂，多用之於典禮，凡郊社、嘗禘、大饗、燕樂、大射、食饗、鄉飲酒、鄉射皆用樂，而其所用樂則有二類：一曰樂舞，二曰詩樂。今分述如左：

樂舞者，合樂、舞而演奏之也。上古之樂，殆皆樂、舞相混之藝術。故先周之樂，大率合舞。其留存至周朝，而施諸典禮者，乃黃帝之「雲門大卷」，唐堯之「大成」，虞舜之「大磬」，夏禹之「大夏」，湯之「大濩」，復益以周武王之「大武」、「象」，周公之「勺舞」，成王之「騶虞」。然大濩以上，信皆經周人之變革矣。凡諸樂舞，或施於郊社嘗禘，或施於大饗燕樂，或施於大射養老，或施於鄉社之禮。周禮春官云：

大司樂，……乃分樂而序之，以祭，以享，以祀。乃奏黃鐘，歌大呂，舞雲門，以祀天神。乃奏太簇，歌應鐘，舞咸池，以祭地示。乃奏姑洗，歌南呂，舞大磬，以祀四望。乃奏蕤賓，歌函鐘（一名林鐘），舞大夏，以祭山川。乃奏夷則，歌小呂（一名中呂），舞大濩，以享先妣。

乃奏無射，歌夾鐘，舞大武，以享先祖。

是則，凡祭祀之禮，莫不以樂舞成之也。至若大饗，則管象武，籥大夏（見禮記仲尼燕居），燕禮則舞勺（見禮記燕禮）。大射則奏騶虞（見周禮春官），養老則舞大武（見禮記文王世子），鄉射則奏騶虞（見儀禮鄉射禮）。既樂且舞，聲容並盛，而鬼神得降，人事得節矣。

詩樂者，其詩被管絃而歌者也。詩三百，多爲周代之樂章。朱熹詩集傳序：「凡詩之所謂風者，多出於里巷歌謠之作，所謂男女相與詠歌，各言其情者也。」又云：「若夫雅頌之篇，則皆成周之世，朝廷郊廟樂歌之辭。」然則雅、頌者，或多爲用世之雅樂也。三禮中之大嘗禘、大饗、養老所用之什歌「清廟」，大饗客出所用之「雍」，今皆存於周頌。王國維周大武樂章考，說勺舞象武（註三三），以爲大武舞配以昊天有成命、武、酌、桓、賚、般六篇，勺舞配以酌，象舞配以維清，或桓、賚、般諸篇，其詩皆存於周頌。而燕禮、鄉飲酒禮所用之升歌鹿鳴、四牡、皇皇者華，間歌魚麗、南有嘉魚、南山有臺，今存於小雅。笙奏之南陔、白華、華黍，笙間奏之由庚、崇丘、由儀，今小雅猶存其名。是則雅頌諸什，其可管籥，殆無疑慮。故孔子自衞返魯，然後樂正，嘗云：「雅頌各得其所。」墨子公孟篇亦有「弦詩三百，歌詩三百」之語，由是言之，詩與樂固不可分割也明矣。鄭樵通志樂略云：「自后夔以來，樂以詩爲本，詩以聲爲用，八音六律爲之羽翼耳。」然則雅頌之詩樂，三頌用之於朝禮，其爲周之雅樂，固不待言。卽風雅之中，其正聲者，亦多用於朝禮之間，小雅鹿鳴、四牡等，已見前述。而正風之二南諸篇，或用於燕禮，或用於鄉飲酒禮，其說俱見儀禮。而所謂風者，乃出於民間，本爲俗樂，然以周初盛世，政教所及，卽民間之樂，亦得雅正，朝廷復采之，以被管絃，而施於政教。是則正風諸樂，實爲雅化之俗樂，今當以雅樂目之。則彼正風正雅者，固亦周世之雅樂也。

又周朝有所謂房中樂者，燕樂也。漢書禮樂志云：「周有房中樂，至秦名曰壽人。」杜佑通典云：「周有房中之樂，歌后妃之德。秦始皇二十六年改曰壽人。」按周禮春官磬師云：「教縵樂燕樂之鍾磬。」鄭玄注：「燕樂，房中之樂。」則知房中樂卽燕樂也。斯樂者何？鄭玄詩經周南前注，以爲周公制禮作樂，乃采文王之世，風化所及，民俗之詩，被之管絃，以爲房中之樂。由是言之，則房中樂者，其始出乎民間之詩，周公擇其純正者以管絃之。或用以祭祀，或用以燕享。故周禮春官磬師云：「凡祭祀饗食，奏燕樂。」又云：「凡祭祀賓客，舞其燕樂。」然則此樂當屬雅樂抑俗樂？以理衡之，當介乎雅俗之間（註三四）。究其所自出，則民俗之詩，蓋俗樂耳。然其風及乎文王之化，則其聲必屬雅正，以是周公采之，合以管絃。故審其始製，殆以俗聲而雅化之也。周禮載其兩用，用之祭祀者，非雅樂不能行。用之饗食賓客，則或可允有俗樂之成分。故審其施用，殆亦可雅可俗。是知此樂，其聲必介乎雅俗之間。然周公之作樂，固以禮義爲節，旣以朝廷之力，愼采而管絃之，又用之於朝廷之禮，則其聲雖有俗樂之成分，然去純民俗之聲已遠，故周世之燕樂，實可以雅樂視之。至其樂采之民俗之詩，則可徵諸鄭玄注儀禮燕禮「與四方之賓燕，有房中之樂。」有云：「弦歌周南召南之詩。」是知房中樂所繫之辭，蓋存乎二南，則此樂亦詩樂也。

綜上所述，周世之雅樂，當包括樂舞，及詩樂中之三頌、正風、正雅。周之俗樂，或流響於民間，或傳聲於四域。今詩經所存變風變雅，與乎四夷之樂，卽周世俗樂之要者也。

然後世或以變風變雅爲不入樂之徒詩。如前引顧炎武日知錄，卽持此論（註三五）。夫先賢之以變風變雅爲不入樂，殆以爲憂傷怨懟之聲，朝廷不采以歌之也。然其說恐不免臆度。蓋絲竹詠歌之事，非朝廷可專其權。論者以爲憂傷怨懟，朝廷不采。然而民間固無能歌者乎？有慨於朝政之士大夫，固亦能自被諸絃歌也。歌詠發乎人心，凡有情有口者皆能爲之，豈待朝廷采以入樂而後能歌乎？故謂變風變雅，不采以施諸祭祀燕饗之禮則可；謂變風變雅皆不可歌，則大悖情理。故所謂變風變雅者，其聲非朝廷之製，而人心自然之樂，傳唱於里巷私人之間，孔子編詩，不廢其存。左傳記季札觀樂於魯，魯使樂工爲之歌十五國風，又爲之歌小雅，曰：「美哉，思而不貳，怨而不言，其周德之衰乎？」孔穎達箋云：「此嘆變小雅也。」是則，變風變雅之可歌，載在史籍，不亦明歟？

除詩經所載變風變雅諸詩樂外，周代民間更有其他俗樂者在。周禮春官載旄人掌教「舞散樂」，注云：「散樂，野人爲樂之善者。」又樂記載魏文侯問「溺者何從出也？」子夏答云：「宋音燕女溺志」，宋音未入詩經國風之列。又孟子云：「昔者王豹處於淇，而河西善謳；緜駒處於高唐，而齊右善歌。」史記、國策並載荆卿易水之歌。列子湯問、宋史樂志俱載秦靑、韓娥之歌。凡此，皆可徵周代民間樂歌之盛，雖詩經不備載其辭，然其不廢周世民間俗樂之迹，亦已明矣。

至於周代四方之樂，亦頗有傳響。而究其源起，則早於夏后。呂氏春秋音初篇云：

夏后氏孔甲田於東陽萯山。天大風晦盲，孔甲迷惑，入於民室。主人方乳。或曰：后來，是良日也，之子是必大吉。或曰：不勝也。之子是必有殃。后乃取其子以歸，曰：以爲予子，誰敢殃之。子長成人，幕動坼橑，斧斫斬其足，遂爲守門者。孔甲曰：嗚呼！有疾。命矣夫？乃作爲『破斧之歌』，實始爲東音。

又云：

禹行水，見塗山之女，禹未之遇，而巡省南土。塗山之女乃令其妾候禹於塗山之陽。女乃作歌，歌曰：候人兮、猗！實始作南音。

又云：

周昭王親將征荆。辛餘靡長多力，爲王右。還，反涉漢，梁敗，王及蔡公抎於漢中。辛餘靡振王北濟，又反振蔡公。周公乃候之于西翟，實爲長公。殷亶甲徙宅西河，猶思故處，實始作西音。

又云：

有娀氏有二佚女，爲之九成之臺，飲食必以鼓。帝令燕往視之，鳴若謚隘。二女愛而爭搏之，覆以玉筐。少選，發而視之，遺二卵，北飛遂不返。二女作歌，終曰：燕燕往飛，實始爲北音。

呂氏春秋之說，雖不免荒誕。然夷樂之作，其說早於先秦，玆事亦非全屬虛妄。例四夷獻樂，聲入朝禮，其事載在經史，固亦有徵。後漢書東夷傳云：

自少康以後，世服王化，遂賓於天門，獻其樂舞。

竹書紀年云：

后發卽位元年，諸夷賓於王門，丹保墉會於上池，諸夷入舞。

方夏盛世，威及四方，外族入貢，其事可信。而入貢之時，禮賓之典，奏其音聲，亦非不能。故夷樂之入，固非純屬子虛。及至周世，更設專理夷樂之官，並於祭祀燕享之時，使其演出。周禮春官云：

鞮鞻氏掌四夷之樂與其聲歌。祭祀則吹而歌之，燕亦如之。

由是言之，四方之樂入於周代典禮之中，明見於經史，當屬可信。然周世祭祀，雖用四夷之樂，而夷樂固不爲周人諸種祭祀而作，周人祭祀，另有專備之大樂（見周禮春官大司樂），故夷樂之奏，僅爲附屬。至於燕享之用夷樂，信亦爲娛賓之用。是則周世夷樂，當亦在俗樂之列也。

綜上所述，則周世樂聲，除爲朝禮專備之雅樂而外，民間亦頗流傳俗樂。且春秋以降，俗樂益廣受喜好，似有奪亂雅樂之勢，觀孔子之惡鄭聲、齊宣王之好俗樂可知。又左傳昭公元年：「先王之樂，所以節百事也，故有五節，遲速本末以相及。中聲以降之，五降之後，不容彈矣。於是有煩手淫聲，慆堙心耳，乃忘平和，君子弗聽也。」樂記亦云：「魏文侯問於子夏曰：吾端冕而聽古樂，則唯恐臥，聽鄭衞之音則不知倦。敢問古樂之如彼何也？新樂之如此何也？子夏對曰：今夫古樂，進旅退旅，和正以廣……今夫新樂，進俯退俯，姦聲以濫，溺而不止……。」綜上二書之載，可知：㈠春秋以降，俗樂大盛，非直泛濫於民間，甚且流行於朝廷，帝王好之者，固不僅魏文侯、齊宣王也。㈡雅樂以宣禮敎爲用，故以平和簡樸爲度，枯燥寡味，無以聳動聽聞，娛人心目。而俗樂則以娛情性爲用，故以華靡淫侈爲美，乃能深入人心，廣被群倫。㈢儒敎寖興，衞道之士以俗樂悖禮犯道，腐蝕人心，故口伐之，**筆削之**，不肯載其聲詞，雖孔子編詩，不廢鄭衞，然以當世俗樂之盛，可知詩經所存，百不得其一，**而先秦俗樂**，其詞遂無以藉典籍而悉傳後世，其聲則隨民間音樂之自然發展，逐流生變，終沒於**後世民間音樂之洪流中**，後人亦無復有知其眞跡者矣。

㈡先王雅樂之淪缺及僵化

周世原重雅樂，唯逮王室陵夷，禮敎崩壞，諸侯並起，不循舊制，雅樂遂不爲諸國所重（見前所引左傳昭公元年，及樂記魏文侯問樂）。復以戰亂頻仍，工伎漸缺。故周世雅樂傳於後世者，蓋寥寥無幾。杜佑通典云：

秦始皇平天下，六代廟樂，惟韶武存焉。二十六年，改周大武曰五行。

又云：

文始舞者，本舜韶樂也，高祖六年，更名文始，以示不相襲也；而五行仍舊。

宋書樂志：魏文帝黃初二年，改漢文始舞曰大韶舞，五行舞曰大武舞，卽通典宋書所載，是知六代廟樂之傳於後者，唯韶、武而已，且代有更改，而所更改者，實非僅易其名而已也。故韶武二樂，幾經變易，早已名存實亡。至隋開皇九年，牛弘奏云，自古至漢，「遞相因襲，縱有改作，並宗於韶」。且以為自漢至隋，韶武猶存，「樂名雖隨代而改，聲韻曲折，理應常同」。然以樂曲流變之常理度之，二曲相傳千年，謂之代有改作是實，謂之理應常同，則不免牽合附會矣。牛弘之說泥於遵古，而昧於史實，固未足信也。

韶武二曲之外，先王雅樂傳及漢魏之際，杜夔以嫻諳舊樂著稱，然所傳亦僅鹿鳴、騶虞、伐檀、文王四曲。及魏明帝太和中，左延年又改其後三曲，自作聲節，其名雖存，而聲實異（註三六）。且古樂所憑之樂器律度，亦久非舊制，器律既失，則聲必非古。世說新語術解篇注引晉後略云：

鐘律之器，自周之末廢，而漢成、哀之間，諸儒修而治之。至後漢末，復隳矣。魏氏使協律知音者杜夔造之，不能考之典禮，徒依于時絲管之聲，時之尺寸而制之，甚乖失禮度。

晉書律曆志云：

漢末天下大亂，樂工散亡，器法堙滅，魏武始獲杜夔，使定樂器聲調，夔依當時尺度，權備典章。（註三七）

職是則樂器聲律久失古法，即夔所造，亦僅依今聲，而實乖舊制。其後，雖荀勗復改定其聲，求合古律，以為若符周漢鐘律（見世說注引晉後略），而阮咸更辨其失，以為荀勗所依尺度，長古制四分（見世說注引晉諸公贊、晉書律曆志）。雖程瑤田通藝錄更指荀尺合於周漢，阮咸為誣。然據祖沖之所傳銅尺，以校古法七品，亦得姑洗微彊，西京望臬微弱（註三八），是荀勗新尺，亦不悉合古制。然則周世古樂所憑之器律，漢魏以下，已乖其法，先王雅器，名存實亡，殆無疑義矣。況漢朝郊祀所用之十九章歌，實已雜當世民歌，益入新聲。蓋據漢書禮樂志，十九章歌乃李延年與司馬相如等「造爲詩賦，略論律呂」，以制定者。而史記李延年傳亦稱「延年善歌，爲新變聲。上方興天地諸祠，欲造樂，令司馬相如等作詩頌；延年輒承意弦歌，所造詩，謂之新聲曲」，是則漢世雅樂，已變新聲矣。其後魏晉雅樂，益非舊法。杜夔所造，已如前論。而晉襲魏制，中經喪亂，雅樂傳統，慘遭破壞，宋書樂志云：「晉氏之亂也，樂人悉沒戎虜。」則雅樂之散佚可知。故自晉世而下，卽漢魏所造雅樂新聲，亦告淪缺。隋唐以後，歷代所專用於郊廟之宮懸，亦名雅樂。其樂律雖襲古制，而樂器則累黍截竹以造之，虛備形式而已。故淩廷堪燕樂考原以爲隋世雅樂，乃鄭譯所附會者（註三九）。唐世雅樂，據通典所載，則爲隋協律郎祖孝孫所造（註四〇），聊備典章而已。而自漢末喪亂以來，胡樂寖入，所謂中原雅樂，漸涉胡聲，隋開皇二年，顏之推卽上言：「今太常雅樂，並用胡聲」。其後詔牛弘、何妥等議正雅樂，積年未定。開皇九年，置清商署，以掌宋齊舊樂，宋齊舊樂原爲江左遺聲，雜以江南吳歌、荊楚西曲。開皇十四年樂定，而齊樂人曹妙達（西域曹國人）原有之元基曲、傾盃曲、行天曲，「弘等但改其聲，合於鐘律，而亂經勅定，不敢易之」（註四一）。則隋世雅樂，實已雜入南方民歌及北方胡樂矣。至唐至德九年，祖孝孫定樂，亦「斟酌南北，考以古音」，則唐代雅樂，固亦雜和吳楚胡戎而成者也。至是所謂雅樂，非僅古制告失，且成分亦趨淆雜。更以雅樂枯澀寡味，自王公而下，鮮有好之者，除聊備典章而外，實不睞於時人，故元稹立部伎詩云：「太常雅樂備宮懸，九奏未終百寮惰，惟憑鞭令季札辨，遲迴但恐文侯臥。」雅樂之見薄於當世，殆皆若此。

綜上之論，是知唐世所謂先王雅樂者，一則律非舊法，器非古制，實已失古樂眞貌。二則聲雜胡樂民歌，舊曲淪缺，已邈先王之音。三則聊備宮懸，見鄙於時人。乃知唐世音聲，所謂雅樂者，實不足以影響一代矣。

二、清樂之衍變

㈠清樂之產生及其流變

方漢祚初興，帝好楚蜀之聲，「風起」既作，「巴渝」繼響，漢世新聲，遂成萌蘗矣。漢書禮樂志云：

初高祖既定天下，過沛，與故人父老相樂，醉酒歡哀，作「風起」之詩，令沛中僮兒百二十人習而歌之。至孝惠時，以沛宮爲原廟，皆令歌兒習吹以相和，常以百二十人爲員。文、景之間，禮官肄業而已。（註四二）

晉書樂志亦云：

高祖自蜀漢將定三秦，閬中范因率賓人以從帝爲前鋒。及定秦中，封因爲閬中侯，復賓人七姓。其俗喜舞，高祖樂其猛銳，數觀其舞，後使樂人習之。閬中有渝水，因其所居，故名「巴渝

舞」。（註四三）

「風起」者，楚聲也；「巴渝」者，蜀聲也。並爲當世民歌。於是，帝王好之，下益甚焉，民歌遂爲漢樂主流。逮武帝立爲樂府，廣收趙、代、秦、楚之謳，使李延年爲協律都尉，變造新聲。影響所及，朝廷上下，莫不溺好。故漢書禮樂志云：

今漢郊廟詩歌，未有祖宗之事。八音調均，又不協於鐘律。而內有掖庭材人，外有上林樂府，皆以鄭聲施於朝廷。（註四四）

是知漢世新聲，實皆俗樂，振幅所及，雅樂亦雜其聲。如漢「房中祠樂」，本用諸祭祀，卻雜入民歌楚聲，漢書禮樂志云：「高祖樂楚聲，故房中樂，楚聲也。」高祖崩後，「風起」之歌，亦成祠樂。於是，可知漢朝樂壇梗概矣。

漢世新聲，卽隋唐所謂清樂，其樂以清商三調爲主。舊唐書音樂志云：

平調、清調、瑟調，皆周房中曲之遺聲也，漢世謂之「三調」。

魏書樂志云：

瑟調以角爲主，清調以商爲主，平調以宮爲主。

是知「三調」者，蓋以調式取名，而以清調爲代表，清調以商爲主，清商三調之稱，由是而起。除三調而外，又有楚調、側調。舊唐書音樂志云：

楚調者，漢房中樂也。高帝樂楚聲，故房中樂，皆楚聲也；側調生於楚調；與前「三調」，總謂之「相和調」。

漢清商三調傳至曹魏，益趨昌盛。魏氏三祖，更親爲三調曲撰作新詞，清商樂專署，亦於是乎設立。降及西晉，以荀勗掌理清商，俗樂遂號正聲矣（見宋書樂志）。逮永嘉亂後，晉室南渡，漢魏清樂始衰，而南朝新聲代起，是所謂吳歌、西曲也。

吳歌者，興於東晉，出於江東。故郭茂倩樂府詩集云：「自永嘉渡江之後，下及梁陳，咸都建業，吳聲歌曲，起於此也。」其始皆爲徒歌，其後被諸管絃。西曲者，興於宋齊，出於荆楚，樂府詩集云：「西曲歌出於荆、郢、樊、鄧之間」。其曲有舞曲，倚歌之分，而以舞曲爲要焉。

吳歌西曲，雖爲南朝新聲，然其樂器律度，則仍漢魏清商之舊，古今樂錄云：「吳聲歌，舊器有篪、箜篌、琵琶，今有笙、箏。」南史王敬則傳云：「仲雄在御前鼓琴作懊儂曲。」懊儂曲者，吳聲也。是知吳聲西曲所用樂器，蓋亦漢魏清商之舊（註四五）。故吳聲西曲，雖代有變遷，究係漢魏之系，可謂清商新聲。隋唐清樂，卽南朝清商之餘響也。舊唐書音樂志謂永嘉之亂，五都淪喪，遺聲舊制，散落江左。又云：

> 後魏孝文、宣武，用師淮漢，收其所獲南音，謂之清商樂。隋平陳，因置清商署，總謂之清樂。

魏孝文、宣武所獲南音，蓋江左所傳中原舊曲，及江南吳歌，荆楚西曲也（魏書樂志），而中原舊曲，據隋書音樂志，則爲宋武平關中所獲。其後，隋平陳所得宋齊舊樂，卽此樂也。隋開皇初，令置七部樂，其二爲清商伎。大業中，煬帝立九部樂，清樂居首。及唐高祖踐祚，因隋舊制，復以清樂居次。是則清樂雖屢遭喪亂，餘響至唐未絕。武后之世，猶存六十三曲。至杜佑著通典之時，猶存者四十四。通典樂曲云：

> 遭梁陳亡亂，所存甚尠；隋室以來，日益淪缺。大唐武太后時，猶六十三曲。今其辭存者有：白雪、公莫、巴渝、明君、明之君、鐸舞、白鳩、白紵、子夜、吳聲四時歌、前溪、阿子歌、團扇歌、懊儂、長史變、督護歌、讀曲歌、烏夜啼、石城、莫愁、襄陽、棲吳夜飛、估客、楊叛、雅歌、驍壺、長林歡、三洲采桑、春江花月夜、玉樹後庭花、堂堂、泛龍舟等共三十二曲。明之君、雅歌各二首，四時歌四首，合三十七曲。又七曲，有聲無辭：上林、鳳曲、平調、清調、瑟調、平折、命嘯等，通前爲四十四曲存焉。

又云：

> 自長安以後，朝廷不重古曲，工伎轉缺。能合於管絃者，惟明君、楊叛、驍壺、春歌、秋歌、白雪、堂堂、春江花月夜等共八曲。舊樂章多或數百言，時明君尚能四十言，今所傳二十六言，就中訛失與吳音轉遠。以爲宜取吳人，使之傳習。開元中有歌工李郎子。郎子北人，聲調已失。云學於俞才生，江都人也。自郎子以後，清樂之歌闕焉。

卽上所述，似清樂至隋唐，已不爲時所重；而開元中，李郎子亡後，清樂遂闕。故論者乃以爲隋唐之際，清樂淪亡，而胡樂獨盛。然通典所云「朝廷不重古曲」，則當世所不重者，蓋漢魏六朝之清樂古曲也。「自郎子以後，清樂之歌闕焉」，所闕者亦漢魏六朝之清樂也。然本章第一節所論，漢魏六朝清樂古曲，乃狹義之清樂也。實則就廣義清樂言之，凡與前代雅樂對舉之新俗樂，卽可稱之爲清樂也，何必漢魏清商爲然。故漢魏清商亡缺，而吳歌西曲繼之，吳歌西曲者，六朝清商之新聲也，亦清樂也。六朝清樂亡缺，而隋唐燕樂繼之，隋唐燕樂者，雜融清胡，蓋亦清樂之新聲也。則所謂清樂亡缺，所亡者，前代之古典形制也，自清樂整體之發展言之，則清樂何嘗亡失哉。故就清樂之整體生命而論，謂之衍變則可，謂之淪亡則不可。其說已詳見本章前節，茲不贅述。

綜上所論，自漢世之後，俗樂實爲中國音樂之主流，始則以楚聲爲幹，附益各地民歌，匯爲漢世俗樂之大觀。曹魏、西晉繼盛。及晉室南遷，舊曲散佚，新聲代起，而實仍清樂老幹，以繁衍新枝。逮隋唐踵武，六朝舊曲又失，新聲復作，融胡樂於華聲，而清樂之體，實未嘗滅絕。故吾人若就音樂本身之進化視之，當知汰舊出新，乃固然之勢。使世代交替，歷紀千百，而樂曲仍一成不易，實非進化當然之理。則新陳代謝，實屬常態，豈足怪哉。論者但驚其舊殼頻蛻，新貌屢變，卽以爲其本體澌盡，不亦惑乎。比若長江之水，前浪遞逝，新波層出，而謂此江已非彼江，豈其然耶？故吾人以爲華聲清樂，固未嘗亡絕於隋唐，惟已變漢魏六朝之舊貌，而另出雜聲耳。邱瓊蓀論法曲云：「自兩漢魏晉以降，我國正逐漸吸收許多外來文化；到隋唐時期，一面大量的繼續吸收，一面多方的自己創造。以音樂來說：舊的外族樂繼續流行，新的續有傳入；而在自己，則一面流行清樂，一面將清樂和外族樂結合，創造了法曲和胡部新聲。」其說確能洞鑒音樂進化之眞象也。

(二)隋唐之清樂新聲

隋唐之清樂，其勢雖不若胡樂之熾，然仍不斷流行，不斷新生，今大別其類，約有：

(甲)前世殘留之舊曲：中唐以前，此一部分之舊曲，尚存數十首，其曲名俱見前引通典。其中能合管絃者，有明君、楊叛、驍壺、春歌、秋歌、白雪、堂堂、春江花月夜等八曲。又據崔令欽教坊記所存，如王昭君、五更轉、飲酒樂，爲漢魏清商相和曲。其中王昭君乃清樂中之「明君」，在武后時清樂六十三曲中。玉樹後庭花、堂堂、泛龍舟，爲六朝清樂吳歌西曲，亦在六十三曲中。凡此，皆可見前代舊曲，尚殘存於隋唐樂中。

(乙)當世創生之新曲：此類新曲，或爲隋唐以來部分之法曲，或淵源於漢魏六朝樂府，或淵源於樂府琴曲，或初唐以來民間所製之曲。然其間頗雜胡樂。唯此類樂曲，多以清樂爲本；故當以隋唐清樂之新聲視之。據崔令欽教坊記所載有八十餘調。今略舉數調，以見梗概。

1.隋唐以來部分之法曲：前代清樂舊曲，武后以降，雖日漸淪缺，然其時所造之法曲，其數則遠超所遺失之舊曲。新唐書樂志：「初隋有法曲，其音清而近雅。」陳暘樂書：「法曲興自于唐，其聲始出清商部。」鄭樵通志梨園法曲注：「法曲本隋樂，其音清而近雅。」是知法曲有部分以清樂爲本，於胡樂大盛之時，或不免雜入胡聲，然究係清樂本系之樂也。比若六朝清樂，於漢魏清商雜入吳歌西曲，爲清樂衍變之新聲。故清樂雜入胡樂之法曲，亦當以隋唐新生之清樂視之。後世論者，亦多以法曲爲前世清樂之變貌也。任二北校坊記箋訂，斷法曲爲清樂。邱瓊蓀論法曲云：「法曲出自清商。」又云：「法曲以清樂爲本，更參雜小部分外族樂。」徐嘉瑞近古文學概論：「法曲卽是清樂。」諸說雖忽略法曲中，亦有部分胡樂爲本而雜和清樂者。然自廣義之清樂言之，亦有一面之見。今據教坊記所載，舉其可考之法曲數首如下：

大定樂：

唐高宗時所造之樂舞曲。白居易新樂府：「法曲法曲歌大定」，蓋爲法曲之尤妙者也。舊唐書卷二十八：「六年三月，上欲伐遼，於屯營教舞，召李義府、蘇定方、上官儀等赴洛陽城門觀樂，名一戎大定樂。」

赤白桃李花：

唐初法曲。通志卷四十九：「赤白桃李花，亦曰桃李，唐高祖時歌。陳暘樂書作明皇時歌。」元稹法曲歌亦云：「明皇度曲多新態，宛轉浸淫易沈著；赤白桃李取花名，霓裳羽衣號天樂。」

破陣樂：

唐太宗始創之樂舞曲，樂用清商，乃法曲之尤妙者，其說見樂府詩集。

獻天花：

唐法曲之尤妙者，見樂府詩集九六。

雨淋鈴：

唐玄宗時樂工張徽所作。樂府雜錄：「雨淋鈴者，因唐明皇駕迴駱谷，聞雨淋鑾鈴，因令張野狐撰爲此曲。」張祜雨淋鈴詩：「雨淋鈴夜卻歸秦，猶見張徽一曲新。」

2.淵源於漢魏六朝樂府者：漢魏六朝清樂舊曲漸缺，然其中部分則轉化爲隋唐新聲。故凡與漢魏六朝樂府有淵源者，當屬清樂系統。如：

章臺春：

應源於長安章臺遺蹟。按漢書張敞傳：「時罷朝會，走馬章臺街。」街存長安城內，原址爲秦宮內之臺。程大昌演繁露：「漢章臺，卽秦章臺。」至漢已爲冶遊之所。本曲具漢史實淵源，當爲清樂之系。

武媚娘：

古樂府有「思我百媚娘」句。六朝曲名更有「舞媚娘」者，分五言八句及六言八句兩體。至北周庾信有武媚娘曲，至隋不改，新唐書李綱傳謂隋太子勇宴宮臣：「左庶子唐令則奏琵琶，又歌『武媚娘曲』」。入唐，其曲猶行，朝野僉載：「永徽後，天下唱武媚娘歌，後立武氏爲皇后。」是知此曲本淵源於前世舊樂。

楊柳枝：

本於隋曲「柳枝」。樂府詩集載相和大曲中有「折楊柳行」，清商曲中有「月折楊柳歌」。

後白居易新翻入健舞曲，遂失舊聲。

長相思：

本六朝樂府，見樂府詩集六九。李賀夜坐吟：「鉛華笑妾顰青蛾，爲君起唱長相思。」

採蓮子：

爲七言四句帶和聲之聲詩。當淵源於六朝樂府採蓮曲、採蓮童曲、江南可採蓮。

3. 淵源於古琴曲：琴之用於中國音樂，其源甚早。禮記樂記云：「昔者舜作五絃之琴。」爾雅疏引琴操云：「本五弦，文王武王加二弦，嗣後多用七弦。」周朝音樂，琴爲絲樂器之首。而漢代清商相和歌，更以琴爲伴奏之要器；六朝吳歌西曲中亦然。故南史王敬則傳云：「仲雄在御前鼓琴作懊儂曲。」琴既爲中國古樂器，則琴曲當屬清樂系統。隋唐新聲中，亦有淵源於琴曲者，如：

巫山女：

宋釋居月琴書類集有古琴曲巫山神女。巫山女當淵源於此。

虞美人：

源於古琴曲。樂府詩集五八：「按琴集有力拔山操，項羽所作也。近世又有虞美人曲，亦出於此。」

廣陵散：

原爲琴曲名。劉潛琴議謂漢末杜夔妙擅廣陵散，嵇康就其子杜猛求得之。入唐猶盛傳於時，顧況王氏廣陵散記謂琅邪王淹兒女善此曲。宋何薳春渚紀聞亦稱政和五年，聽彈廣陵散。則唐宋所見廣陵散，縱非漢魏舊曲，亦自有所淵源也。

思友人：

宋僧居月琴書類集古琴弄載有此曲名。則唐朝是曲，亦自淵源於琴曲也。

4.唐民間所製曲或流傳之民歌：

夜半樂：

中宗景龍三年十月二十五日，玄宗爲太子時，自潞州還京師，夜半舉兵，誅韋后，民間製夜半樂、喜回鑾、帝還京、喜還京諸曲以爲頌，事見新唐書禮樂志。既爲民間所製曲，縱不免參雜胡樂成份，但究係清樂本位之新聲。

一捻鹽：

初唐王梵志詩：「空飯手捻鹽，亦勝設酒肉。」唐語林七，方干嘲吳傑有「一盞酒，一捻鹽」語，一捻鹽似爲當時里巷俗語。是曲或爲民間里巷之歌。

魚歌子：

應爲民間歌曲

摸魚子：

應爲民間捕魚時之歌曲。

撥棹子：

古相和歌辭有櫂歌行。三輔黃圖注云：「櫂歌，謳舟人歌也。」則撥棹子當係民歌之棹歌也。

依上列諸曲，可知漢魏六朝清樂舊曲雖漸淪缺，然隋唐清樂新聲迭起，縱當世胡樂雜入，中國音樂音受影響，然隋唐人於一面流行胡樂之際，更一面融和胡樂，而創作以清樂爲本位之新聲。則吾人論究清樂，若謂其頓絕於隋唐，實昧於音樂進化衍變之眞象也。

三、外族音樂之昌盛

㈠外族音樂之輸入及其流變

夷樂之入於中國，其源甚早。稽之典籍，當始於夏后之世，前引後漢書東夷傳與竹書紀年所載（註四六），皆其明徵也。第四夷之樂，僅存其名，其內容如何，則多不可考。惟白虎通引樂元語云：「東夷之樂持矛舞，助時生也。南夷之樂持羽舞，助時養也。西夷之樂持戟舞，助時煞也。北夷之樂持干舞，助時藏也。」劉向五經通義云：「東夷之樂持矛舞，助時之生。南夷之樂持羽舞，助時之養。西夷之樂持鉞舞，助時之殺。北夷之樂持干舞，助時之藏。」持兵而舞，是不脫初民習染也。

逮及漢世，威播四夷，兼與外族交通日趨頻繁，夷樂輸入，其勢益盛。故北狄鼓吹，首列黃門，下賜於將校。歷代典禮，沿用不廢。郭茂倩樂府詩集卷十六鼓吹曲辭注引劉瓛定軍禮云：「鼓吹未知其始也。漢班壹朔野而有之矣。鳴笳以和簫聲，非八音也。」按班壹者，秦末避亂樓煩，以牧致富。當孝惠之世，出入弋獵，旌旗鼓吹，以財雄邊。故鼓吹之用，已見漢初。邊軍習用，以壯聲威，其後用之朝廷，以配朝典軍禮。執虞新禮儀志云：「漢魏故事，將葬設吉凶鹵簿皆鼓吹。」（註四七）其樂以所用不同，而區爲四類：曰黃門鼓吹：用之朝會宴享。曰騎吹：車駕從行，奏之於道路。曰橫吹：軍行，馬上奏之。曰短簫鐃歌：旋師，奏之於社廟也。其樂雖代有沿革，然用之不絕，下逮隋唐，猶不息於軍旅焉。故唐制太常鼓吹令掌理鼓吹，施用調習之節，以備鹵簿之儀也。

當北狄鼓吹雷鳴於漢庭，西域之樂亦得勢而入焉。崔豹古今注云：「張博望入西域，得摩訶兜勒二曲（註四八），李延年因胡曲更造新聲二十八解。」則西樂之入，當始於漢武。其後交通頻繁，西域內附，於是天竺、於闐、龜玆、疎勒、康國、安國、西涼、高昌諸國音樂，遂於六朝隋唐盛行中國矣。

魏晉以降，南朝各代，雖仍盛行清樂，然胡樂於時亦迴響於朝廷。齊書高帝紀云：「與左右作羌胡伎爲樂。」鬱林王紀云：「常列胡伎二部，夾閤迎奏。」陳書章昭達傳云：「每飲食，必盛設女伎雜樂，備盡羌胡之聲。」是知南朝君臣上下，傾耳胡聲。此其時，拓跋氏雄據中原，胡樂以是大量東傳。隋書音樂志云：

天竺者，起自張重華據有涼州，重四譯來貢男伎，天竺卽其樂焉。（註四九）

又云：

西涼，起符氏之末，呂光沮渠、蒙遜等據有涼州，變龜玆聲爲之，號爲秦漢伎，魏太武旣平河西得之，謂之西涼樂。至魏周之際，遂謂之國伎。（註五〇）

又云：

疏勒、安國、高麗並起，自後魏平馮氏及通西域，因得其伎。（註五一）

又云：

龜玆者，起呂光滅龜玆，因得其聲。呂氏亡，其樂分散。後魏平中原，復獲之。其後，聲多變易。（註五二）

又云：

初，太祖（北齊）輔魏之時，高昌款附，乃得其伎，敎習以備饗宴之禮。（註五三）

方是時也，西域樂人亦因勢而入，往往見倖於時君。北史恩倖傳云：「西域醜胡，龜玆雜伎，封王開府，接武比肩。」先是西域曹婆羅門者，于後魏文帝時，挾琵琶之技以入。其子僧奴，其孫妙達，俱以胡伎得幸。北齊文宣自擊胡鼓，以和妙達。僧奴之女以善琵琶而入爲後主昭儀。其樂伎見重者若是。又北周武帝保定五年，納突厥阿那氏爲后，「西域諸國來媵，如龜玆、疏勒、康國之樂，大聚長安。胡人令羯人白智通敎習，頗雜以新聲。」（見隋書音樂志）。其時，有龜玆人蘇祇婆者，擅琵琶。鄭譯從之學，得其琵琶法，以演成隋唐燕樂焉。

隋開皇二年，帝欲正樂。鄭譯上奏龜茲琵琶法，以其七調校勘七聲。一曰婆陀力，華言平聲，卽宮聲也；二曰雞識，華言長聲，卽商聲也；三曰沙識，華言質直聲，卽角聲也；四曰沙侯加濫，華言應聲，卽變徵聲也；五曰沙臘，華言應和聲，卽徵聲也；六曰般贍，華言五聲，卽羽聲也；七曰俟利箑，華言斛牛聲，卽變宮聲也（註五四）。此法經鄭譯提倡，頗用諸當時樂制，龜茲樂因之大盛。隋書音樂志云：

> 至隋有西國龜茲、齊朝龜茲、土龜茲，凡三部。開皇中，其器大盛於閭閈。時有曹妙達、王長通、李士衡、郭金樂、安進貴等，皆絕妙絃管。新聲奇變，朝改暮易。持其音技，沽衒於公王之間，舉世爭相慕尚。高祖病之，謂群臣曰：「公等對親賓宴飲，宜奏正聲；聲不正，何可使兒女聞也？」帝雖有此敕，而竟不能救焉。

帝王之威，不能禁胡樂之行，是知其勢之盛矣。開皇中，置七部樂：一曰國伎（西涼伎）；二曰清商伎；三曰高麗伎；四曰天竺伎；五曰安國伎；六曰龜茲伎；七曰文康伎（卽禮畢）。又有疏勒、扶南、康國、百濟、突厥、新羅、倭國諸樂間側焉。及大業中，煬帝定九部伎，以清樂爲首，改國伎曰西涼伎、文康伎爲禮畢，復增入疏勒、康國二樂。九部伎中，清樂、禮畢爲舊樂，而胡樂九居其七，其勢不可謂不盛矣。

逮李唐代興，高祖踐位，樂襲隋制，仍其九部之伎。而伶工舞伎，亦多用前代舊人，如王長通、白明達輩。此外，又有安叱奴者，以舞胡之技，幸爲散騎常侍。王、白諸輩，亦以樂技見重當朝，貞觀中授爲高爵。自是而後，西域樂伎，與時俱盛。而九部伎至貞觀初，又增爲十部，「禮畢」删去，高昌、燕樂並設。所謂燕樂者，乃張文收依當時俗樂所製。十部中，除淸商伎外，餘皆以龜茲樂爲主，器用琵琶、觱篥、五絃。

十部伎實爲當世俗樂之總括，開元之前，與雅樂同隸太常，開元後則改隸敎坊。唐敎坊設於武德中，然規模不張。至武后如意元年，改爲雲韶府。中宗神龍年間復其舊名。逮玄宗開元二年，增其制，設爲敎坊五所。自是敎坊離太常獨立。太常專典雅樂，敎坊則主掌諸部伎及散樂百戲，實爲唐朝俗樂之府，而俗樂亦因之日盛。其間，淸樂固仍新生不絕，而胡聲更張揚閭閈。天寶亂後，敎坊樂人散亡各地，胡樂遂藉以廣傳民間。元稹法曲詩云：「女爲胡服學胡妝，伎進胡音務胡樂。胡音胡騎與胡妝，五十年來競紛泊。」王建涼州行云：「城頭山鷄鳴角角，洛陽家家學胡樂。」其聲震朝野，於此可知。

方胡樂盛時，諸州郡及軍營俱有樂伎之設，相沿至唐末未衰。故五代亂起，雖天下擾攘，而音樂仍繼前朝之盛，其制大抵仍襲舊唐。全五代詩十四卷引知唐餘錄云：「後唐並用唐樂，無所變更。」則胡樂之餘波，實遠及五代而未息也。

㈡隋唐各部胡樂之特色及其樂曲

隋大業中，煬帝定爲九部伎。其中胡部居七。貞觀中，增爲十部，純胡樂居其八，而張文收所造燕樂，則間雜華胡。今據隋志略述各部之特色及其樂曲如後：

1.西涼伎：

起苻氏之末，呂光變龜茲樂爲之，號爲秦漢伎。魏太武帝平河西，得之，謂之西涼樂。至魏周之際，號爲國伎。其樂器據「通典」有鐘、磬、彈箏、搊箏、臥箜篌、豎箜篌、琵琶、五絃琵琶、笙、簫、大篳篥、長笛、橫笛、腰鼓、齊鼓、擔鼓、貝、銅鈸。其中龜茲樂器約居一半，雅俗樂器合占一半。自其淵源及樂器度之，是知西涼伎實龜茲樂與中國樂交融而成者。

歌曲有：永世樂。解曲有：萬世豐。舞曲有：于闐佛曲。

按解曲或爲樂曲之急者。陳暘樂書云：「凡樂以聲徐者爲本，聲急者爲解。自古奏樂，曲終更無他變。隋煬帝以清曲雅淡，每曲終多有解曲。」則解曲爲慢曲末尾所加之急曲也。

2.天竺伎：

起自張重華據有涼州，重四譯來貢男伎。其樂器按「通典」有：羯鼓、毛員鼓、都曇鼓、篳篥、橫笛、鳳首箜篌、琵琶、五絃琵琶、銅鈸、貝。由所用樂器觀之，其中鳳首箜篌、銅鈸爲天竺樂特有之器。而五絃琵琶、羯鼓、篳篥，則爲龜茲樂器。唐世龜茲樂獨盛，諸部胡伎，皆雜入其聲，是知天竺樂與龜茲樂淵源頗深。

歌曲有：沙石疆。舞曲有：天曲。

3.龜茲伎：

起自呂光滅龜茲，因得其聲。呂氏亡，其樂分散。後魏復獲之。其聲後多變易，至隋有西國龜茲、齊朝龜茲、土龜茲三部。其樂器據隋志有：豎箜篌、琵琶、五絃、笙、笛、簫、篳篥、毛員鼓、都曇鼓、答臘鼓、腰鼓、羯鼓、雞婁鼓、銅鈸、貝。龜茲樂爲胡樂之最優者，玄奘大唐西域記屈支國（卽龜茲）條云：「管絃伎樂特善諸國。」故龜茲樂乃成胡樂主流。其樂以篳篥、鼓及琵琶爲勝，激騰噍殺，鼓盪氣血，能博衆聽。通典樂典立部伎云：「自安樂以後，皆雷大鼓，雜以龜曲，聲震百里。」白居易立部伎詩：「堂上坐部笙歌清，堂下立部鼓雷鳴。」所謂「聲震百里」、「鼓雷鳴」，皆龜茲鼓聲之威也。

歌曲：善善摩尼。解曲：婆伽兒。舞曲：小天、疏勒鹽。

4. 疏勒伎：

起於後魏平馮氏及通西域。樂器據隋志及通典有：豎箜篌、琵琶、五絃、笛、簫、篳篥、答臘鼓、腰鼓、羯鼓、雞婁鼓。其器與龜茲樂相近，淵源甚深。

歌曲有：元利死讓樂。舞曲有：遠服。解曲有：監曲。

5. 安國伎：

樂器用：箜篌、琵琶、五絃、笛、簫、篳篥、雙篳篥、正鼓、和鼓、銅鈸，與龜茲伎大同小異。

6. 康國伎：

歌曲有：附薩單時。舞曲有：末奚。解曲有：居和祇。

起自周代帝娉北狄為后，得其所獲西戎伎。樂器據通典有：笛、正鼓、小鼓、和鼓、銅鈸。自其樂器觀之，特點在乎不用絃樂，蓋其樂以舞曲為主也。

歌曲有：戢殿、農和正。舞曲有：賀蘭鉢鼻始、末奚波地、農惠鉢鼻始、前拔地惠地。

7.高昌伎：

起於北周太祖輔魏時，高昌款附，乃得其伎。樂器據通典云：答臘鼓、腰鼓、雞婁鼓、羯鼓、簫、橫笛、篳篥、五絃琵琶、琵琶、銅角、豎箜篌、笙。與龜茲樂亦頗相近。

唐始立高昌伎，其曲無載。然隋志云：「隋文帝開皇六年，高昌獻「聖明樂」曲。」唐時所奏或仍是曲。

8.高麗伎：

樂器據通典有：彈箏、搊箏、臥箜篌、豎箜篌、琵琶、五絃琵琶、義嘴笛、笙、橫笛、簫、小篳篥、大篳篥、桃皮篳篥、腰鼓、齊鼓、擔鼓、貝。自其樂器觀之，琵琶、篳篥俱為龜茲樂，笙、簫、臥箜篌則為清樂器，則高麗伎實頗雜合清樂及龜茲樂也。

歌曲有：芝栖。舞曲有：歌芝栖。按通典高麗伎至武后時尚存二十五曲，至中唐則僅能一曲矣。

就上列諸胡部觀之，琵琶、篳篥、五絃、鼓為通用之樂器。「琵琶」即龜茲琵琶，與清樂所用秦琵琶有別。篳篥，按樂府雜錄謂為「本龜茲國樂」。而龜茲用鼓特多，唐書南蠻傳：「龜茲部有羯鼓、揩鼓、腰鼓、雞婁鼓」，各鼓雜入胡部各伎。由此可知有唐諸胡部伎，實以龜兹爲主流，影響所及，諸伎莫不間涉其聲。而諸部中，時見鐘、磬、箏、笙、簫等清雅樂器，則中國樂亦頗鍥入胡部。於此當見隋唐之世，華胡文化交融之跡象。蓋胡樂之入，隋唐人實非原封受之。故隋唐所流行之胡樂，信已非純。猶若隋唐新生之清樂，亦非其純者然。此乃文化交流必然之勢也。

上列諸部所見樂曲，乃隋大業中九部伎所奏者。然胡樂代有輸入，且居華之胡樂人亦常創作新調。故降至有唐，其樂曲大增。據唐會要所載，盛唐胡曲卽有六十餘調。而教坊記所存三百四十三曲中，其以胡樂爲本者，亦有三十餘調，而二書所未備載者，其數尚不知凡幾。今據任二北教坊記箋訂所斷定爲胡曲者凡三十五調如下：

菩薩蠻　八拍蠻　女王國　南天竺　望月婆羅門　西河師子　西河劍器　蘇幕遮　胡渭州　楊下採桑　合羅縫　蘇合香　胡相問　胡醉子　甘州子　穆護子　贊普子　蕃將子　毗沙子　胡攢子　西國朝天　伊州　甘州　胡僧破　突厥三臺　穿心蠻　回波樂　龜兹樂　醉渾脫　春鶯囀　達摩支　五天　阿遼　拂林　大渭州

上列諸曲，或直由西域傳入，或居華之胡樂人所造新曲。其由西域傳入者，時地輾轉，多有變革，未必能保存胡樂原貌。如西河師子、西河劍器，皆爲西涼樂。西涼樂本華胡交融之樂，頗含清樂成分，與純胡音有異。故通典云：「又有新聲自河西至者，號『胡音聲』，與龜兹樂、散樂俱爲時重。諸樂咸爲之少寢。」（註五五）則開、天年間，所謂「胡部新聲」者，乃別於龜兹胡樂之外，僅「號爲胡音」耳。審諸史實，則此出自西涼之新聲，其非純爲胡聲，亦已明矣。而上舉西河師子、西河劍器，雖號爲胡音聲，然必已具華化成分。按元稹「立部伎」自注，則天寶十三載，更詔道調、法曲與胡部新聲合作，則時君之有意華化胡音，取向甚明。若胡樂人所新度之曲，亦可能涉有清樂。例如春鶯囀乃高宗時，龜茲樂工白明達新造之曲。任二北斷爲胡樂。然元稹法曲詩詠及此調，則春鶯囀當爲法曲也。而法曲本華胡交雜之新聲，則春鶯囀非純爲胡樂。且李上交近事會元四引教坊錄云：「凡箜篌、大絃未嘗鼓；唯作此曲，入鳥聲，卽彈之。箏則移兩柱向上，鳥聲畢，入急，復移如舊也。」等爲中國樂器，按戰國策齊策：「臨淄甚富而實，其民無不吹竽……彈箏。」先秦音樂，卽用是器，其後清商樂亦用之。「春鶯囀」既雜入清樂器，其不純爲胡樂，益可徵實。綜上所述，乃知唐世以來，胡樂蠭入雲起，盛極一代，然亦漸受清樂影響，信非其純矣。天寶十三載，詔道調、法曲與胡部新聲合作，又改諸樂名，胡曲易以漢名者凡數十調（註五六）。則胡樂之日趨華化，實昭然可見也。

綜合上論，雅樂至隋唐，典諸太常，見薄當世，僅聊備宮懸而已，實不足影響當世樂風。而清樂流衍變易，舊曲淪亡，新曲孳衍，先是融入吳聲西曲，後又雜和胡樂，始終進化不已，且又世代流響，何嘗銷歇！而胡樂東漸，至隋唐大盛，然亦不免受清樂影響。如是中西交匯，遂形成有唐壯盛博大之樂風。審唐世音樂，有清樂舊曲，有以清樂爲本而融合胡樂之新聲，有直接輸入之胡曲，有以胡樂爲本而融合清樂之新聲，此一現象，益徵實隋唐音樂之多元性。而卽此多元性之音樂背景，乃所以釀就中國另一新生之音樂文學——詞者也。

第三節　隋唐燕樂對詞體形成之影響

詞體產生之音樂背景既已如前述。而此項音樂，包括小部分之清樂舊曲，及大部分之新興俗樂。所謂新興俗樂，則又包括清胡融合之新聲，與純係外來之胡樂。其中清胡交融之聲，有清樂爲本，以合胡樂者；有胡樂爲本，以合清樂者。然其間清胡成分之多寡，殊難確辨。此項新俗樂，卽所謂「燕樂」者是也。

「燕樂」一詞，原指賓客燕飲時所奏之樂。儀禮云：「有燕樂器可也。」注云：「與賓客燕飲用樂之器。」以此義度之，則唐代諸部樂伎皆用於燕飲，似槪可稱之爲「燕樂」。故通典坐立部伎篇，乃將唐初九部、十部樂，與乎玄宗時之坐立部伎統名爲「燕樂」（註五七），郭茂倩樂府詩集亦敍唐太宗讌樂以下十部伎，而「總謂之燕樂」（註五八）。然此處所謂燕樂，似與唐初所謂「燕樂」之義有別。通典云：

> 貞觀中，景雲見，河水清，協律郎張文收采古朱雁天馬之義，製「景雲河清歌」，名曰讌樂，奏之管絃，爲諸樂之首。

則唐初所謂「燕樂」，其義較狹，蓋專指燕飲之始，儀式隆重所奏之樂。其成分則雅、俗、胡並包，此可由其所用樂器知之（見通典及舊唐書音樂志）。然自其與淸商伎及其餘胡部伎分立觀之，則唐初所稱「燕樂」，雖與清商樂、胡樂同用諸燕飲，然實有別於清、胡二樂，而爲華、胡交融之新聲。則燕樂一詞，已由燕享之樂，轉化爲含胡聲之樂矣。循此義而下，逮天寶十三載，乃詔合胡部者爲燕樂（夢溪筆談卷五，已見前引）。至杜佑通典，復擴充燕樂範圍，以至統括唐初諸部伎及玄宗時之坐立部伎，則舉凡唐世之俗樂，不論清商、胡樂、清胡交融之新聲，概屬燕樂矣。唯所謂漢魏六朝以來之清商舊曲，武后以還，已淪缺殆盡，而唐世新生之清樂，又已雜入胡聲。故今所謂隋唐燕樂者，實指清、胡融合之新聲，與一部分純胡樂。楊蔭瀏中國音樂史以爲「唐人的燕樂，是清樂與胡樂之間的一種創作音樂，是含有胡樂成分的清樂，含有清樂成分的胡樂。」其說大抵不誤，唯忽略部分純胡樂耳。至如梅應運詞調與大曲云「隋唐所謂胡樂、俗樂、邊聲者，皆與燕樂異名而同實」，則視隋唐燕樂悉爲胡聲，而無視於燕樂中之清樂成分，實爲一偏之論。任二北教坊記箋訂以爲「燕樂中有清商樂之成分較多者；另有胡樂之成分較多者，又有純胡樂者」，其說頗爲中允。

燕樂既爲隋唐音樂之主流，則影響詞體之醞釀形成之音樂，亦必爲此一隋唐新興之俗樂無疑。今就「詞體之醞釀與形成」、「詞調與隋唐燕樂曲調之關係」二端，以論隋唐燕樂對詞體形成之影響。

一、詞體之醞釀與形成

詞體者，其先名曰「曲子詞」，蓋隋唐燕樂歌曲之唱詞也。唯唐初歌曲之唱詞，仍未脫聲詩之型態，故其唱詞大多爲五七言絕句。而由五七言絕句之唱詞，演變爲眞正有別於聲詩之長短句詞體，其間醞釀久常，此即本章首節所論文體漸變之理。茲審度此一由聲詩以迄詞體之演變過程，分醞釀、離型、形成三期，敍述如下：

㈠詞體之醞釀時期

漢魏六朝樂府既喪，則隋唐所歌者何？應即爲當時流行之俗樂小曲也。此類俗曲多收集於敎坊，吾人可謂之「敎坊曲」。崔令欽敎坊記所存二百餘雜曲，率皆當世流行之俗樂小曲，而郭茂倩樂府詩集卷七十九至卷八十二所錄自隋煬帝「紀遼東」以下之「近代曲」，其與敎坊曲合者三十二。樂府詩集云：「近代曲者，亦雜曲也，以其出於隋唐之世，故曰近代曲也。」雜曲者，別於大曲之小曲也。此類曲子，或出於清樂，或出於胡樂，或出於當時民間俗歌，皆燕樂也。

「近代曲」中，尤以「豔曲」最爲時行。所謂「豔曲」，非謂清樂大曲中之「豔歌羅敷行」、「豔歌何嘗行」等曲，乃隋唐盛行之俗曲也。許敬宗上恩光曲歌詞啟云：

竊尋樂府雅歌，多皆不用六字，近代有三台、傾杯樂等豔曲之例，始用六言。

以近代豔曲與樂府雅歌對舉，其非漢魏六朝樂府舊調可知。此類樂曲，率皆簡短，頗行諸筵席。故喬知之銅雀妓詩云：

哀絃調已絕，豔曲不須長。

宋之問芙蓉園侍宴應制：

飛花隨蝶舞，豔曲伴鶯嬌。

顧況宮詞：

長樂宮連上苑春，玉樓金殿豔歌新。

黃庚夜宴詩：

豔曲喜聽催拍近，狂歌自覺入腔難。

元稹春野吟十里程詩序：

爲樂天自勘詩集，因思傾年城南醉歸，馬上遞唱豔曲，十餘里不絕。

從上所引，可知㈠豔曲其聲柔美華豔，故宋之問詩云「豔曲伴鶯嬌」。㈡豔曲頗爲時士所喜，傳唱衆口，故元稹詩序云「馬上遞唱豔曲，十餘里不絕」，黃庚夜宴詩云「豔曲喜聽催拍近」。㈢豔曲非但傳唱於士大夫間，且流嚮於宮闈，故宋之問侍宴時君，應制爲詩，詠及豔曲。顧況宮詞亦云「玉樓金殿豔歌新」。然此類豔曲，既行諸權貴之家，則其詞必求華美，信非鄙俚，詞體之終入文人之手，導入貴族文學之流，隋唐豔曲已肇其端矣。

豔曲之歌詞，初非文人倚調塡製，而爲樂工取當時盛傳之詩，以配其聲。因其曲短小，故配樂之詩，乃以絕句爲宜，當時盛傳之五七言絕句，遂多爲樂工所用。蔡寬夫詩話云：

大抵唐人歌曲，本不隨聲作長短句，多是五言或七言詩，歌者取其辭與和聲相疊成音耳。予有古涼州伊州，與今遍悉同，而皆絕句也。豈是當時之詩，爲一時所稱者，皆爲歌人竊取，播之曲調乎？（註五九）

由是言之，此一時期音樂文學之特色，乃在乎「以詩合樂」。一時名士之詩，常被之管絃。旗亭之唱，載在舊籍，而此類史料，所在多有，第一章泛言絕句入樂之事，已擇引若干則，玆更舉數例於后，可以合參：如韓翃送鄭員外詩云：

孺子亦知名下士，樂人爭唱卷中詩。

白居易醉戲諸妓詩云：

席上爭飛使君酒，歌中多唱舍人詩。

元稹贈白居易詩自注云：

樂人高玲瓏能歌，歌予數十詩。

新唐書李益傳云：

李益詩名與宗人賀相埒，每一篇成，樂工爭以賂求取之，被聲歌，供奉天子。

新唐書李賀傳云：

樂府數十篇，雲韶諸工皆合之絃管。

碧鷄漫志卷一云：

武元衡工五言詩，好事者傳之，往往被于管絃。

綜上所引，是知唐世以詩合樂，其風氣之盛，至中唐而不衰。唯當時以豔曲短小，所歌皆以絕句爲多。郭茂倩樂府詩集所收開元天寶間歌曲，如水調十一遍，配以七言絕句九首，五言絕句二首。涼州歌五遍，配以七言絕句四首，五言絕句一首。大和五遍，皆配以七言絕句。伊州歌十遍，配以七言絕句五首，五言絕句五首。陸州歌八遍，配以五言絕句七首，七言絕句一首。唯其中亦間有截取律詩、古詩之數句，以配樂曲者，但為數較少。如碧鷄漫志卷四引明皇雜錄，載李嶠古詩「汾陰行」，其中四句歌入水調。樂府詩集近代曲辭載沈佺期五律「聞道黃龍戍」，前四句配入伊州歌第三遍。凡此，皆知唐詩入樂之盛況。今將唐詩入樂，其後該曲轉為詞調者，略舉數首於後，所引具見樂府詩集卷七十九至卷八十二。

水調歌入破第三遍：

錦城絲管日紛紛，半入江風半入雲。此曲只應天上有，人間能得幾回聞。

按：此為杜甫「贈花卿」詩。

水調第三遍：

王孫別上綠珠輪，不羨名公樂此身。戶外碧潭春洗馬，樓上紅燭夜迎人。

按：此為韓翃「贈李翼」詩。前二句原作：「王孫別舍擁朱輪，不羨空名樂此身」。「戶外」原作「門外」。

涼州第三遍：

開篋淚沾襦，見君前日書。夜臺空寂寞，猶是紫雲車。

按：此為高適「哭單父梁少府」詩。首句改「臆」為「襦」。末句改「子雲居」為「紫雲車」

（疑傳唱抄錄，聲同字誤）。

伊州第四遍：

千里東歸客，無心憶舊遊。掛帆游白水，高枕到青州。

按：此爲薛逢涼州辭。

蓋羅縫：

秦時明月漢時關，萬里征人尚未還。但願龍庭神將在，不教胡馬渡陰山。

按：此爲王昌齡「出塞」詩。次句原作「萬里長征人未還」，第三句原作「但使龍城飛將在」。

波羅門：

迴樂峰前沙似雪，受降城外月如霜。不知何處吹蘆管，一夜征人盡望鄉。

按：此爲李益「夜上受降城聞笛」。

上列諸曲，皆唐人絕句歌入當時曲調者。其餘五七言絕句入樂，後變爲詞調者甚多，今不俱引其詞，僅列其曲名，並註明原詩作者如下：

1.五言絕句：

上皇三台（韋應物）、河滿子（薛逢）、玉樹後庭花、昭君怨（張祜）、太平樂（白居易）、鷓鴣詞（李益）、采蓮曲、清平樂（李白）、拜新月（李端）、大酺樂（張文收）、紇那曲、囉嗊曲（劉禹錫）、南歌子（裴誠）、金縷衣（李錡）。

2. 六言絕句：

宮中三台、江南三台（王建）、回波樂（李景伯）。

3. 七言絕句：

楊柳枝、河滿子、離別難、樂世（白居易）、浪陶沙（劉禹錫）、采蓮曲（賀知章）、蘇幕遮（張說）、步虛詞（陳羽）、千秋樂、大酺樂、雨霖鈴（張祜）、鳳歸雲（滕潛）、秋思（王涯）、白紵歌（崔國輔）、八拍蠻（閻選）、字字雙（王麗眞）、柘枝詞（薛能）、玉京詞（王言史）、甘州歌（戴符）、涼州（薛逢）、還京樂歌詞（竇常）、新添聲楊柳枝詞（裴誠）、南歌子（溫庭筠）、漁父引（李夢符）。

綜上所引，是知長短句詞產生之先，唐朝音樂文學，率以絕句充爲歌詞。此類歌詞其所以尙能保持五七齊言型式，殆以所配曲調或源於中國民歌，中國民歌自六朝以還，多爲簡短之齊言。或所配樂曲，其節奏適於齊言，故不須易爲長短雜言型式。然隋唐以後，胡樂漸盛，繁絃急管，曲調參差錯落，故其一部分樂曲，難以齊言之詩入樂，爲求適應，所謂泛聲、散聲、和聲及疊唱之法遂廣受運用，後世論者，迷於泛聲之表象，乃以爲詞體源於泛聲。然泛聲本音樂文學必有之現象，早見於漢魏六朝之清樂中，蓋爲音樂所致之果，其原因仍當求諸音樂自身。故隋唐樂曲中之泛聲，其因亦起自當時之音樂，泛聲僅爲歌詞由齊言以形成雜言之過渡現象。以泛聲爲詞體之起源，而忽略其音樂背景，實倒果爲因之說，觀念不清，未爲的論。然自泛聲現象，已可見此時音樂，不適齊言歌詞之先兆，其必演爲長短句之詞，勢也。而長短句之詞體，亦在此一音樂形態中，逐漸醞釀，以發其萌蘖矣。

齊言短詩之不適於當時音樂，其勢益切。泛聲及叠唱雖可救一時之急，而終非濟本之術。故在當時音樂風氣之衝激下，其勢遂不得不易爲雜言矣。

㈡詞體之雛型時期

龍沐勛詞體之演進云：

唐人以詩入曲，其法不外利用叠唱與泛聲。然一曲之中，叠唱同樣詞句，至八次之多；且中雜泛聲，或有聲有詞，或有聲無詞，則聽者仍衹能欣賞樂曲之美，而不能見歌辭之美，此又舊本五七言詩之不適宜入曲，而其勢不得不變爲長短句。

考唐朝曲詞之有長短雜言，其來甚早，近世敦煌所得唐寫本「雲謠集雜曲子」，其所用曲詞凡十三曲：

鳳歸雲、天仙子、竹枝子、洞仙歌、破陣子、浣沙溪、柳青娘、傾杯樂、內家嬌、拜新月、抛球樂、漁歌子、喜秋天。（見朱彊村遺書）

由任二北敦煌曲初探曲調考證一節，知此集十三調中，除「內家嬌」外，其餘十二調名悉見於敎坊記，是知此類曲調概爲唐代流行之俗曲，其後始漸變爲詞調。今就雲謠雜曲所見，其曲辭頗多長短雜言，鄙陋俚俗，所詠多爲邊塞征戍之情。考其創調與作辭之時代，恐在開元天寶之際，龍沐勛於詞體之演進一文中，嘗舉雲謠集內鳳歸雲第一、二、四首，洞仙歌二首，及破陣子第二、三、四首之內容，假定全集之作辭時代，在安史亂前，其言曰：

開元天寶間，一般民衆所同感痛苦者，爲徵兵戍邊一事。盛唐詩人，如王昌齡輩之所咨嗟詠歎，作爲詩歌者，大抵征夫征婦之怨情爲多……雲謠集雜曲子其曲詞中所表現之情緒，乃往往與盛唐詩人之閨怨、從軍行等題相契合，則其詞或當爲開元天寶間作品。……詞俱樸拙，務鋪敘，少含蓄之趣，亦足爲初期作品，技術未精巧之證。且三十首中，除怨征夫遠去、獨守空閨之作外，其亦爲一般兒女相思之詞，無憂生念亂之情，亦無何等高尚思想。其爲當時民間流行之歌曲，或且出於安史亂前，戍卒之遠向西陲者，攜以同去，故得存於敦煌石室。……

按玄宗武功，載諸史乘，毋俟稱引。通鑑謂是時聲敎所被之州，三百三十一，羈縻之州百八，其幅員之廣，雖西漢不及。以是開天之際，民間極以邊戍爲苦，當時作者厭戰怨別，宣洩性情，固其宜也。此種民情，既自由反映於樂曲創作之中，乃得普遍傳唱，傳唱日久，終得崔氏爲作詳細之著錄，以傳於后世。龍沐勛中國韻文史下編云：「雲謠集……證知令慢曲詞，實同時發展於開元天寶之世。」任二北敦煌曲初探亦謂：「敦煌曲內，雲謠集一部份之辭，御製曲子辭、感皇恩、定風波、婆羅門、菩薩蠻等，共三十二首，及大曲三套，可能均作於安祿山之亂以前。」兩氏之說，皆屬可信。任氏且於上舉各調，詳作論證，時有卓識，尤爲可貴。觀此，即謂雲謠雜曲之創調、作辭時代，均在開、天之世前後，殆無可疑。

又歷來論菩薩蠻之創調時代，大抵皆囿於蘇鶚杜陽雜編之說，斷在宣宗朝，遂不敢輕信李白或盛唐人有菩薩蠻辭。實則雜編之說未爲周浹，明胡震亨唐音癸籤言之甚詳。玆將二說臚列於後：

杜陽雜編云：大中初，女蠻國貢雙龍犀，有二龍，鱗鬣爪角悉備，明霞錦，云鍊水香麻以爲之也。光耀芬馥着人，五色相間，而美麗於中國之錦。其國人危髻金冠，瓔珞被體，故謂之菩薩蠻。當時倡優遂製菩薩蠻曲，文士亦往往聲其詞。

唐音癸籤云：杜陽謂倡優見菩薩蠻製曲，其說亦未盡，當是用其樂調爲曲耳。考南蠻驃國曾貢其國樂，其樂人冠金冠，左右珥璫，條貫花鬘，珥雙簪，散以毳，如女飾。而其國亦在女王蠻西南，故當時或以爲女蠻。且其曲多佛曲，具在後簡夷樂部，則其稱爲菩薩蠻，尤爲可信。

近人張琬嘗從物產、地理暨對音等方面考定「女蠻國」卽爲「驃國」（註六〇）。楊憲益於所著零墨新箋內，主張「菩薩蠻」乃「驃苴蠻」或「符詔蠻」之異譯，其曲調乃古緬甸樂也。驃國曾於德宗貞元十八年入貢，並獻樂曲，事見新唐書德宗本紀：「驃國王遣使悉利移來朝貢，並獻外國樂十二曲，與樂工三十五人。」五十年後，宣宗始有菩薩蠻隊舞，則其曲明爲舊樂之借用，而舞亦舊舞之新編耳。均無創造可言。迨夫近代唐寫本敦煌曲行世，杜陽雜編之誤，愈益彰著。今按敦煌曲中載菩薩蠻詞凡十八闋，中有二闋可考定作辭時代，其一云：

枕前發盡千般願，要休且待靑山爛。水面上秤錘浮，且待黃河徹底枯。白日參星現，北斗迴南面。休卽未能休，且待三更見日頭。

此詞與別仙子同在斯四三三二卷中，據向達倫敦所藏敦煌卷子經眼目錄，其卷背錄壬午年龍興寺僧

（願）學便物字據。任二北據佛祖統記五十三：「玄宗敕天下諸郡，建開元寺、龍興寺。」又因天寶元年乃壬午，遂推定此辭寫於天寶以前，且指此爲最古之菩薩蠻。惟饒宗頤「敦煌曲」據藤枝晃「敦煌之僧尼籍」，知龍興寺乃敦煌本地大寺之一。又文中有「願學有往來人言道漢地死亡」之語，故推定此字據寫於敦煌陷蕃期間，則壬午年應是德宗貞元十八年（八〇二）。饒氏在倫敦曾細覈原件，爲粗黃紙一張，卷面書詞三首，凡十一行，起別仙子，又書菩薩蠻（即枕前發盡千般願一首），又書酒泉子，僅數句而止。卷背書壬午年三月卅日，龍興寺僧願學於乾元寺法師隨願倉便麥事，乃願學之字據也（見敦煌曲）。今人林玫儀檢陳垣「二十史朔閏表」及董作賓「中國年曆總譜」，天寶元年壬午三月僅得二十九天，無「卅日」（註六一），知任說非是，應從饒說，則此詞撰寫時代，雖非天寶之頃，然至遲不逾貞元壬午，而雜編之說，益無成立可言矣。若然，驗之崔令欽教坊記（崔記著錄菩薩蠻曲名）、許棠奇男子傳（文中引郭仲翔陷蠻事有「其洞號菩薩蠻」之語），可證盛唐已有此調。據此，則北宋釋文瑩湘山野錄所載，李白嘗作此曲辭，亦有可能，非荒誕之言也。

綜上所述，知雜言曲詞，於文人創作之先，似早於盛唐之世，已由民間發其先河，而詞體之雛形已略具於此。唯以此類曲詞，鄙陋俚俗，僅得傳唱於民間，其雖具詞體之雛型，然終爲文士所不顧，故未能上躋正統文學之林，乃埋沒里巷，無以直接影響當時音樂文學，以促進詞體之形成。是以詞體之興，必待盛唐之末，中唐之初，假手文士詩人，乃得逐漸孕育以成。今依可信之史料，知此段時期爲當時詩人所塡，而可確考者，當爲韋應物、戴叔倫、王建之宮中調笑、張志和之漁父、劉禹錫之瀟湘神、憶江南，白居易之長相思、憶江南。玆分述如下：

1.韋應物宮中調笑：

河漢，河漢，曉掛秋城漫漫。愁人起望相思，塞北江南別離。離別，離別，河漢雖同路絕。

此調又名「調笑令」，白居易代書詩一百韻寄微之自注云：「抛打曲」，又名「轉應曲」，又名「三台令」。全調以六言句爲主，雜以二言句。上文引許敬宗上恩光歌詞啟，知新樂曲配以六言詩，唐初之三台、傾杯樂等豔曲已有之，唯皆六字之齊言，作長短句式者則始見於此。然已具詞體之雛型矣。

按韋氏爲盛唐末，中唐初之詩人（註六二）。另王建、戴叔倫亦有宮中調笑傳世，二氏皆爲中唐詩人，玆不具引。

2.張志和漁父歌：

西塞山前白鷺飛，桃花流水鱖魚肥。青箬笠，綠簑衣，斜風細雨不須歸。

張志和約當玄宗開元末（西元七三〇），至憲宗元和初（西元八一〇）年間人，肅宗朝曾任左金吾衞錄事參軍，其後放浪江湖，自號烟波釣徒、玄眞子。亦爲盛唐末、中唐初之詩人，與韋應物同時（註六三）。

此調爲三、七言長短句，尊前集所存志和之作五首。李德裕玄眞子漁歌記云：「德裕頃在內庭，伏覩憲宗皇帝寫眞求訪玄眞子漁歌，嘆不能致。」則此詞當作於志和歸隱後，憲宗元和前。其後，和凝、歐陽炯、李珣、孫光憲、李煜，皆有繼作，概與志和此曲同調。

3. 劉禹錫瀟湘神：

湘水流，湘水流，九疑雲物至今愁。君問二妃何處所，零陵香草露中秋。

尊前集及樂府詩集存劉禹錫瀟湘神二首，爲三、七言長短句。禹錫爲中唐名詩人。按唐書禹錫本傳，順宗永貞元年，坐王叔文黨，貶爲朗州（今湖南常德附近）司馬，至憲宗元和十年，移爲連州刺史。則此詞蓋作於朗州司馬期內。其曲或爲瀟湘一帶迎神送神所用之曲調，亦卽白居易所謂「瀟湘送神曲」也。

4. 白居易長相思：

汴水流，泗水流，流到瓜州古渡頭，吳山點點愁。　思悠悠，恨悠悠，恨到歸時方始休，月明人倚樓。

全唐詩附錄此詞二首爲三、五、七言長短句，最可注意者，乃此詞已爲雙調型式，有別於其餘單調小令之作。後世論者，以其不見長慶集，故不錄（如胡適詞的起源、陸侃如中國詩史）。然白詩有「寄殷協律多敘江南舊遊」詩句云：「吳娘瀟瀟暮雨曲，自別江南更不聞。」自注云：「江南吳二娘曲詞云：暮雨瀟瀟郎不歸。」今所存「長相思」，其第二首有句云：「暮雨瀟瀟郎不歸」，正用蘇州歌妓吳二娘曲詞，殆爲白氏寶曆年間守蘇州所作歟？（註六四）

5. 白居易憶江南

江南好，風景舊曾諳。日出山花紅勝火，春來江水碧如藍，能不憶江南。

全唐詩附錄居易憶江南三首，白氏長慶集亦存之。白氏自注云：「此曲亦名謝秋娘，每首五句。」亦名望江南，樂府雜錄望江南條云：「始自朱崔李太尉鎭浙日，爲亡妓謝秋娘所撰。」胡適詞的起源云：「今本李衞公集之別集卷四有：『錦城春事憶江南五言三首』一題。題存而詩闕。然題明說：『五言三首』，是李德裕初作憶江南，還用五言舊體。他同時的詩人白居易、劉禹錫方才依曲作長短句。」依胡氏之意，則「憶江南」之曲，雖始作於李德裕，而長短句之詞則出自白氏之手也。然據任二北敦煌曲初探後記，天寶十三載崔懷寶贈薛瓊瓊望江南已作三五七七五句法，唯首句襯二字耳，敎坊記今存此曲。若信任說，則望江南早已行諸盛唐，白傅夢得不過依調作詞而已（說詳本書第四章）。

依上引種種資料，已顯見長短句之雛型矣。韋應物、張志和並爲盛唐、中唐間人，則以文人之手正式創作長短句，並使之一登正統文學衽席者，當始於斯時。而此一時期之曲詞，其所以有別於前一時期，而自成特色者，非僅在乎長短雜言型式之確立，更在乎其「依聲製詞」之創作方式。劉夢得外集卷四載其「憶江南」二首，並題作「和樂天春詞，依憶江南曲拍爲句」。所謂「依曲拍爲句」者，即後世塡詞之法也。與唐初樂工採齊言短詩，勉強合樂，固大異其趣矣。故夢溪筆談云：「以詞塡入曲中，貞元元和之間，爲之者已多。」然觀中唐之世，除韋、張、戴、王、劉、白諸輩，偶一爲之外，嗣響者無多，可知長短句之雛型雖已確立，然倚聲塡詞之法，尚未能蔚爲風氣，致詞體之正式形成，猶須延展數十年，始假晚唐溫、韋之手，而告成厥功。

㈢詞體之形成時期

中唐詩人雖知倚聲塡製長短句，然其所以未克完成此一新體音樂文學，原因有二：一爲未能專意致力，尙存嘗試遊戲之心。一爲未能繼續大量創作。逮晚唐溫、韋一出，始專注其業，刻意塡詞，而大量創作。長短句之詞體，亦於焉告成，正式爲詩人所採用以抒寫情性矣。

溫庭筠以晚唐詩人，出其餘力，始挾其絃管之才，依新興曲調塡製歌詞。孫光憲北夢瑣言云：「其詞有金荃集，取其香而軟也。」唯「金荃集」今已不傳。諸家選本，以花間集所收六十六首爲最多。全唐詩附詞收五十九首，金奩集收八十三首，劉毓盤爲輯金荃詞一卷，計得七十六首。

溫氏製詞所倚之曲調，率皆唐敎坊曲，固爲燕樂之產物也。今檢其詞所依曲調，凡八宮調十八曲，玆臚列於後：

越調

淸平樂、遐方怨、訴衷情、思帝鄕。

南呂宮

夢江南、河傳、蕃女怨、荷葉杯。

中呂宮

菩薩蠻、玉蝴蝶。

雙調

歸國遙

林鐘商調

更漏子

高平調

酒泉子、定西蕃、楊柳枝

仙呂宮

南歌子、河瀆神

歇指調

女冠子

卽上所列，所用宮調，概在唐代燕樂二十八調之內。越調、雙調、歇指調、林鐘商，爲七商之四。南呂宮、中呂宮、仙呂宮，爲七宮之三。高平調爲七羽之一。至其所用曲調，除河傳、蕃女怨、玉蝴蝶、更漏子外，餘皆見於敎坊記，殆爲唐敎坊流行當時之俗曲。則溫氏所倚蓋皆唐世燕樂新聲也。

韋莊亦晚唐詩人，其詞收入花間集者四十七首，收入金奩集者四十八首，收入全唐詩附詞者五十二首。劉毓盤輯爲浣花詞一卷，計得五十五首，刋入唐五代宋遼金元詞六十種中。玆檢其詞所用曲調凡二十如下：

浣溪沙、菩薩蠻、歸國遙、應天長、荷葉杯、清平樂、望遠行、謁金門、江城子、河傳、天仙子、喜遷鶯、思帝鄉、訴衷情、上行盃、女冠子、更漏子、酒泉子、木蘭花、小重山。

上列諸曲，除應天長、江城子、河傳、喜遷鶯、更漏子，餘皆見於教坊記。其中小重山係變自教坊雜曲感皇恩，是知韋氏所倚，亦唐朝燕樂新聲也。

綜上所述，乃知溫韋倚聲塡詞，已專事其業。其所倚曲調，多達二十，唐初以齊言短詩配唱之曲，遂多變爲長短雜言型式。溫氏既開風氣於先，韋莊又播其種於西蜀，會前蜀主王衍，後蜀主孟昶並爲知音。據十國春秋云衍嘗自製甘州曲令及醉妝詞。北夢瑣言云衍嘗自執歌板唱後庭花、思越人。溫叟詩話云昶曾作玉樓春。十國春秋云昶嘗作相見歡。於是浸淫所及，五代詞人繁興。皇甫松、薛昭蘊、牛嶠、張泌、毛文錫、牛希濟、歐陽炯、孫光憲、顧敻、魏承班、鹿虔扆、閻選、尹鶚、毛熙震、李珣諸輩並起，復益以南唐君臣，繁絲雜管，一唱百應，參差其聲，長短其句，而詞體之形成，於焉確立。雖慢詞有待北宋之拓展，然此新興音樂文學之堂廡，已完構於晚唐五代矣。

詳審斯期，其較中唐更有展進者，蓋有四端：㈠所倚曲調日形繁富，凡初唐以下，流行於當世之曲調，多爲詞人所藉。依樂製詞，長短錯落，不復受制於齊言；㈡作者輩起，蔚爲風氣，莫不刻意經營，廣爲流播，使此一新興文學，漸有取代唐詩之勢；㈢當時盛行之曲，一曲二段者寖多，視中唐之單遍小令，已見詞體進展之跡，故王灼碧鷄漫志云：「近世曲無單遍者。」㈣視曲調與唐詩同爲寫物敍事抒情之一種文體，故於製詞之際，非僅依倚其聲，更注意辭采之潤飾，使胡夷里巷之曲，遂登大雅之堂，而詞體乃繼唐詩之後，寖成新興之正統文學。

總上三期，由以詩合樂，而依樂製詞，而詞風大盛。自齊言聲詩，而雜言詞體。其間流衍變易，蓋皆於隋唐燕樂聲中，逐漸移形改貌。乃知詞體之興，全受隋唐燕樂之影響也。

二、詞調與隋唐燕樂曲調之關係

唐初聲詩，所用曲調，殆隋唐流行之俗曲，其說已見前述。中唐韋張劉白諸詞，所倚之曲亦然。宮中調笑，本教坊曲中之三台。張志和漁父歌，詞律以後諸譜書，均以爲教坊曲中之漁歌子，任二北教坊記箋訂已辨其誣。然志和所作，信亦爲當時民間流行之曲。瀟湘神不見於教坊曲，然或爲瀟湘送神之曲。長相思、憶江南並見於教坊曲，悉漢魏六朝樂府之轉化。敦煌曲此調之辭，與白氏之詞全異。然唐宋詞同調異詞，實尋常慣見，蓋一種樂曲，行之既久，往往變易宮調，舊曲翻新，宮調既異，依聲製詞，亦遂參差。此種現象，碧鷄漫志所錄甚多，卷四云：「今越調蘭陵王，凡三段，二十四拍，或曰遺聲也。又有大石調蘭陵王慢，殊非舊曲。」後世詞譜，同一調名，而所收多體，蓋即此一現象也。新舊雖異，本出一源，殆其然歟。故白氏長相思，非果與唐初教坊曲全無所涉也。他如望江南，天寶間崔懷寶曲已備其調格。乃知中唐諸賢倚聲，蓋不出唐世流行之燕樂曲調也。至於晚唐溫韋所倚諸曲，大率教坊之聲，已如上述。則因詞體初興，不及另造新調，故晚唐五代諸賢，所用詞調，殆皆源於隋唐燕樂曲調。審其所自，約爲二類，一出於雜曲，一出於大曲，玆以晚唐五代所見詞調，述其與隋唐燕樂曲調之關係如下：

㈠出於隋唐燕樂雜曲者：

晚唐五代西蜀、南唐諸家，所用詞調約計一〇四曲，其中可確定出於隋唐燕樂雜曲者約六十六曲，茲臚列於後：

清平樂	遐方怨	訴衷情	思帝鄉	夢江南	荷葉杯	菩薩蠻	歸國遙	酒泉子	定西蕃
楊柳枝	南歌子	河瀆神	女冠子	天仙子	浪淘沙	摘得新	採蓮子	浣溪沙	望遠行
謁金門	上盃行	木蘭花	小重山	離別難	相見歡	醉公子	感恩多	西溪子	臨江仙
生查子	虞美人	贊普子	紗窗恨	柳含烟	醉花間	戀情深	河滿子	巫山一段雲	南鄉子
獻衷心	鳳樓春	山花子	薄命女	望梅花	春光好	採桑子	甘州子	後庭花	風流子
八拍蠻	黃鐘樂	赤棗子	定風波	西江月	拋毬樂	麥秀兩岐	撥棹子	三台令	賀聖朝
鵲踏枝	破陣子	漁歌子	長相思	漁父	竹枝				

上列諸曲，自清平樂至長相思六十四曲，見於教坊記雜曲。小重山出於感皇恩。另漁父、竹枝則見於樂府詩集。按教坊記有魚歌子、漁父引。然魚歌子即漁歌子，上下二段，三言八句，七言四句，與志和漁父歌悉異。漁父引則七言四句聲詩，志和漁父歌或係破其第三句爲三言二句，然不可確考。五代所塡漁父，即志和漁父歌。另教坊記有竹枝子，董逢元唐詞紀謂「竹枝詞亦曰竹枝，教坊記曰竹枝子」。實則敦煌唐寫卷載竹枝子詞雙疊六十四字，實與劉禹錫竹枝有異。五代所歌竹枝，乃劉禹錫竹枝，非教坊記竹枝子也。

其餘雖不能確定爲教坊雜曲，然其中疑亦頗多與之有關者。如教坊記有蝴蝶子，晚唐五代詞玉蝴蝶、蝴蝶兒，二者或有相涉。教坊曲有「滿堂花」，不知與五代詞「滿宮花」有涉否，華連圃花間集注疑二者爲一調，宮、堂係傳鈔之誤。又教坊曲有芳草洞，五代詞有芳草渡，教坊曲有阮郎迷，五代詞有阮郎歸，亦未必全無相干。上述諸曲，以不能確斷，姑存疑之。

今本教坊記所載，未必全括唐教坊曲。故晚唐五代詞調，其不見於教坊記者，亦未必不爲唐教坊曲調。故不能確定者三十八曲，其中有晚唐五代詞人新製者，如醉妝詞、甘州曲，爲王衍所製曲。其中或有唐燕樂舊調，而教坊記所未載者。唯不論爲燕樂舊調，或爲詞人新製之曲，其爲唐朝燕樂下之產物則一也。

綜上所述，可知晚唐五代詞調，淵源於燕樂雜曲者甚夥。則詞體與燕樂關係之密切，亦可概見矣。

㈡源於隋唐燕樂大曲者：

大曲蓋多遍組成，所謂「遍」者，乃樂曲單位名稱，而其所包涵之範圍，復可析爲三類：㈠大曲每由多首可獨立之小曲組成，就大曲之整體言，謂之「大遍」。㈡若就其中一節言，則各謂之遍，如排遍、攧遍、袞遍。此遍亦可稱爲「疊」。形同西洋音樂之「樂章」。㈢每遍中所涵之小曲，亦有不止一曲者，則每一小曲亦可謂之遍，或謂之闋。大曲組織繁雜，樂、歌、舞兼具，非帝王貴宦之家不能演奏，實爲貴族音樂。然以其每遍小曲亦可獨立歌唱，故每取其一二遍，配詞而歌，遂爲雜曲。今教坊記雜曲與大曲偶有互見者，或本爲大曲，取其一遍歌爲雜曲，如「甘州」原爲大曲，爲雜曲甘州子之所從出。或本爲雜曲，以之爲基曲，復結合多支雜曲，而組成大曲，如「玉樹後庭花」原爲雜曲，玄宗時乃演爲大曲。大曲既可獨歌一遍，後世之製詞者，乃多取諸大曲。故詞調亦有源自大曲者。茲略舉一二如下：

1甘州令、甘州子、甘州遍、八聲甘州

甘州原爲大曲，蔡寬夫詩話謂其出於龜茲樂，與涼州、伊州同列天寶樂曲，唯其後不傳。王灼碧鷄漫志云：「甘州，世不見。今仙呂調有曲破、有八聲慢、有令，而中呂調有象甘州八聲，他宮調不見也。凡大曲就本宮調、制引、序、近、慢、令，蓋度曲者常態。若象甘州八聲，卽用其法于中呂調，此例甚廣。僞蜀毛文錫有甘州遍，顧敻、李珣有倒排甘州，顧敻有甘州子，皆不著宮調。」（註六五）

五代詞調中有甘州遍、甘州子，皆出於大曲。今舉毛文錫甘州遍如下：

春光好，公子愛閒遊，足風流。金鞍白馬，雕弓寶劍，紅纓錦襜出長楸。花蔽膝，玉銜頭。尋芳逐勝歡宴，絲竹不曾休。美人唱，揭調是甘州。醉紅樓，堯年舜日，樂聖永無憂。

宋詞又有甘州令、八聲甘州。今舉柳永八聲甘州如下：

對瀟瀟暮雨灑江天，一番洗清秋。漸霜風凄緊，關河冷落，殘照當樓。是處紅衰翠減，苒苒物華休。惟有長江水，無語東流。不忍登高臨遠，望故鄉渺邈，歸思難收。歎年來蹤迹，何事苦淹留？想佳人妝樓凝望，誤幾回天際識歸舟？爭知我，倚欄干處，正恁凝愁。

此詞卽王灼漫志所謂八聲慢，又名甘州、甘州曲。歷代詩錄引西域志云：「龜茲國工製伊州、甘州、涼州等曲，皆翻入中國。八聲者，歌時之節奏也。」

2.熙州慢、氏州第一

熙州亦爲唐朝大曲，洪邁容齋隨筆云：「今世所傳大曲，皆出於唐；而以州名者五：伊、涼、熙、石、渭也。」（註六六）宋詞之熙州慢、氏州第一，蓋出於大曲熙州也。今舉張先熙州慢如下：

武林鄉占第一湖山，詠畫爭巧。鷲石飛來，倚翠樓煙靄，清猿啼曉。況値禁垣師帥，惠政流入歡謠。朝暮萬景，寒潮弄月，亂峰回照。天使尋春不早，併行樂免有花愁花笑。持酒更聽紅兒，肉聲長調。瀟湘故人未歸，但月送遊雲孤鳥。際天杪，離情盡寄芳草。

另周邦彥清眞集有氏州第一。歷代詩餘云：「唐樂府有氏州第，蓋歌頭也。調名取此，一名熙州摘遍。」毛晉宋六十名家詞清眞集卽作「熙州摘遍」，蓋摘熙州大曲一遍以製爲詞調者，創自清眞。

3.梁州令、梁州令疊韻：

敎坊記有大曲涼州。洪邁容齋隨筆卷十四：「涼州今轉爲梁州。」程大昌演繁露卷七亦謂涼州後訛爲梁州。涼州爲唐軟舞曲，其遍數甚多，據王灼碧鷄漫志卷三，僅排遍卽二十四段。樂府詩集卷七十九錄唐涼州歌，計配入唐人絕句五首，然非涼州大遍之全，唯摘其數遍而已。又有涼州詞絕句五首，此外唐人所作涼州詞尙多，或五言，或七言，不知配大曲何遍。宋詞有梁州令、梁州令疊韻，蓋亦摘其一遍而製成者。今舉晏幾道梁州令如下：

莫唱陽關曲，淚濕當年金縷。離歌自古最銷魂，于今更有銷魂處。南橋楊柳多情緒，不繫行人住。人情卻似飛絮，悠揚便逐春風去。

又晁補之有梁州疊韻，兩段句拍俱同，蓋疊梁州令而成者。詞譜云：「晁補之詞名梁州疊韻，蓋合兩首爲一首也。」

除上舉三種詞調出自唐朝大曲而外，詞調之源於大曲者尚夥。玆不引述其詞，僅將詞調之與大曲或有淵源者列表於後，以見詞調與隋唐燕樂大曲之關係。

大曲	詞調	說明
綠腰	六么令 夢行雲	綠腰又名六么，唐敎坊大曲有綠腰。宋詞六么令爲摘其某遍而成。又吳文英有夢行雲，自注：「一名六么花十八」，蓋綠腰大曲之攧遍也。
薄媚	薄媚摘遍	唐敎坊記大曲有薄媚，宋詞薄媚摘遍，明爲摘其一遍而成者。
伊州	伊州令 陽關曲	唐敎坊大曲有伊州，花草粹編錄無名氏伊州令一首，二段，乃摘一遍重疊。又陽關曲爲伊州第三遍，又名渭城曲，詞律校刊引秦觀云渭城曲歌入小秦王。
柘枝	柘枝引 撲蝴蝶	唐敎坊大曲有柘枝，詞譜有無名氏柘枝引，又史浩柘枝舞大曲中有撲蝴蝶遍，王國維唐宋大曲考疑卽宋詞之撲蝴蝶。
玉樹後庭花	後庭花 後庭花破子	唐敎坊大曲有玉樹後庭花、詞後庭花蓋摘其一遍重疊者，又金元詞有後庭花破子，亦出於大曲。
醉渾脫	蘇幕遮 感皇恩	唐大曲有醉渾脫演潑寒胡戲，張說有蘇幕遮詩，自注潑寒胡戲所歌，宋詞有蘇幕遮，唐會要謂天寶間改金風調蘇幕遮爲感皇恩，宋詞有感皇恩。

安公子	安公子近安公子令	唐教坊大曲有安公子，至宋不傳。碧鷄漫志謂其中呂調有近，蓋宋詞安公子近。又云般涉調有令，蓋宋詞安公子令。
石州	石州慢	教坊記大曲無石州，然李商隱代贈詩：樓上離人唱石州，則石州亦爲唐曲，宋大曲有越調石州。詞石州慢蓋出於此。
渭州	醉吟商	唐教坊大曲有大渭州，雜曲有胡渭州，宋大曲有胡渭州，姜白石醉吟商序謂遇琵琶工解作醉吟商胡渭州，因成醉吟商詞。
水調	水調歌頭 新水令	教坊記不載大曲水調，樂府詩集卷七十九謂唐水調十一疊，則唐已有水調大曲，又有新水調，入宋教坊大曲，曾布有水調歌頭，爲排遍第一，唐宋大曲考謂新水令亦大曲遺聲。
萬年歡	萬年歡	唐教坊雜曲有萬年歡，至宋爲大曲，詞亦有萬年歡，唐宋大曲考謂出大曲之一遍。
劍器	劍器近	唐教坊雜曲有劍器子、西河劍器，史浩郡峯眞大曲有劍舞，或出於唐劍器舞，至宋袁去華有劍器近詞，唐宋大曲考以爲或借大曲制之也。
採蓮	採蓮令	樂府江南弄有採蓮曲，唐教坊雜曲有採蓮子，至宋大曲有採蓮、雙調，柳永詞採蓮令，亦雙調。蓋出於大曲。
霓裳羽衣	霓裳中序第一	唐大曲有霓裳羽衣，宋姜白石製霓裳中序第一，此詞蓋出自大曲排遍中之第一遍也。
雨霖鈴	雨霖鈴	唐大曲有雨霖鈴，雜曲亦有之，宋詞柳永雨霖鈴，又名雨霖鈴慢，王灼漫志

		謂眞本曲遺聲，蓋借唐曲另翻新聲也。
蘭陵王	蘭陵王	唐大曲有蘭陵王，周邦彥有詞蘭陵王，王灼漫志謂爲唐曲遺聲。
迎仙客	迎仙客	唐教坊大曲有迎仙客，南曲九宮正始中呂近詞迎仙客引　，歌樓格語：知迎仙客又有長短歌。

綜觀上述，可知詞調頗多淵源於大曲之一遍者。唐朝大曲據崔令欽教坊記所載凡四十六，餘可考證者尚有十餘曲。而宋代大曲，據洪邁容齋隨筆卷十四云「皆出於唐」。今案王國維唐宋大曲考宋教坊所奏四十大曲，或出於唐大曲，或出於唐雜曲。宋陳暘樂書卷一八八亦云：「聖朝循用唐制。」是則宋朝音樂，固隋唐燕樂之嗣響。今宋詞調除出於唐大曲者外，亦多出於宋大曲。如萬年樂、劍器近、採蓮令。而其出於宋大曲者，實亦唐曲之蛻化，燕樂之遺聲，則知詞調與隋唐燕樂之關係實甚密切也。

總之，詞體之醞釀與形成，在隋唐燕樂，詞調之淵源，亦在隋唐燕樂，考諸往迹，既斑斑若是，則謂隋唐燕樂對詞體之產生有重大影響，當屬確切無疑之論也。

【附　註】

註一：持此說者，尚有朱子語類、沈括夢溪筆談、胡震亨唐音癸籤、吳衡照蓮子居詞話、全唐詩論詞。

註二：見夢溪筆談卷五。

註三：見梅應運詞調與大曲上篇第二章。

註四：見隋書音樂志。

註　五：兩段引文並見詞調與大曲上篇第二章。

註　六：語見詞調與大曲下篇第三章。

註　七：見中國音樂史論述稿第四篇第二章。

註　八：同上註。

註　九：本段所引張氏之言凡三處，皆見於中國音樂史論述稿第四篇第二章。

註一〇：同上註。

註一一：兩段引文，並見敎坊記箋訂弁言。

註一二：見敎坊記箋訂頁六一，分注「清」、「詩」、「詞」、「曲」四字之說明。

註一三：同上註。

註一四：語見詞調與大曲上篇西域音樂之盛行。

註一五：參閱任二北敎坊記箋訂頁一四九至一五二，論唐代清樂存在與流行之概況。

註一六：以上引文見「詞體之演進」，載於詞學季刊創刊號。

註一七：以上引文見中國音樂史綱（學藝出版社）頁一一四至一一五。

註一八：參閱本書第一章第二節。

註一九：見新唐書卷八十九。通鑑二〇〇卷唐紀十六所載同。

註二〇：見全唐文四七七。

註二一：見詞調與大曲下篇。

註二二：見陳暘樂書卷一百八十八。

註二三：按新唐書卷二十一亦云：「初隋有法曲，其聲清而近雅。」則法曲當萌蘖於隋而大盛於唐。

註二四：見唐會要卷三十三。

註二五：見中國音樂史頁一二二論燕樂與法曲一節。

註二六：同註一二。

註二七：語見沈約宋書謝靈運傳論。

註二八：以上見呂氏春秋仲夏紀古樂篇。

註二九：見禮記明堂位及郊特牲。

註三〇：語見通典卷一四一。

註三一：楊蔭瀏主此說，其言曰：「雅俗樂的區分，自漢朝起，始逐漸明顯起來。」見中國音樂史頁八四。

註三二：見左傳襄公二十九年季札論樂。

註三三：見觀堂集林卷二。

註三四：此種燕樂，原有二用，一用之祭祀，爲娛神之事；一用之饗食賓客，爲娛人之事。而其分別，則在有無鐘磬之節。賈公彥云：「房中樂得有鐘磬者，待祭祀而用之，故有鐘磬也。房中及燕，則無鐘磬也。」據此，則知周房中樂用之於賓燕時，但有絲而無鐘磬，用之祭祀則加鐘磬，而漢房中樂適與此相合。

註三五：參看本書第一章第一節。

註三六：以上見晉書斠注卷二十二樂志（上）。

註三七：見晉書斠注卷十六律曆志（上）。

註三八：同上說。

註三九：見燕樂考原卷一。

註四〇：見通典一四六卷。

註四一：以上見隋書樂志。

註四二：見漢書卷二十三。

註四三：同註卅六。

註四四：同註四二。

註四五：漢魏清商樂器見樂府詩集引王僧虔古今樂錄，篪、箜篌、琵琶、笙、箏、琴，俱在其列。

註四六：參看本章第二節論「先王雅樂之產生及其概況」一段。

註四七：見太平御覽卷五百六十七鼓吹樂引。

註四八：晉書卷二十三：「張博望入西域傳其法於西京，惟得摩訶兜勒一曲。」崔豹古今注謂爲二曲。

註四九：天竺即今之印度。

註五〇：涼州即今甘肅武威縣，當時以其位於西部邊陲，故亦謂之西涼。

註五一：案魏太武帝太延元年（四三五），平馮文通後，曾遣使二十輩使西域。冊府元龜五七〇引樂部此條無高麗。疏勒新唐書西域傳云：「一名佉沙環。」一名喀什噶爾。在今新疆伽師縣境。安國新唐書西域傳云：「一名布豁，又名捕喝。」即今中亞細亞之布哈剌，在撒馬爾罕之西。

註五二：龜茲新唐書西域傳云：「一曰丘茲，一曰屈茲。」史籍中亦稱丘慈、屈支、屈茨。即今新疆省之庫車縣。

註五三：高昌在今新疆吐魯番縣境。一名和州，一名火州。

註五四：見隋書卷十四音樂志（中）。

註五五：見通典卷一四六。

註五六：見王灼碧鷄漫志引杜佑理道要訣、唐會要卷三十三。

註五七：同註五十五。

註五八：見樂府詩集卷七十九。

註五九：見胡仔苕溪漁隱叢話前集二十一引。

註六〇：見張琬「菩薩蠻及其相關之諸問題」，大陸雜誌二卷一期。

註六一：見林玫儀「由敦煌曲看詞的起源」，書目季刊第八卷第四期。

註六二：韋應物或屬盛唐，或屬中唐，後世頗多爭訟。陳沆詩比興箋云：「唐有兩韋應物，一盛唐，一中唐，沈氏（按：宋朝沈作喆，曾爲韋應物補傳）誤合爲一人。至使後人據李觀文集所譏編之韋應物，指爲左司，編韋詩者，亦遂入之中唐，何以知人論世也？韋公生于開元，仕于天寶，屢見于詩，如云：建中即藩守，天寶爲侍臣。如云：出身天寶今幾年，忽憶先皇游幸年。如云：與君十五侍皇闈，雪下驪山沐浴時。又京師叛亂寄諸弟詩云：弱冠遭世難，二紀猶未平。又逢楊開府云：少事武皇帝，無賴恃恩私。此皆在天寶末年已弱冠之證。韋公以貞元二年刺蘇州，自罷守以後，更無一字。蓋不久旋卒。故唐人之稱者，但曰韋左司，韋蘇州。此卒於貞元初年之明證。白樂天與元微之書已云：「韋蘇州，當其在時，余甚愛重。必待身後，人始貴之，此韋已歿之證。」按陳沆所考，韋氏天寶末年，年方弱冠，則當生於開元二十年之後，約西元七三五左右。死於貞元初年，約西元七八八左右，年五十餘。則韋氏生平半在盛唐之末，半在中唐之初，謂屬盛唐，謂屬中唐，實皆無不可。

註六三：見唐書隱逸傳。

註六四：參閱梅應運詞調與大曲上篇第二節及其註八〇所考。

註六五：見碧鷄漫志卷三。

註六六：見容齋隨筆卷十四。

第三章　詞樂之音律與宮調

吾人論詞而欲探源星宿，則不能不講樂律，欲尋繹詞與音律之關係，則非窮古樂燕樂之變，通音律宮調之微，無以爲功，此不待言也。雖然，音聲出口，移時而沓，未可形求，趙宋以前，文士伶倫輩，既未能纂集譜法，勒成專書，則處今日而論詞樂之源、音律之變，終難免扣盤捫燭之誚，惟其僅可行者，惟據前代典籍中論律之言，而加以推類耳。

先秦舊籍言律者，今僅存周禮春官大司樂章、國語伶州鳩語、管子地員篇、呂氏春秋仲夏紀古樂篇及季夏紀音律篇而已。戴記雜出漢儒，大抵言禮而略於樂，其中惟樂記月令可資參證。劉向嘗校樂記二十三篇，著於別錄，馬融斷取十一篇以入戴記，其存者樂本、樂論、樂禮、樂施、樂言、樂象、樂情、魏文侯、賓牟賈、樂化、師乙諸篇，皆屬樂之理論，而至要之奏樂、樂器、說律等之屬於器數者，則惟存其目於向錄中耳。月令出於呂氏，馬融亦以之入於戴記，惜於樂律，語焉不詳。惟淮南於天文訓中著律數及上生下生之法，導源管呂，而較管呂爲詳，於是史記律書因之，京房律準推之，下及漢書律曆志、鄭玄周禮注、續漢書律曆志，乃至南北朝以次言樂律者，亦無不本之矣。唐宋以還，言樂律之書漸多，如宋蔡元定律呂新書、陳暘樂書；明朱載堉律呂精義、韓邦奇苑洛志樂；清康熙欽定律呂正義、胡彥昇樂律表微、江永律呂闡微等，俱頗周悉。至其尤備者，則有清凌廷堪之燕樂考原及陳澧之聲律通考。凌氏於唐宋俗樂，徵引群籍，頗得條貫；陳氏則更上究雅樂，詳論律器宮調，號為通洽，並佳構也。

據此，知前代論樂之書，已不爲少，悉心鑽摩，當有助於樂律之索解。至宮調一道，固甚秘奧，然明乎隔八相生之義，還相爲宮之法，則八十四調所由成，七宮十二調所從出，亦略可推索而知。故本書探究詞樂，大抵董理前世論樂之言，論列是非，洞悉本末，以期窮詰音律之變，而進窺詞樂之理。

第一節 音律發凡

吾國所謂音律，實綜括五聲、七聲、十二律而言。漢書律曆志曰：「聲者，宮商角徵羽也。」此謂之五聲。益以變宮變徵，則謂之七聲。變宮變徵亦省稱曰閏曰變，或稱之曰和曰繆，合而言之，則爲二變。至十二律者，六陽爲律，六陰爲呂：一曰黃鐘，元間大呂；二曰太簇，二間夾鐘；三曰姑洗，三間仲呂；四曰蕤賓，四間林鐘；五曰夷則，五間南呂；六曰無射，六間應鐘。合言之，謂之十二律。前代樂書亦恆稱音律爲樂律，其意猶今之所謂音樂是也。

樂本天地自然之聲，皆人心所固有，故秦火所焚，樂之譜也，而樂之五聲二變固未嘗改也。後儒不諳音律，但知附會經傳，牽合雜事，繁稱博引，遂使七聲十二律不得其實，而樂之理愈晦。茲約舉昔人之說數則，以見其概。如論五音（聲），白虎通樂論曰：

所以名之爲角者，躍也，陽氣動躍。徵者，止也，陽氣止。商者，張也，陰氣開張，陽氣始降。羽者，紆也，陰氣在上，陽氣在下。宮者，容也，含也，含容四時者也。

此釋五音名宮商角徵羽之所由也。樂論又曰：

其曰宮，徵所生者，徵屬火，火生土也。商，宮所生者，宮屬土，土生金也。角，羽所生者，羽屬水，水生木也。徵，角所生者，角屬木，木生火也。羽，商所生者，商屬金，金生水也。

所謂五音相生，仍不外乎五行相生之理。

此言五音相生原本乎五行相生之理也。淮南子天文訓亦據此爲說，其言曰：

五星中央土，其音宮，宮居中，故屬土。西方金，其音商，故商屬金。東方木，其音角，故角屬木。南方火，其音徵，故徵屬火。北方水，其音羽，故羽屬水。

此五音合乎五行之說也。又禮記樂記曰：

宮爲君，商爲臣，角爲民，徵爲事，羽爲物。五者不亂，則無怗懘之音矣。

正義云：

宮爲君者，宮屬土，土居中央，揔四方君之象也。商爲臣者，商屬金，以其濁次宮，臣之象也。角爲民者，角屬木，以其清濁中，民之象也。徵爲事者，徵屬火，以其次清，事之象也。

羽爲物者，羽屬水，以其最淸，物之象也。

此皆五音通乎政事之說也。又前漢書律曆志曰：

宮爲信，商爲義，角爲仁，徵爲禮，羽爲智。何也？宮爲土，土於時爲春夏，故應宮之中央，宮之中央不偏，於五常應信。商爲金，金於時爲秋，故應商之成熟，商之成熟不移，乃應義。角爲木，木於時爲春，故應角之發生，角已發不窮，乃應仁。徵爲火，火於時爲夏，故應徵之盛大不紊，乃應禮。羽爲水，水於時爲多，故應羽之聚藏不爭，乃應智。

此五音應乎五常之說也。以上諸說，悉爲虛理，無當樂律。按五行之說，本中國古術數家所創，至漢，風氣大盛，言天文地理、禮教兵農者，殆無不緣飾之，論樂者中其習，亦不能免，而不知皆荒渺之論。至樂記所載「宮爲君」數語，謂樂之有宮商角徵羽，猶國之有君臣民事物，亦一時取義取象如此耳，其實了不相涉，至明倪復鐘律通考謂：「宮屬君，周加變宮，因誅紂也。徵屬事，周加變徵，示革商之舊政也。」則尤爲荒慢無稽矣。

昔人論十二律，亦多望文生義，艱深玄妙者，如釋黃鐘，史記律書曰：「陽氣踵黃泉而出也。」漢書律曆志曰：「黃者。中之色，君之服也。鐘，種也，陽氣施種於黃泉，孳蒙萬物爲六氣元也。」白虎通曰：「黃，中和之氣，言陽氣於黃泉之下，動養萬物也。」釋太簇，史記云：「萬物簇生也。」漢志云：「簇，湊也，言陽氣大湊地而達物也。」白虎通云：「太者，大也，簇者，湊也，言萬物大湊地而出之也。」又釋蕤賓，史記曰：「陰氣幼少，故曰蕤，萎陽不用事，故曰賓。」漢志曰：「蕤，繼也。賓，導也。言陽始導陰氣，使繼養物也。」白虎通曰：「蕤者，下也。賓者，敬也。言陽氣上極，陰氣始起，故賓敬也。」諸如此類，不遑遍引。諸說述十二律名之意義，仍本陰陽消長之理，以推及天時人事物情之變化，然於樂理，終無干涉也。且也，十二律之名，本隨音而命者，豈有涵義之可言哉？如國語釋夾鐘曰：「出四隙之細也。」史記則曰：「夾鐘者，言陰陽相夾厠也。」漢志又曰：「夾鐘，言陰挾助太簇，宣四方之氣而出動物也。」淮南天文訓則曰：「夾鐘者，種始夾也。」國語釋中呂曰：「宣中氣也。」史記曰：「中呂者，言萬物盡旅而西行也。」漢志又曰：「中呂，言微陰始起未成，著於其中，旅助姑洗，宣氣齊物也。」天文訓則曰：「中呂者，中充大也。」諸書詮說律名，竟以絕不相類之解釋，同施於一律之下，雖三尺童子亦知其爲附會穿鑿也。

外如司馬彪續漢書倡候氣吹灰以造律呂之說，漢儒納音於爻辰斗建之說，是皆比附牽合，以釋音律者。宋蔡元定律呂新書，沈括夢溪筆談，張炎詞源，亦多雜採附會；清江永律呂闡微，復大爲推衍，語多牽涉河洛先天納音六合之類，愈演愈奇。凡此皆因不審音律之眞義，而妄加揣測，以致紛紜繳繞，卒難董理，使後學者徒興望洋之歎。實則宮商律呂之名，皆古代記聲之符號，本無奧義可言，陳蘭甫云：「古樂十二律，立法簡易，後人衍算術，說陰陽，皆失其旨。」洵破的之論也。

大抵成周以前，論五聲之音色者，以管子爲最早（註一），地員篇曰：「凡聽徵，如負豕覺而駭；凡聽羽，如馬鳴在野；凡聽宮，如牛鳴窌中；凡聽商，如離群羊；凡聽角，如雉登木以鳴，音疾以清。」此論五聲，似皆因聲而假借者，然髣髴之言，曷足爲式哉？實則五聲如以宮爲主音（調式爲宮、商、角、徵、羽），則與俗樂之上尺工六五相類，亦猶西樂大調中之Do，Re，Mi，Sol，La（卽簡譜1、2、3、5、6）也。試表列於上，以見其概。

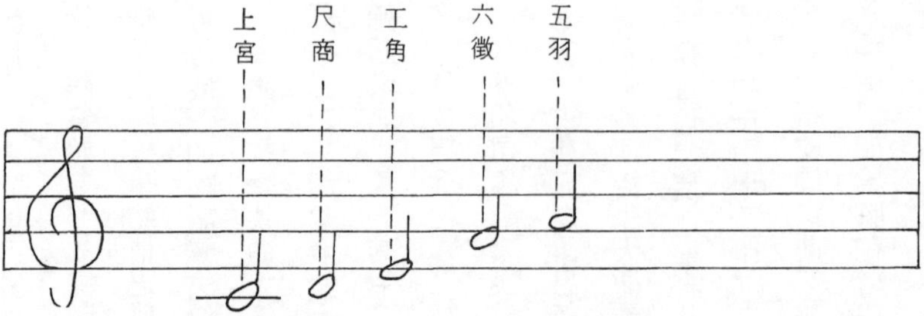

七聲者，五聲之外添加二聲耳。上古雅樂，祇用五聲，而五聲皆全音，故其爲樂也，不激不抑，僅足以致和，以之爲郊廟歌功頌德之音則可，以之爲發攄悲涼沉鬱之感或富麗激昂之謌則不可，其後遂增變宮、變徵二半音，綜錯曲中，競氣極聲，於是音乃大備。方成培香研居詞麈有論變宮變徵一節（註二），於此二聲述之纂詳，其言曰：

蔡元定曰：宮與商，商與角，徵與羽，相去各一律。至角與徵，羽與宮，相去乃二律。相去一律則音節和，相去二律則音節遠，故角徵之間，近徵收一聲，比徵少下，故謂之變徵。羽宮之間，近宮收一聲，少高于宮，故謂之變宮。變宮變徵，宮不成宮，徵不成徵，古人謂之和繆，所以濟五音不及也。變非聲也，故不爲調。或問：何以謂之去一律二律？答曰：黃、大、太、夾、姑、仲、蕤、林、夷、南、無、應，此十二律之序也。如黃鐘宮以太簇爲商，黃太之間，只隔大呂一陰律；以姑洗爲角，太姑之間，只隔夾鐘一陰律；以林鐘爲徵，以南

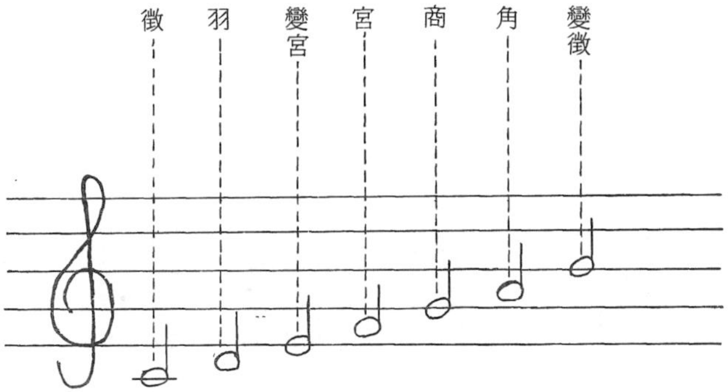

呂爲羽，中間只隔夷則一陽律，此所謂相去一律也。至如姑洗角、林鐘徵之間，卻隔仲呂、蕤賓兩律；南呂羽、黃鐘宮之間，卻隔無射、應鐘兩律，此所謂相去二律也。故于二律之中，取應鐘爲變宮，蕤賓爲變徵以和之，此音律至妙至妙之處也。

方氏釋元定之言甚諦。角徵之間，羽與淸宮之間，相隔既不止一律，於是順相生之序，取角聲下生之數，置於宮前羽後，爲變宮。取變宮上生之數，置於徵前角後，爲變徵，是爲二變。合五聲二變而言，則稱爲七聲。七聲如以徵爲主音（調式爲徵、羽、變宮、宮、商、角、變徵。按王光祈謂中國古代有徵調（註三），黃鐘爲徵，仲呂爲宮，適與西律吻合），猶西樂大調之Do，Re，Mi，Fa，Sol，La，Si（即簡譜1、2、3、4、5、6、7）也。列爲表式，則如上：

十二律之名（即黃鐘、大呂、太簇、夾鐘、姑洗、

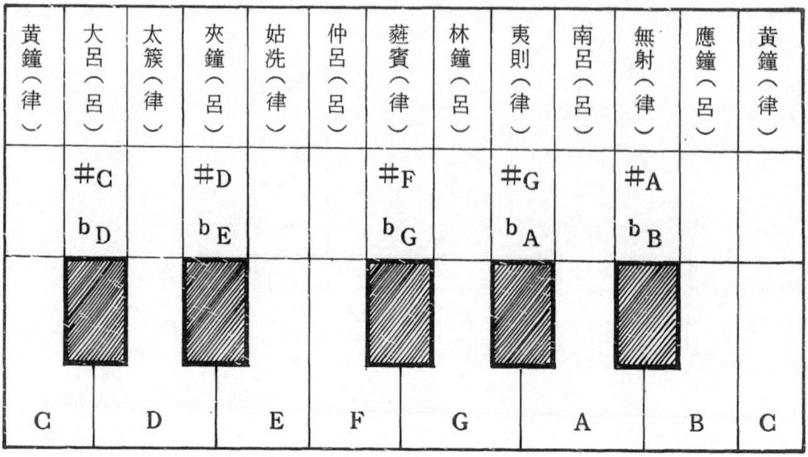

黃鐘（律）	大呂（呂）	太簇（律）	夾鐘（呂）	姑洗（律）	仲呂（呂）	蕤賓（律）	林鐘（呂）	夷則（律）	南呂（呂）	無射（律）	應鐘（呂）	黃鐘（律）
	#C / bD		#D / bE			#F / bG		#G / bA		#A / bB		
C		D		E	F		G		A		B	C

蕤賓、仲呂、林鐘、夷則、南呂、無射、應鐘也），始見於國語，再見於周禮，三見於呂氏春秋，淮南、史、漢，斯爲後矣。十二律中，每律半音階，相當於西樂之C、C♯、D、D♯、E、F、F♯、G、G♯、A、A♯、B十二半音，亦猶鋼琴上每一組之白七鍵、黑五鍵也。按西樂由CDEFGAB七音組成一音級，尋常鋼琴可有七組音級，每級包含七音，層遞排列，由低而高，形成音階。如以C爲基音，順序上數至第八度音之C，則適較基音高出一倍。第一音級、第二音級，依此類推。每一音級七度音階中，E與F（即第三度至第四度）及B至高音之C（即第七度至第八度），爲半音階，餘均爲全音階，故以半音階爲單位計，則一音級中應有十二半音階也。鋼琴每一音級由黑五鍵與白七鍵組成，兩白鍵間有黑鍵者爲全音階（白鍵上數至黑鍵及黑鍵上數至白鍵各爲半音階，如CD間之黑鍵爲C之高半音或D之低半音），兩白鍵間無黑鍵者爲半音階，凡十二音階，與中樂十二律正復相同。玆將二者關係表列於上，俾便參鏡。

中律	黃鐘	大呂	太簇	夾鐘	姑洗	仲呂	蕤賓	林鐘	夷則	南呂	無射	應鐘	（黃鐘）
五聲	宮		商		角			徵		羽			（宮）
七聲宮調	宮		商		角		變徵	徵		羽		變宮	（宮）
七聲徵調	徵		羽		變宮	宮		商		角		變徵	（徵）
西律	C	#C	D	#D	E	F	#F	G	#G	A	#A	B	（C^2）
音調	C		D		E	F		G		A		B	（C^2）
音名	Do		Re		Me	Fa		Sol		La		Si	（Do）

音律同屬樂音之範疇，關係至爲密切，觀禮記禮運「五聲十二律還相爲宮」之言，可以徵已。雖然，細繹二者，實又不盡相同。觕略論之，律爲固定高度之音位，而音者，則無絕對音高可言，蓋僅表樂音之相對關係已耳。換言之，卽律有一定不變之音高，而五聲七聲之音高，則可視音位之不同而改變，如黃鐘宮一調，其宮音爲黃鐘，而在太簇宮，其宮音則爲太簇。又音之音高雖可依音位而變，然其樂音之相對關係則不變，如宮與商，商與角，徵與羽，其間隔必爲一全音，而變徵與徵或變宮與宮之間，其間隔則必爲一半音也，此音與律截然相異之處，論樂者不可不辨。

以上釋音律竟。茲綜括本節所論，列五聲七聲十二律與西樂對照表，繫諸上方，以備參鏡，觀此，則音律之道，固釐然可按矣。

第二節　音數與律數

昔人於樂音一清一濁之間，取若干悅耳之音，反覆用之，而文之成曲；其所取之音之高下，必有一定之比量，此比量吾國俗樂稱工尺，雅樂稱五音，隋唐以來或稱七音。若僅一時代一地方之樂，則其比量全恃乎樂師以其聰能所得之經驗運用之，而往往不知不覺微有變動，而與有勢力之時樂比量同化，久而革焉。文明之國爲護持文藝之故，以數率之，以器準之，以齊四極，以垂久遠。制定之法，最當莫如記其音之振動次數之比。惟吾國古代不明是義，乃徑於金石之厚薄、管之長短、絃之長短巨細之比，間接以數定之，金石之厚薄、絃之長短巨細、管之長短，皆與振動次數成逆比，論其一，則其他諸音皆可通。故律度與振率相異之點，不過一爲直接，一爲間接；一爲正比，一爲逆比，而其示樂音比量之效力則一也（註四）。

我國古籍紀載五音以數相求之法者，大抵以管子一書爲最早；紀載十二律以數相求之法者，大抵以呂氏春秋一書爲最古。其後淮南、史記所述，率皆以此爲本（註五）。此外僅泛言音或律，而未及以數相求之法者，則有左傳、國語、孟子等（註六），至周禮、禮記諸書，既係後出之物，可不具論。

一、論音數

管子地員篇云：「凡將起五音，凡首，先主一而三之四開以合九九，以是生黃鐘小素之首（註七），以成宮。三分而益之以一，爲百有八，爲徵。不無有三分而去其乘，適足以是生商。有三分而復於其所，以是生羽。有三分而去其乘，適足以是生角。」此以三分損益法言音數之始也。所謂三分損一及三分益一之法推求各弦律之長度也。三分損一乃將律管或紘索之長減去三分之一，餘下之三分之二長度，卽爲另一律紘之長度。三分益一者，乃將一律管或紘索之長度，增加三分之一，而爲另一律紘之長度，亦卽等於原律紘長度之三分之四也。夫三分損益，通諸絲竹，見於武后樂書要錄，而程瑤田聲律小記極言之，此定論矣。管子之言，卽以絲起音之法也。凡將起五音，凡首，先主一而三之，四開以合九九者，三其一而爲三，一開也；三其三而爲九，二開也；三其九而爲二十七，三開也；三其二十七而爲八十一，四開也；是謂四開以合九九，合八十一之數也。所以必主一而三之，而又四開者，應用三分損益之法，不得不如是也。九九之宮聲旣合，則本八十一，益以三分之一之二十七，通前爲百有八，是爲徵數。又三分百有八而去其一成之三十六，餘二十七，是爲商數。又三分商數七十二，而益其一成之二十四，合爲九十六，是爲羽數。又三分羽數九十六，而去其一成之三十二，餘六十四，是爲角數。按此角聲求之，則五音生矣。

上述各聲之率，皆以數論之，數者，紘長度之比率也。以聲學原理言之，紘之長與振動次數成逆比，故知音之數，卽可知其振率、間較與夫振動之次數也。又據上知管子言音之數，宮爲八十一，商七十二，角六十四，徵一百零八，羽九十六。而各音之數，皆用三分損益法，次第進宮數之八十一而得者。玆更以算式演繹之：其法首以宮數八十一發凡，三分之而益其一，爲一百零八，卽以 $\frac{4}{3}$ 進宮數 亦卽 $81\times\frac{4}{3}=108$，是爲倍律徵音。又以徵數三分之而損其一，爲七十二，卽以 $\frac{2}{3}$ 進徵數，亦卽 $108\times\frac{2}{3}=72$，是爲正律商音。商數三分益一爲九十六，卽 $72\times\frac{4}{3}=96$，爲倍律羽音。羽數三分損一爲六十四，卽 $96\times\frac{2}{3}=64$，爲正律角音。若依其五音之高下排列，另用箭頭圖示計算程序，則如下：

$$81\times\frac{4}{3}=108$$
$$72\times\frac{4}{3}=96$$
$$1\times(3)^4=81$$
$$108\times\frac{2}{3}=72$$
$$96\times\frac{2}{3}=64$$

若將上述數字，作爲各音間絃長之比數，則各音之相對高度如次：

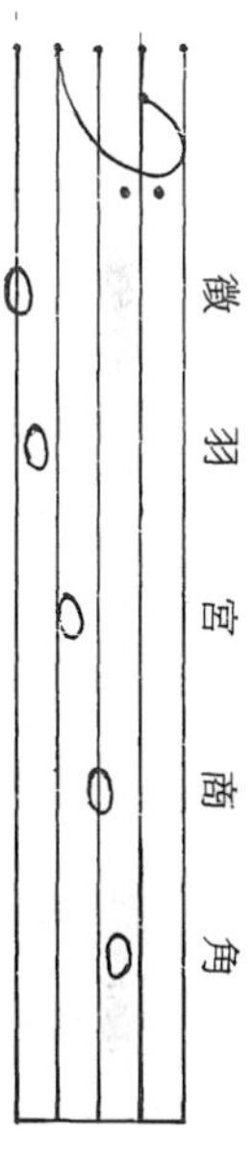

視此爲一從屬音低八度向上排列之五音音階，殆無疑也。惟史記別有五音之求法，其相生次序與管子所載者未盡脗合。史記律書述律數云：「九九八十一以爲宮；三分去一，五十四以爲徵；三分益一，七十二以爲商；三分去一，四十八以爲羽；三分益一，六十四以爲角。」二說同以九九八十一之宮音爲基數，管子且明言黃鐘之首。第管子徵羽之得數，與史記相較，適成一倍，蓋下生上生推算不同故也。管子所得之數乃低音之徵羽也，至宮商角之數，則無異也。茲圖示如左：

管子

徵	108	
羽	96	短三階
宮	81	
商	72	
角	64	

史記

宮	81	
商	72	
角	64	短三階
徵	54	
羽	48	

史記述律數之言，雖沿管子舊法，然細繹兩者之異，仍有二端：管子以徵音爲五音中之最低音，史記

則以宮音爲最低音，此其一也；調中短三階位置，一在第二音與第三音之間，一在第三音與第四音之間，此其二也。觀此，故前者應謂之「五音徵調」，後者應謂之「五音宮調」。雖然，史記此種「五音宮調」，國語中已有記載，譬猶周景王二十三年因單穆公阻止鑄造無射大鐘之舉，景王乃問之於伶州鳩，州鳩云：「琴瑟尚宮，鐘尚羽，石尚角，匏竹利制，大不踰宮，細不過羽。夫宮，音之主也，第以及羽，聖人保樂而愛財，財以備器，樂以殖財，故樂器重者從細，輕者從大，是以金尚羽，石尚角，瓦絲尚宮，匏竹尚議，革木一聲。」據此，知當時五音調係以宮爲最低音（大不踰宮）；羽爲最高音（細不過羽），其次序則係由宮次第及羽。要之，春秋之際，至少已有兩種五音調流行於世，卽「五音徵調」與「五音宮調」是也。

我國古樂，祇有五音，至周初始有七音。左傳昭公二十年，晏子對齊景公曰：「聲亦如味，一氣、二體、三類、四物、五聲、六律、七音、八風、九歌，以相成也；清濁、大小、短長、疾徐、哀樂、剛柔、遲速、高下、出入、周疏，以相濟也。」杜預注曰：「七音，宮商角徵羽變徵變宮也。」孔穎達疏曰：「以七同其數，五聲之外，加以變徵變宮也。此二變者，舊樂無之，武王始加二變，周樂有七音云云。」又史記刺客列傳：荊軻於易水之上，高漸離擊筑，發變徵之聲。是七音之演進，周初導其端，至周末而益備，漢唐以前，有定論矣。惟歷代言律者，大抵皆以二變爲側弄，周以前不入雅樂，實則由五音而進爲七音，乃根據音之和諧，律之排比，非偶然也。樂音由簡而趨繁，此進化之自然程序，未可以失古意而非之也。至求二變之法，乃以角數三分之而益其一，爲變宮；再以變宮之數，三分之而損其一，爲變徵，其算式爲：

變宮　$64\times\frac{4}{3}=85\frac{1}{3}$

變徵　$85\frac{1}{3}\times\frac{2}{3}=56\frac{8}{9}$

茲據前述管子、史記論五音之言，試推演七音調之律度如后：（符號＞表半音）

管子	徵	羽	變宮 ＞	宮	商	角	變徵
	108	96	$85\frac{1}{3}$	81	72	64	$56\frac{8}{9}$

史記	宮	商	角	變徵 ＞	徵	羽	變宮
	81	72	64	$56\frac{8}{9}$	54	48	$42\frac{2}{3}$

觕略言之，五音調與七音調，爲我國數千年來音樂組織所用之主要調式。以宮調式而言，五音調於二整音之後，緊接一短三階，故其音甚爲溫輭纏綿，令人迴腸百轉。七音調則一連三整音並用，然後始用半音一轉，故其音近於剛健激昂，令人精神亢奮。因此之故，北人性情慷爽，故北曲喜用七音調，

而南人態度溫閒，故南曲喜用五音調也。

二、論律數

古籍記述十二律呂事，有管子地員篇、呂氏春秋音律篇、淮南子天文訓、史記律書、前後漢書律曆志及禮記月令注諸書，或記其生法，或記其律度，雖衆說枝蔓，而樂律制度已形成，如援引西樂理論，尚堪整理。

黃鐘、大呂、太簇、夾鐘、姑洗、仲呂、蕤賓、林鐘、夷則、南呂、無射、應鐘，合稱十二律，而以黃鐘統焉。漢書律曆志曰：「黃帝使伶倫自大夏之西，崑崙之陰，取竹於嶰谷，生其竅厚均者，斷兩節間而吹之，以爲黃鐘之宮，制十有二篇，以聽鳳之鳴。其雄鳴爲六，雌鳴亦六，此黃鐘之宮皆可以生之，是爲律本。」可見古時用長度有一定比率之竹管，以配合十二律之標準音，而以黃鐘爲基音。管長者音低，愈短則音愈高，恰與西樂十二音階之顫動數比率相反。

古稱黃鐘管長之說有三：呂氏春秋古樂篇曰：「黃帝命伶倫作爲律，自大夏之西，取竹於嶰谿之谷，以生空竅厚鈞者，斷其兩節間，其長三寸九分，而吹之以爲黃鐘之宮。」是黃鐘之宮，於各律爲最短。史記律書曰：「黃鐘長八寸十分一。」淮南子天文訓曰：「黃鐘之律九寸而宮音調因而九之，九九八十一，故黃鐘之數立焉。」孟康注漢書律曆志曰：「黃鐘長九寸，圍九分，以圍乘長，得積八十一。」是九寸與八寸十分一，似異而實同，而黃鐘之宮，又於各律爲最長矣。日人田邊尙雄，於所著中國音樂史第二章云：「絃之長九寸者，二等分之爲四寸五分，振動數正確爲二倍，正確出八度上之音。若依於管，則長九寸之管，二等分之，而作四寸五分之管，則不能如前正確出八度上之音。若以之實驗於圍九分律管之上觀之，以九寸之管，爲三寸九分，則正出八度上之音。若黃鐘之管長定爲三寸九分，或定九寸者，其律同，唯兩者僅爲八度音程上下者。」依田邊氏之實驗，則史漢所載者，爲正黃鐘之宮；呂氏春秋所載者，爲清黃鐘之宮，一爲C，一爲C′，其爲一個音級之同音，至爲顯著。吾國古籍所載，如續通典樂三，引王朴語「黃帝吹九寸之管，得黃鐘之聲，如樂之端也。半之，清聲也；倍之，緩聲也。」沈括夢溪補筆談卷十云：「黃鐘長九寸爲正聲，一尺八寸爲黃鐘濁宮，四寸五分爲黃鐘清宮，倍而長爲濁宮，倍而短爲清宮，餘律準此。」亦略同此義。所謂清聲爲高級音，所謂濁聲緩聲者爲低級音，正聲則爲中級音也。此外，所謂半黃鐘、清黃鐘者，均指高級之黃鐘音也。故曰黃鐘之管長，定爲三寸九分，或定爲九寸，其律同。唯自漢以後，黃鐘管長定爲九寸，圍九分孔徑三分，已成定論。

黃鐘律管長九寸，古書淮南子天文訓、前後漢書律曆志、鄭玄禮記月令注等，早有記載。此外有以八十一爲黃鐘之律數者，相當於西樂之音程値，以淮南子爲最早，晉書宋書沿用之。茲將各書所載十二律管之長度與律數，列表於次：

	淮南子	史記	前漢書	宋書晉書
黃鐘	八十一	八寸十分一	九寸	八十一
大呂	七十六	七寸五分三分二	八寸四分小分三弱	七十六
太簇	七十二	七寸十分二	八寸	七十二
夾鐘	六十八	六寸七分三分二	七寸四分小分九强	六十八
姑洗	六十四	六寸十分四	七寸一分小分一强	六十四
仲呂	六十	五寸九分三分二	六寸六分小分六弱	六十
蕤賓	五十七	五寸六分三分二	六寸三分小分二强	五十七
林鐘	五十四	五寸十分四	六寸	五十四
夷則	五十一	五寸三分二	五寸六分小分二弱	五十一
南呂	四十八	四寸十分八	五寸三分小分三强	四十八
無射	四十五	四寸四分三分二	四寸九分小分九强	四十五
應鐘	四十二	四寸二分三分二	四寸七分小分四强	四十三

按史記所載律數，原文頗有訛誤，上列數目，係依據蔡元定所校正者，「史記考證」嘗詳爲辨正，其言曰：

按律書此章所記分寸之法，與他說不同，以難曉，故多誤。蓋黃鐘之律九寸，一寸九分凡八十一分，又以十約之爲寸，故云八寸十分一，本作七分一者，誤也。今以相生次序列而正之，其應鐘以下則有小分，小分以三爲法，如歷家太少餘分强弱耳，其法未密也。……故隋志云寸數並同也。

是史記八寸十分一卽八寸一分，亦卽八十一分，故與淮南子之律數脗合。其餘三分一或三分二，律數取其成數，四捨五入也。後漢書用小分計，卽小數也。至淮南子應鐘，應爲四十三。

十二律管之長度與律數，以黃鐘爲律本，蓋由古代律呂相生之法則推演而來。律呂相生之法，已見呂氏春秋音律篇：「黃鐘生林鐘，林鐘生太簇，太簇生南呂，南呂生姑洗，姑洗生應鐘，應鐘生蕤賓，蕤賓生大呂，大呂生夷則，夷則生夾鐘，夾鐘生無射，無射生仲呂。三分所生益之一分以上生，三分所生去其一分以下生。黃鐘、大呂、太簇、夾鐘、姑洗、仲呂、蕤賓爲上；林鐘、夷則、南呂、無射、應鐘爲下。」據前述黃鐘大呂至無射應鐘之長度與次序，黃鐘至林鐘，其間相距八音（律）。蓋十二律與西樂相較，適爲七「本位音」，五「變化音」，卽七白鍵、五黑鍵也。故「黃鐘生林鐘」，卽黃鐘至林鐘爲五階（本位音），實爲西樂中「上五階」（Oberquinte）。「林鐘生太簇」，從林鐘再經八音回至太簇，實爲林鐘後退四階，西樂稱爲「下四階」（Unterquarte）。此種制度在吾國古樂中，前者稱「下生」，后者稱「上生」，求律用「三分損一」之法爲下生，「三分益一」之法爲上生，亦卽高音生低音爲上生，低音生高音爲下生也。茲據王光祈東西樂制之研究所示「進八退六圖」以釋呂氏春秋下生上生之論：

進八退六圖

下生（即前進八律。或名上五階）

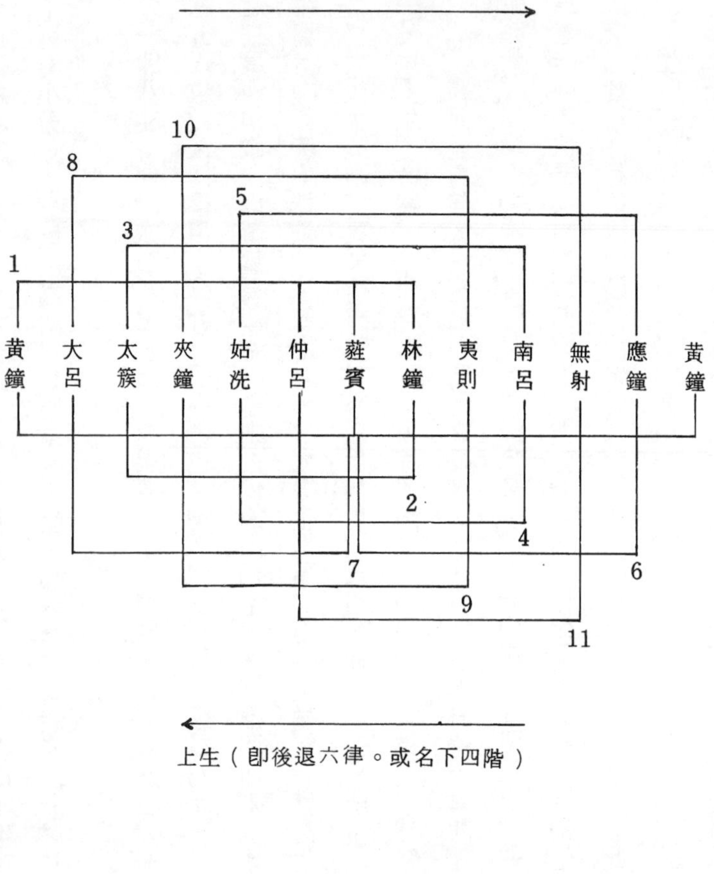

上生（即後退六律。或名下四階）

淮南子十二律數，亦依下生上生之法求得。天文訓曰：「黃鐘位子，其數八十一，主十一月；下生林鐘，林鐘之數五十四，主六月；上生太簇，太簇之數七十二，主正月；下生南呂，南呂之數四十八，主八月；上生姑洗，姑洗之數六十四，主三月；下生應鐘，應鐘之數四十二，主十月；上生蕤賓，蕤賓之數五十七，主五月；上生大呂，大呂之數七十六，主十二月；下生夷則，夷則之數五十一，主七月；上生夾鐘，夾鐘之數六十八，主二月；下生無射，無射之數四十五，主九月；上生仲呂，仲呂之數六十，主四月。」古以十二律配十二月，玆不具論。所謂下生上生者，卽史記生黃鐘篇所云：「術曰：以下生者（卽三分損一），倍其實，三其法（卽$\frac{2}{3}$）。以上生者（卽三分益一），四其實，三其法（卽$\frac{4}{3}$）。」如黃鐘九寸，下生林鐘，則九寸乘以三分之二，得六寸，卽林鐘之數也；又如林鐘六寸，上生太簇，則六寸乘以三分之四，得八寸，卽太簇之數也，餘律可類推。如黃鐘之數八十一，下生林鐘，則八十一乘以三分之二，得五十四，卽林鐘之數也。如林鐘上生太簇，則五十四乘以三分之四，得七十二，卽太簇之數也。玆爲明晰起見，試依律數演算如后：

生	律　數	算　　式	得　數
基數	黃鐘		81
下生	林鐘	$81\times\frac{2}{3}=\frac{162}{3}$	54
上生	太簇	$54\times\frac{4}{3}=\frac{216}{3}$	72
下生	南呂	$72\times\frac{2}{3}=\frac{144}{3}$	48
上生	姑洗	$48\times\frac{4}{3}=\frac{192}{3}$	64
下生	應鐘	$64\times\frac{2}{3}=\frac{128}{3}$	42.66
上生	蕤賓	$42.66\times\frac{4}{3}=\frac{170.66}{3}$	56.88
上生	大呂	$56.88\times\frac{4}{3}=\frac{288.52}{3}$	76.14
下生	夷則	$76.14\times\frac{2}{3}=\frac{152.28}{3}$	50.76
上生	夾鐘	$50.76\times\frac{4}{3}=\frac{203.04}{3}$	67.68
下生	無射	$67.68\times\frac{2}{3}=\frac{135.36}{3}$	45.02
上生	仲呂	$45.02\times\frac{4}{3}=\frac{180.08}{3}$	60.03

據各律所得之數，順序整理，正與淮南子、史記、晉書宋書等符合，惟史記取分數，餘皆取整數耳。

又史記律書「生鐘分」一篇，係用分數算式表明各律相生次序，其所記十二律數，亦可以下生上生之法核算之，惟大呂以下，上生下生有誤，應有所改正。史記律書生鐘分曰：「子一分。丑三分二。

寅九分八。卯二十七分十六。辰八十一分六十四。巳二百四十三分一百二十八。午七百二十九分五百一十二。未二千一百八十七分一千二十四。申六千五百六十一分四千九十六。酉一萬九千六百八十三分八千一百九十二。戌五萬九千四十九分三萬二千七百六十八。亥十七萬七千一百四十七分六萬五千五百三十六。」王光祈著東西樂制之研究，其乙編謂：「司馬遷計算法，恰與西洋用絃長表示音節高低之法，完全相同。譬如西洋算法，若以C絃（即黃鐘）之長爲1，則g絃（即林鐘）之長應爲$\frac{2}{3}$。同樣，d絃（即太簇）之長應爲$\frac{8}{9}$等等。只是司馬遷在（未）項之中，不應該用$\frac{2}{3}$去乘，應該用$\frac{4}{3}$去乘（因爲照中國古法該項應該上生的原故），因爲司馬遷自（未）項以下屢次乘錯的結果，故其所求得之大呂、夾鐘、仲呂三律，皆是一種『半律』（即是高一個音級之大呂、夾鐘、仲呂），與古代製造律管之法不合。」案蕤賓生大呂，應爲三分益一上生，始與律法合，而史遷之誤，實原於午與未之生鐘分（即蕤賓生大呂之序位），應爲四其實三其法，而誤爲二其實三其法。若於（未）項乘以$\frac{2}{3}$，則爲生鐘分篇之二千一百八十七分一千二十四，適爲「半律」。若乘以$\frac{4}{3}$，即得二千一百八十七分二千四百八十八之數，則適爲「合律」矣。玆依照律管損益法及王光祈所改正之未申酉戌亥生鐘分訂入（未）項之後，與史記所載者法同而實異。表如下：

基數	子	黃鐘 $=1$
下生	丑	林鐘 $=1\times\frac{2}{3}=\frac{2}{3}$
上生	寅	太簇 $=\frac{2}{3}\times\frac{4}{3}=\frac{8}{9}$
下生	卯	南呂 $=\frac{8}{9}\times\frac{2}{3}=\frac{16}{27}$
上生	辰	姑洗 $=\frac{16}{27}\times\frac{4}{3}=\frac{64}{81}$
下生	巳	應鐘 $=\frac{64}{81}\times\frac{2}{3}=\frac{128}{243}$
上生	午	蕤賓 $=\frac{128}{243}\times\frac{4}{3}=\frac{512}{729}$
上生	未	大呂 $=\frac{512}{729}\times\frac{4}{3}=\frac{2048}{2187}$
下生	申	夷則 $=\frac{2048}{2187}\times\frac{2}{3}=\frac{4096}{6561}$
上生	酉	夾鐘 $=\frac{4096}{6561}\times\frac{4}{3}=\frac{16384}{9683}$
下生	戌	無射 $=\frac{16384}{9683}\times\frac{2}{3}=\frac{32768}{59049}$
上生	亥	仲呂 $=\frac{32768}{59049}\times\frac{4}{3}=\frac{131072}{177147}$

除上述史記生鐘分一篇外，後漢書律曆志尚別有算律之法，其法以「十七萬七千一百四十七」一數爲黃鐘之實。黃鐘之實既得，又以二乘而三約之，是爲下生林鐘之實。又以四乘而三約之，是爲上生太簇之實，推此以下，逐次以定十二律之實。此法係自淮南子一書啓之，淮南子天文訓曰：「故置一而十一三之，爲積分十七萬七千一百四十七，黃鐘大數立焉」，換言之，即用十一個三乘一，其數爲十七萬七千一百四十七，是爲黃鐘之數也。茲推衍其式如后：

黃鐘	177147
下生	
林鐘	$177147 \times \frac{2}{3} = 118098$
上生	
太簇	$118098 \times \frac{4}{3} = 157464$
下生	
南呂	$157464 \times \frac{2}{3} = 104976$
上生	
姑洗	$104976 \times \frac{4}{3} = 139968$
下生	
應鐘	$139968 \times \frac{2}{3} = 93312$
上生	
蕤賓	$93312 \times \frac{4}{3} = 124416$
上生	
大呂	$124416 \times \frac{4}{3} = 165888$
下生	
夷則	$165888 \times \frac{2}{3} = 110592$
上生	
夾鐘	$110592 \times \frac{4}{3} = 147456$
下生	
無射	$147456 \times \frac{2}{3} = 98304$
上生	
仲呂	$98304 \times \frac{4}{3} = 131072$

若依各律之高低，重加排列，則其式爲：

黃鐘	177147
大呂	165888
太簇	157464
夾鐘	147456
姑洗	139968
仲呂	131072
蕤賓	124416
林鐘	118098
夷則	110592
南呂	104976
無射	98304
應鐘	93312

黃鐘之音最低，律管最長，故其爲數亦最大。應鐘之音最高，律管最短，故其爲數亦最小，觀此表其理固昭然若揭矣。

惟吾國古代用律管正音之法，未克臻於精確，蓋除管長之外，尚有管徑與管厚等因素，均可影響音色之高下。漢代京房用絃長定律，類於西法，黃鐘絃長九尺，其餘各律，以史記生鐘分率數分別乘之卽得，此法較爲進步。又依十二律下生上生，最後不應至仲呂爲止，再退四步上生，應還原黃鐘之數，第以仲呂之數四乘而三約之，不能還原至黃鐘一分之數，卽略高於原黃鐘之音也。京房洞悉此疵點，遂加以調整，增爲六十律，南北朝宋錢樂之更晉爲三百六十律，愈演愈繁瑣。至宋蔡元定則定爲十八律以簡之，明朱載堉作律品精義，仿西法改定爲十二平均律，俱未用。今舉十二律，餘皆從略。

第三節　宮調之組成

吾人欲究詰宮調之理，宜先明乎旋宮之法。考旋宮之說，始見於禮記禮運篇，禮記之前不聞焉。論語，古書之古而可信者也，律呂字樣，亦且無之。孟子，亦古書之古而可信者也，惟僅有不以六律不能正五音一語耳。管子號爲春秋之書，其實乃戰國時作品，與孟子同爲言律呂最早之書，而未嘗有旋宮之說。左傳、國語，七律五間之說備矣，而亦未嘗有旋宮之說焉。陵夷至於秦氏呂不韋爲書，於樂理之發揮，古樂之探討，聲音之分科，堪稱大備，於律呂相生之法，尤諄諄焉，而亦未嘗有旋宮之說也。故今論旋宮，自禮記始。

禮記禮運篇云：「五聲六律十二管，還相爲宮也。」（還通旋）五聲者，宮商角徵羽也；六律者，十二律中之奇數各律也，此所謂「六律」，蓋兼包偶數各律之「六呂」（即六同）而言，所謂十二管是也。五聲旋轉於十二律中，得六十調，五聲加二變爲七聲，七聲旋轉於十二律中，得八十四調，此卽禮運篇旋宮之理想論也。然十二律非平均律（晉何承天、明朱載堉雖有平均十二律之理論，惜均未見諸實行），六十調或八十四調可用者甚少，故旋宮之法，旋作旋廢，如杜佑通典云：「旋宮之樂久喪，漢章帝建初三年，鮑鄴始請用之，順帝陽嘉二年復廢。累代會黃鐘一均，變極七音，則五鐘廢而不擊，反謂之啞鐘。」則自漢以後，八十四調所存者，惟黃鐘宮聲一調而已。其後梁武帝蕭衍造四通十二笛，又復旋宮之制。舊五代史樂志云：「梁武帝素精音律，自造四通十二笛，以鼓八音，又引古五正二變之音，旋相爲宮，得八十四調，與律準所調，音同數異。侯景之亂，其音又絕。隋朝初定雅樂，群黨詛議，歷載不成，而沛公鄭譯因龜兹琵琶七音，以應月律五正二變，七調克諧，旋相爲宮，復爲八十四調。」是則鄭譯推演龜兹琵琶之聲，而定爲旋宮之樂者也。隋唐後，燕樂以琵琶四絃應宮、商、角、羽四調而無徵調（註八），而十二律之相乘於四聲者，亦僅黃鐘、大呂、夾鐘、仲呂、林鐘、夷則、無射而已，其餘五律，猶古之啞鐘也。是則四聲旋轉於七律之中，不過二十八調耳（註九）。宋仁宗景祐樂髓新經增正角、變徵、正徵爲七調，並補太簇、姑洗、蕤賓、南呂、應鐘爲十二律，復爲八十四調，然仍有其名而無其實也。

由前述禮記禮運所載旋宮之言，知宮音位置可以移易，而此種現象，卽謂之旋宮。樂書要錄云：

「夫旋相爲宮者，舉其一隅耳。若窮論聲意，亦當旋相爲商，旋相爲角，餘聲亦爾，故一律得其七聲。」是指宮音以外，另取他音爲曲中主音之作曲法而言，此謂之轉調。周禮春官大司樂云：「凡樂，圜鐘（卽夾鐘）爲宮，黃鐘爲角，太簇爲徵，姑洗爲羽。」用於祀天神；「凡樂，函鐘（卽林鐘）爲宮，太簇爲角，姑洗爲徵，南呂爲羽。」用於祭地示；「凡樂，黃鐘爲宮，大呂爲角，太簇爲徵，應鐘爲羽。」用於享人鬼（註一〇）。是不同之宮與不同之調，實際應用之例證也。故知旋宮之樂，以宮聲乘律者曰「宮」，以商、角、徵、羽等乘律者統稱曰「調」，此後世所以有宮調之名義也。

宮調之理甚簡，而世都爲陳言瞽說所晦，論者愈衆，歧誤愈甚，誠所謂治絲益棼，心目俱亂者也。實則音律與旋宮之法既明，則宮調之理已不難索知。試以五音調與七音調之基本形態論之，以推其槪。

五音調，如各音起調一次，計有宮調、商調、角調、徵調、羽調等五種調式，茲表列於上：

宮調	宮一商一角〰徵一羽〰宮（以宮爲主）
商調	商一角〰徵一羽〰宮一商（以商爲主）
角調	角〰徵一羽〰宮一商一角（以角爲主）
徵調	徵一羽〰宮一商一角〰徵（以徵爲主）
羽調	羽〰宮一商一角〰徵一羽（以羽爲主）

表中符號，直線示兩音距離爲一全音，曲線則示兩音距離爲一全音又一半音。上述五種調式，任何一種旋宮十二次，可得十二調。如宮調，以黃鐘爲宮，謂之黃鐘宮（卽以黃鐘爲宮之宮音起調也）；以大呂爲宮者，謂之大呂宮；以太簇爲宮者，謂之太簇宮；以夾鐘爲宮者，謂之夾鐘宮；以姑

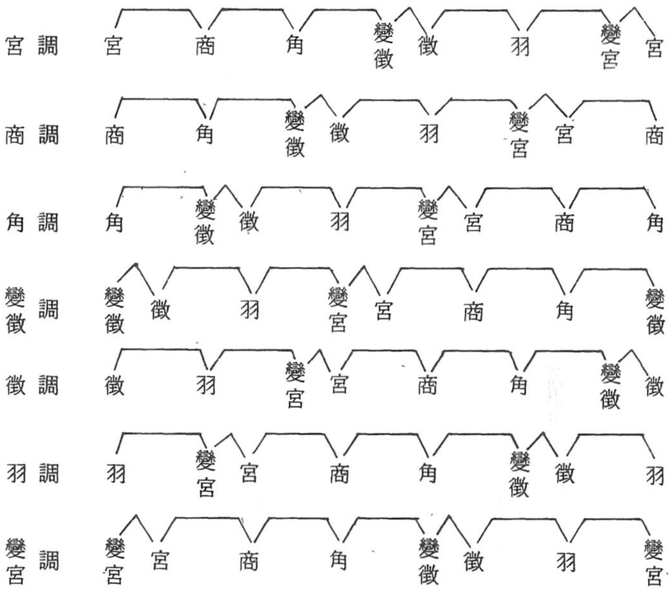

洗爲宮者，謂之姑洗宮；餘類推，凡得十二調。又如商調，以黃鐘爲宮者，謂之黃鐘商（卽以黃鐘爲宮之商音起調也）；以大呂爲宮者，謂之大呂商；以太簇爲宮者，謂之太簇商；以夾鐘爲宮者，謂之夾鐘商；以姑洗爲宮者，謂之姑洗商；餘類推，亦得十二調。如是，則五種調式應用十二律旋相爲宮之法，總計可得六十調。

準此，七音調如各音起調一次，則有上列七種組織形式。

表中符號，⌒表兩音距離爲一全音，∧表兩者距離爲一半音。上述七種調式，如加以十二律旋相爲宮之法，總計可得八十四調。玆將王光祈「東西樂制之硏究」所載五音調與七音調之旋宮法，迻錄於左，以供參鏡：

（甲）五音調之旋宮法

第　一　表

⑴ 宮調十二種（皆以宮爲基音）	宮	商	角	徵	羽	宮
(子) 以黃鐘爲宮	黃	太	姑	林	南	黃
(丑) 以大呂爲宮	大	夾	中	夷	無	大
(寅) 以太簇爲宮	太	姑	蕤	南	應	太
(卯) 以夾鐘爲宮	夾	中	林	無	黃	夾
(辰) 以姑洗爲宮	姑	蕤	夷	應	大	姑
(巳) 以中呂爲宮	中	林	南	黃	太	中
(午) 以蕤賓爲宮	蕤	夷	無	大	夾	蕤
(未) 以林鐘爲宮	林	南	應	太	姑	林
(申) 以夷則爲宮	夷	無	黃	夾	中	夷
(酉) 以南呂爲宮	南	應	大	姑	蕤	南
(戌) 以無射爲宮	無	黃	太	中	林	無
(亥) 以應鐘爲宮	應	大	夾	蕤	夷	應

第　二　表

⑵ 商調十二種（皆以商爲基音）	商	角	徵	羽	宮	商
(子) 以黃鐘爲宮	太	姑	林	南	黃	太
(丑) 以大呂爲宮	夾	中	夷	無	大	夾
(寅) 以太簇爲宮	姑	蕤	南	應	太	姑
(卯) 以夾鐘爲宮	中	林	無	黃	夾	中
(辰) 以姑洗爲宮	蕤	夷	應	大	姑	蕤
(巳) 以中呂爲宮	林	南	黃	太	中	林

(午)	以蕤賓爲宮	夷	無	大	夾	蕤	夷
(未)	以林鐘爲宮	南	應	太	姑	林	南
(申)	以夷則爲宮	無	黃	夾	中	夷	無
(酉)	以南呂爲宮	應	大	姑	蕤	南	應
(戌)	以無射爲宮	黃	太	中	林	無	黃
(亥)	以應鐘爲宮	大	夾	蕤	夷	應	大

第　三　表

⑶ 角調十二種（皆以角爲基音）		角	徵	羽	宮	商	角
(子)	以黃鐘爲宮	姑	林	南	黃	太	姑
(丑)	以大呂爲宮	中	夷	無	大	夾	中
(寅)	以太簇爲宮	蕤	南	應	太	姑	蕤
(卯)	以夾鐘爲宮	林	無	黃	夾	中	林
(辰)	以姑洗爲宮	夷	應	大	姑	蕤	夷
(巳)	以中呂爲宮	南	黃	太	中	林	南
(午)	以蕤賓爲宮	無	大	夾	蕤	夷	無
(未)	以林鐘爲宮	應	太	姑	林	南	應
(申)	以夷則爲宮	黃	夾	中	夷	無	黃
(酉)	以南呂爲宮	大	姑	蕤	南	應	大
(戌)	以無射爲宮	太	中	林	無	黃	太
(亥)	以應鐘爲宮	夾	蕤	夷	應	大	夾

第　四　表

⑷ 徵調十二種（皆以徵爲基音）		徵	羽	宮	商	角	徵
(子)	以黃鐘爲宮	林	南	黃	太	姑	林

(丑)	以大呂爲宮	夷	無	大	夾	中	夷
(寅)	以太簇爲宮	南	應	太	姑	蕤	南
(卯)	以夾鐘爲宮	無	黃	夾	中	林	無
(辰)	以姑洗爲宮	應	大	姑	蕤	夷	應
(巳)	以中呂爲宮	黃	太	中	林	南	黃
(午)	以蕤賓爲宮	大	夾	蕤	夷	無	大
(未)	以林鐘爲宮	太	姑	林	南	應	太
(申)	以夷則爲宮	夾	中	夷	無	黃	夾
(酉)	以南呂爲宮	姑	蕤	南	應	大	姑
(戌)	以無射爲宮	中	林	無	黃	太	中
(亥)	以應鐘爲宮	蕤	夷	應	大	夾	蕤

第五表

(5)	羽調十二種（皆以羽爲基音）	羽	宮	商	角	徵	羽
(子)	以黃鐘爲宮	南	黃	太	姑	林	南
(丑)	以大呂爲宮	無	大	夾	中	夷	無
(寅)	以太簇爲宮	應	太	姑	蕤	南	應
(卯)	以夾鐘爲宮	黃	夾	中	林	無	黃
(辰)	以姑洗爲宮	大	姑	蕤	夷	應	大
(巳)	以中呂爲宮	太	中	林	南	黃	太
(午)	以蕤賓爲宮	夾	蕤	夷	無	大	夾
(未)	以林鐘爲宮	姑	林	南	應	太	姑
(申)	以夷則爲宮	中	夷	無	黃	夾	中
(酉)	以南呂爲宮	蕤	南	應	大	姑	蕤
(戌)	以無射爲宮	林	無	黃	太	中	林

(亥) 以應鐘爲宮　夷　應　大　夾　蕤　夷

以上共計五音調六十種。

（乙）七音調之旋宮法

第六表

(1) 宮調十二種	宮	商	角	變徵	徵	羽	變宮	宮
（皆以宮爲基音）								
(子) 以黃鐘爲宮	黃	太	姑	蕤	林	南	應	黃
(丑) 以大呂爲宮	大	夾	中	林	夷	無	黃	大
(寅) 以太簇爲宮	太	姑	蕤	夷	南	應	大	太
(卯) 以夾鐘爲宮	夾	中	林	南	無	黃	太	夾
(辰) 以姑洗爲宮	姑	蕤	夷	無	應	大	夾	姑
(巳) 以中呂爲宮	中	林	南	應	黃	太	姑	中
(午) 以蕤賓爲宮	蕤	夷	無	黃	大	夾	中	蕤
(未) 以林鐘爲宮	林	南	應	大	太	姑	蕤	林
(申) 以夷則爲宮	夷	無	黃	太	夾	中	林	夷
(酉) 以南呂爲宮	南	應	大	夾	姑	蕤	夷	南
(戌) 以無射爲宮	無	黃	太	姑	中	林	南	無
(亥) 以應鐘爲宮	應	大	夾	中	蕤	夷	無	應

第七表

(2) 商調十二種	商	角	變徵	徵	羽	變宮	宮	商
（皆以商爲基音）								
(子) 以黃鐘爲宮	太	姑	蕤	林	南	應	黃	太
(丑) 以大呂爲宮	夾	中	林	夷	無	黃	大	夾

(寅)	以太簇爲宮	姑	蕤	夷	南	應	大	太	姑
(卯)	以夾鐘爲宮	中	林	南	無	黃	太	夾	中
(辰)	以姑洗爲宮	蕤	夷	無	應	大	夾	姑	蕤
(巳)	以中呂爲宮	林	南	應	黃	太	姑	中	林
(午)	以蕤賓爲宮	夷	無	黃	大	夾	中	蕤	夷
(未)	以林鐘爲宮	南	應	大	太	姑	蕤	林	南
(申)	以夷則爲宮	無	黃	太	夾	中	林	夷	無
(酉)	以南呂爲宮	應	大	夾	姑	蕤	夷	南	應
(戌)	以無射爲宮	黃	太	姑	中	林	南	無	黃
(亥)	以應鐘爲宮	大	夾	中	蕤	夷	無	應	大

第　八　表

(3) 角調十二種		角	變徵	徵	羽	變宮	宮	商	角
（皆以角爲基音）									
(子)	以黃鐘爲宮	姑	蕤	林	南	應	黃	太	姑
(丑)	以大呂爲宮	中	林	夷	無	黃	大	夾	中
(寅)	以太簇爲宮	蕤	夷	南	應	大	太	姑	蕤
(卯)	以夾鐘爲宮	林	南	無	黃	太	夾	中	林
(辰)	以姑洗爲宮	夷	無	應	大	夾	姑	蕤	夷
(巳)	以中呂爲宮	南	應	黃	太	姑	中	林	南
(午)	以蕤賓爲宮	無	黃	大	夾	中	蕤	夷	無
(未)	以林鐘爲宮	應	大	太	姑	蕤	林	南	應
(申)	以夷則爲宮	黃	太	夾	中	林	夷	無	黃
(酉)	以南呂爲宮	大	夾	姑	蕤	夷	南	應	大

㈶	以無射爲宮	太	姑	中	林	南	無	黃	太
㈷	以應鐘爲宮	夾	中	蕤	夷	無	應	大	夾

第 九 表

⑷ 變徵調十二種		變徵	徵	羽	變宮	宮	商	角	變徵
（皆以變徵爲基音）									
㈠	以黃鐘爲宮	蕤	林	南	應	黃	太	姑	蕤
㈡	以大呂爲宮	林	夷	無	黃	大	夾	中	林
㈢	以太簇爲宮	夷	南	應	大	太	姑	蕤	夷
㈣	以夾鐘爲宮	南	無	黃	太	夾	中	林	南
㈤	以姑洗爲宮	無	應	大	夾	姑	蕤	夷	無
㈥	以中呂爲宮	應	黃	太	姑	中	林	南	應
㈦	以蕤賓爲宮	黃	大	夾	中	蕤	夷	無	黃
㈧	以林鐘爲宮	大	太	姑	蕤	林	南	應	大
㈨	以夷則爲宮	太	夾	中	林	夷	無	黃	太
㈩	以南呂爲宮	夾	姑	蕤	夷	南	應	大	夾
㈶	以無射爲宮	姑	中	林	南	無	黃	太	姑
㈷	以應鐘爲宮	中	蕤	夷	無	應	大	夾	中

第 十 表

⑸ 徵調十二種		徵	羽	變宮	宮	商	角	變徵	徵
（皆以徵爲基音）									
㈠	以黃鐘爲宮	林	南	應	黃	太	姑	蕤	林

(丑)	以大呂爲宮	夷	無	黃	大	夾	中	林	夷
(寅)	以太簇爲宮	南	應	大	太	姑	蕤	夷	南
(卯)	以夾鐘爲宮	無	黃	太	夾	中	林	南	無
(辰)	以姑洗爲宮	應	大	夾	姑	蕤	夷	無	應
(巳)	以中呂爲宮	黃	太	姑	中	林	南	應	黃
(午)	以蕤賓爲宮	大	夾	中	蕤	夷	無	黃	大
(未)	以林鐘爲宮	太	姑	蕤	林	南	應	大	太
(申)	以夷則爲宮	夾	中	林	夷	無	黃	太	夷
(酉)	以南呂爲宮	姑	蕤	夷	南	應	大	夾	姑
(戌)	以無射爲宮	中	林	南	無	黃	太	姑	中
(亥)	以應鐘爲宮	蕤	夷	無	應	大	夾	中	蕤

第十一表

(6) 羽調十二種		羽	變宮	宮	商	角	變徵	徵	羽
（皆以羽爲基音）									
(子)	以黃鐘爲宮	南	應	黃	太	姑	蕤	林	南
(丑)	以大呂爲宮	無	黃	大	夾	中	林	夷	無
(寅)	以太簇爲宮	應	大	太	姑	蕤	夷	南	應
(卯)	以夾鐘爲宮	黃	太	夾	中	林	南	無	黃
(辰)	以姑洗爲宮	大	夾	姑	蕤	夷	無	應	大
(巳)	以中呂爲宮	太	姑	中	林	南	應	黃	太
(午)	以蕤賓爲宮	夾	中	蕤	夷	無	黃	大	夾
(未)	以林鐘爲宮	姑	蕤	林	南	應	大	太	姑

(申)	以夷則爲宮	中	林	夷	無	黃	太	夾	中
(酉)	以南呂爲宮	蕤	夷	南	應	大	夾	姑	蕤
(戌)	以無射爲宮	林	南	無	黃	太	姑	中	林
(亥)	以應鐘爲宮	夷	無	應	大	夾	中	蕤	夷

第十二表

⑺	變宮調十二種	變宮	宮	商	角	變徵	徵	羽	變宮
	（皆以變宮爲基音）								
(子)	以黃鐘爲宮	應	黃	太	姑	蕤	林	南	應
(丑)	以大呂爲宮	黃	大	夾	中	林	夷	無	黃
(寅)	以太簇爲宮	大	太	姑	蕤	夷	南	應	大
(卯)	以夾鐘爲宮	太	夾	中	林	南	無	黃	太
(辰)	以姑洗爲宮	夾	姑	蕤	夷	無	應	大	夾
(巳)	以中呂爲宮	姑	中	林	南	應	黃	太	姑
(午)	以蕤賓爲宮	中	蕤	夷	無	黃	大	夾	中
(未)	以林鐘爲宮	蕤	林	南	應	大	太	姑	蕤
(申)	以夷則爲宮	林	夷	無	黃	太	夾	中	林
(酉)	以南呂爲宮	夷	南	應	大	夾	姑	蕤	夷
(戌)	以無射爲宮	南	無	黃	太	姑	中	林	南
(亥)	以應鐘爲宮	無	應	大	夾	中	蕤	夷	無

以上共計七音調八十四種

古人雖有由旋宮以得十二調之理論，但多有其名而無其實，實際並未盡用。雅樂相傳自劉漢來所實用者，惟黃鐘一均耳。然自六朝以降，受外樂影響，樂調急遽翻新，益之胡調併行，調之意義更趨複襍，前此曲調中，宮音以外之聲律不認作調首者，至此已通用爲調首矣。隋初當樂調混淆之際，有關雅俗樂之興替問題，諸說紛紜，前後互歷九年之開皇樂議，卽以此聚訟；有力主採用七調者（如鄭譯）；有倡議雅樂限於宮調者（如何妥牛弘），莫衷一是，其結果隋代雅樂唯奏黃鐘一宮，而俗樂則兼用商、角、徵、羽諸調，遂導致唐宋燕樂空前之輝煌，對詞體之醞釀以至形成，影響甚鉅。

第四節　隋唐雅樂清樂與燕樂音階之嬗變

漢樂府採用胡曲俗樂，而有雅樂之名。雅樂者，華夏正聲，三代之樂也，與俗樂對舉。漢書禮樂志云：「河間獻王……因獻所集雅樂，天子下大樂官，常存肄之，歲時以備數，然不常御，今漢郊廟詩歌，未有祖宗之事，八音調均，又不協鐘律。內有掖庭材人，外有上林樂府，皆以鄭聲施於朝廷。」此所謂鄭聲，殆指胡曲俗樂而言。曹操平荆州，得漢雅樂郎杜夔，魏志云：「太祖以杜夔爲軍謀祭酒，參太樂事，因令創制雅樂。夔善鐘律，聰思過人，絲竹八音，靡所不能，唯歌舞非所長……復先代之樂，皆自夔始也。」所謂歌舞，殆亦指胡曲俗樂而言。隋書音樂志曰：「開皇九年，平陳，獲宋齊舊樂，詔於太常置清商署以管之。」又云：「清樂，其始卽清商三調也，並漢以來舊曲，樂器形制，並歌章古辭，與魏三祖所作者，皆被于史籍。晉朝遷播，符永固平張氏，始於涼州得之，宋武平關中，因而入南，不復存於內地。及平陳後獲之，高祖聽之，善其節奏，曰：此華夏正聲也。」所謂清商，乃漢魏六朝之清商曲，亦名清樂，當時雅樂清樂，悉涉胡戎之伎，隋志又云：「（鄭）譯又與（蘇）夔俱云：按今樂府黃鐘，乃以林鐘爲調首，失君臣之義。清樂黃鐘宮以小呂爲變徵，乖相生之道。今請雅樂黃鐘宮以黃鐘爲調首，清樂去小呂還用蕤賓，衆皆從之。」又隋書牛弘傳，弘曰：「今現行之樂，用黃鐘之宮，乃以林鐘爲調，與古曲有違。」觀此，知當時雅樂清樂均視古律有出入，蓋受胡樂之影響也。

今樂府指隋之雅樂，清樂乃清商署之樂。隋雅樂以林鐘爲調首，卽以黃鐘爲宮之徵音起調也。禮記以「宮爲君，商爲臣，角爲民，徵爲事，羽爲物」，故曰失君臣之義也。隋清樂黃鐘宮，以小呂（卽仲呂）爲變徵，卽所謂「陰陽易位」，按三分損益、隔八相生之理，黃鐘生林鐘，林鐘生太簇，太簇生南呂，南呂生姑洗，姑洗生應鐘，應鐘生蕤賓，而非仲呂，故曰乖相生之道。夫徵調，今泰西之大調也，大調以「獨覽梅花掃臘雪」協「徵羽閏宮商角變」，則獨生掃，掃生覽，覽生臘，臘生梅，梅生高花，而不可生花，所謂乖相生之道也，然其調則美於宮聲。隋志樂府黃鐘，清樂黃鐘宮，皆奏徵聲，是豈孟子所謂「天下之耳期於師曠」歟？試爲圖以明之：

西樂	C		D		E	F		G		A		B	C
古律	黃鐘 宮	大呂	太簇 商	夾鐘	姑洗 角	仲呂	蕤賓 變徵	林鐘 徵	夷則	南呂 羽	無射	應鐘 變宮	黃鐘 宮
隋雅樂	林鐘 徵	夷則	南呂 羽	無射	應鐘 變宮	黃鐘 宮	大呂	太簇 商	夾鐘	姑洗 角	仲呂	蕤賓 變徵	林鐘 徵
隋清樂	黃 宮	大	太 商	夾	姑 角	仲 變徵	蕤	林 徵	夷	南 羽	無	應 變宮	黃 宮

隋雅樂以黃鐘配古律仲呂爲宮音，而以林鐘爲調首，卽相當於古律仲呂均徵調也（註一一）。其音階恰與西樂之三度四度間及七度八度間之半音若合符節。古律黃鐘爲宮，爲調首，則蕤賓爲變徵，林鐘爲徵，半音位於四度五度之間，卽西樂F G之間，當不適於胡樂之演奏。今以林鐘爲調首之徵調，則變宮與宮，位於三四度，而變徵與徵，位於七八度，正與西樂之音階契合無間，惟以林鐘爲調首而遭訾議。至清樂黃鐘爲宮，將蕤賓之變徵移下一律爲仲呂，相當於西樂F，三四度半音之位置，與西樂合，但以有乖相生之道，不合古律。然此類新音階實爲樂律組織上之進步現象，惜夫鄭譯以古音階爲背景，遂詆訶之，其後燕樂中仍用徵調式與仲呂爲變徵，足徵爲自然之趨勢也。

燕樂原爲古代讌享所用之樂，應屬雅樂。隋

唐樂曲，以俗樂爲中心，或用胡曲，或用清胡糅雜之俗樂，統名之曰燕樂。燕樂之源，出於龜兹琵琶。隋書音樂志云：「開皇二年……（鄭）譯云：考尋樂府鐘石律呂，皆有宮商角徵羽變宮變徵之名，七聲之內，三聲乖應，每恆求訪，終莫能通。先是周武帝時，有龜兹人曰蘇祗婆，從突厥皇后入國，善胡琵琶，聽其所奏，一均之中，間有七聲，因而問之，答曰：父在西域，稱爲知音，代相傳習，調有七種。以其七調，勘校七聲，實若合符。一曰娑陁力，華言平聲，卽宮聲也。二曰雞識，華言長聲，卽南呂聲也（王光祈按：疑是商聲二字之誤，但唐杜佑通典亦爲南呂聲三字，或係以林鐘爲宮之故）。三曰沙識，華言質直聲，卽角聲也。四曰沙侯加濫，華言應聲，卽變徵聲也。五曰沙臘，華言應和聲，卽徵聲也。六曰般贍，華言五聲，卽羽聲也。七曰俟利箑，華言斛牛聲，卽變宮聲也。譯因習而彈之，始得七聲之正。然其就此七調，又有五旦之名，旦作七調，以華言譯之，旦者則謂均也。其聲亦應黃鐘、太簇、林鐘、南呂、姑洗五均，已外七律，更無調聲。譯遂因其所捻琵琶，絃柱相飮爲均，推演其聲，更立七均，合成十二，以應十二律。律有七音，音立一調，故成七調，十二律合八十四調。旋轉相交，盡皆和合，仍以其聲考校太樂所奏林鐘之宮，應用林鐘爲宮，乃用黃鐘爲宮；應用南呂爲商，乃用太簇爲商；應用應鐘爲角，乃取姑洗爲角。故林鐘一宮七聲，二聲並戾，其十一宮七十七音，例皆乖越，莫有通者。」是卽以太樂之變徵爲宮，徵調還爲宮聲也。太樂所奏林鐘之宮，名曰宮聲，實爲徵調。應用林鐘爲宮，乃用黃鐘爲宮，猶清樂應用黃鐘爲宮，燕樂乃以仲呂爲宮也。試爲圖以明之：

呂律	黃	大	太	夾	姑	仲	蕤	林	夷	南	無	應	清黃	清大	清太	清夾
太樂	下變		下徵		下羽		下閏	宮		商		角	變		徵	
鄭譯	宮		商		角		變	徵		羽		閏	宮		商	

雅樂原以黃鐘爲律本，而太樂宮聲起於林鐘，是則以雅樂之徵聲爲宮，實爲林鐘徵調，而仍名之曰林鐘之宮。鄭譯所立之調，蓋還爲雅樂黃鐘之宮也；而隋志乃以爲「一宮七聲，二聲並戾」，是謂鄭譯之聲與太樂並戾，變徵聲互差六律，餘皆互差五律也。其餘十一宮七十七音，悉皆如此（註一二）。又太樂所示林鐘徵調，實爲前代清樂音階，隋書牛弘傳云：「今所用林鐘，是勗下徵之調。」考晉書律曆志載荀勗奏議云：「下徵調法，林鐘爲宮，南呂爲商，應鐘爲角，黃鐘爲變徵（註一三），太簇爲徵，姑洗爲羽，蕤賓爲變宮。」所論與隋志鄭譯校正太樂之語正合，然則隋代雅樂受俗樂影響，可無疑也。

唐書禮樂志曰：「自周陳以上，雅鄭淆雜而無別。隋文帝始分雅俗二部，至唐更曰部當，凡所謂俗樂者二十八調。」又云：「其宮調乃應夾鐘之律，燕設用之。」宋樂承隋唐，宋史樂志云：「蔡元定嘗爲燕樂一書，證俗失以存古義，今采其略附於下：黃鐘用合字，大呂太簇用四字，夾鐘姑洗用一字，夷則南呂用工字，無射應鐘用凡字，各以上下分爲清濁。其中呂蕤賓林鐘，不可以上下分，中呂用上字，蕤賓用勾字，林鐘用尺字。其黃鐘清用六字，大呂太簇夾鐘清，各用五字，而以下上緊別之。緊五者夾鐘清聲，俗樂以爲宮，此其取律寸律數，用字紀聲之略也。一宮，二商，三角，四變爲宮，五徵，六羽，七

字譜	合	下四	上四	下一	上一	上	勾	尺	下工	上工	下凡	上凡	六	下五	上五	緊五		
雅樂	黃	大	太	夾	姑	仲	蕤	林	夷	南	無	應	清黃	清大	清太	清夾		
引古爲喻	宮		商		角	變		徵		羽	閏		宮		商			
西樂	C		D		E	F		G		A		B	C					
燕律			黃	大	太	夾	姑	仲	蕤	林	夷	南	無	應	清黃	清大	清太	清夾
燕樂						宮		商		角	變		徵		羽	閏		宮

閏爲角，五聲之號，與雅樂同，惟變徵，以於十二律中陰陽易位，故謂之變。變宮，以七聲所不及，取閏餘之義，故謂之閏。四變居宮聲之對，故爲宮。俗樂以閏爲正聲，以閏加變，故閏爲角，而實非正角，此其七聲高下之略也。聲由陽來，陽生於子終於午。燕樂以夾鐘收四聲，曰宮，曰商，曰羽，曰閏。閏爲角，其正角聲，變聲，徵聲，皆不收，而獨用夾鐘爲律本，此其夾鐘收四聲之略也。」蔡氏所述之燕樂樂制，其使人不易索解者，厥爲「四變爲宮」、「七閏爲角」與「陰陽易位」數語，欲究其眞相何如？試先爲一圖以明之，然後參酌王光祈、張瘦石（註一四）二氏之說，詮釋於上。

蔡氏文中解釋字譜與古律之關係，甚爲明晰，毋待辭費。至所謂陰陽易位者，即變徵原用蕤賓陽律，而改用仲呂陰律，故變實爲清角，閏實爲清羽，角變與羽閏，皆二律相連也。所謂四變爲宮者，即引古爲喻，以古樂之變，爲燕樂之宮也，惟古樂以黃鐘爲律本，燕樂則以夾鐘爲律本耳。又燕樂既以古律仲呂、燕律夾鐘爲宮，故其調式適爲古律徵調矣。所謂

律名	黃	大	太	夾	姑	仲	蕤	林	夷	南	無	應	清黃
古樂音階	宮		商		角		變徵	徵		羽		變宮	宮
隋清樂音階	宮		商		角	變徵		徵		羽		變宮	宮
燕樂音階	宮		商		角	變		徵		羽	閏		宮

七閏爲角者，卽變宮原爲應鐘，而以古律七聲所不及之無射爲變宮，相當於燕律之淸角（卽變徵）也。據上表觀之，唐宋燕樂較雅樂高二律，益以仲呂爲夾鐘，卽以太簇爲黃鐘也，適高二律。又變徵旣下一律，與角適成三四度間之半音，與隋淸樂以仲呂爲變徵正相同。惟變宮亦移下一律爲閏，於是本合於西樂七八度間之半音，以移至六七度間而不能協調矣。觀此，知燕樂所用音階，乃據隋淸樂而變者，其半音在三度四度與六度七度之間，玆借雅樂律名，爲圖以明之。

由本節所述雅樂、淸樂與燕樂音階之演變，以觀隋唐兩宋音樂之共同趨勢，似正謀兼顧雅俗樂律而別創協調之新音階，此實樂律進步之自然發展也。

第五節　燕樂二十八調述略

燕樂二十八調之名，始見於唐段安節樂府雜錄「別樂識五音輪二十八調圖」，其言云：

平聲羽七調：第一運（均）中呂調，第二運正平調，第三運高平調，第四運仙宮調，第五運黃鐘調，第六運般涉調，第七運高般涉調。上聲角七調：第一運越角調，第二運大石角調，第三運高大石角調，第四運雙角調，第五運小石角調亦名正角調，第六運歇指角調，第七運林鐘角調。去聲宮七調：第一運正宮調，第二運高宮調，第三運中呂宮，第四運道調宮，第五運南呂宮，第六運仙呂宮，第七運黃鐘宮。入聲商七調：第一運越調，第二運大石調，第三運高大石調，第四運雙調，第五運小石調，第六運歇指調，第七運林鐘商。上平聲調，爲徵聲。商角同用，宮逐羽音。」

按樂府雜錄四聲之次序爲羽、角、宮、商，蓋唐人四絃琵琶定音，第一絃羽，第二絃角或閏，第三絃宮，第四絃商。至分標平上去入四聲以稱羽角宮商，蓋純以數之偶合而附會者，猶五音之與五行，十二律之與十二月，實無奧蘊可言，故錢熙祚跋樂府雜錄，直斥爲「憑臆附會」矣。又世以宮聲配十二律者曰「宮」，以商、角、徵、羽各聲配律者統稱曰「調」，此說趙宋以前無之。唐代宮與調不分，故樂府雜錄正宮、高宮亦稱調，爲正宮調、高宮調。

段氏之後，其言二十八調者，爲歐陽修新唐書禮樂志（註一五）、沈括補筆談（註一六）、陳暘樂書（註一七），及宋史所載蔡元定燕樂一書（註一八），張炎詞源、元托克托宋史樂志則更晚出。其調名及次序，大同小異（註一九）。茲據詞源所列八十四調名，及新唐書禮樂志、補筆談、宋史樂志諸書，有關唐宋燕樂二十八調綜合列表於左（據王光祈中國音樂史第四章第四節）：

八十四調（詞源）　燕樂二十八調

	十二律	引古爲喻（七音）	俗名	俗字	工尺譜	唐書俗名	宋史俗名	補筆談俗名
①	黃鐘宮（ムㄠ）	黃鐘宮	正黃鐘宮	ム	合	正宮	正宮	正宮 六
②	黃鐘宮（ムㄠ）	黃鐘商	大石調	マ	四	大食調	大食調	越調 六
③	黃鐘宮（ムㄠ）	黃鐘角	正黃鐘宮角	一	一			林鐘角 尺
④	黃鐘宮（ムㄠ）	黃鐘變	正黃鐘變徵	ㄥ	勾			
⑤	黃鐘宮（ムㄠ）	黃鐘徵	正黃鐘正徵	ハ	尺			
⑥	黃鐘宮（ムㄠ）	黃鐘羽	般涉調	フ	工	般涉調	般涉調	中呂調 六
⑦	黃鐘宮（ムㄠ）	黃鐘閏	大石角	ル	凡	大食角	大食角	
⑧	大呂宮（㋮の）	大呂宮	高宮	㋮	下四	高宮	高宮	高宮 四
⑨	大呂宮（㋮の）	大呂商	高大石調	㊀	下一	高大食調	高大食調	
⑩	大呂宮（㋮の）	大呂角	高宮調	ㄅ	上			
⑪	大呂宮（㋮の）	大呂變	高宮變徵	ハ	尺			
⑫	大呂宮（㋮の）	大呂徵	高宮正徵	㋫	下工			
⑬	大呂宮（㋮の）	大呂羽	高般涉調	㋸	下凡	高般涉	高般涉調	
⑭	大呂宮（㋮の）	大呂閏	高大石角		合	高大食角	高大食角	

太簇宮（マの）	⑮太簇宮	中管高宮	マ	四			太石調 四
	⑯太簇商	中管高大石調	一	一			越角 工
	⑰太簇角	中管高宮角	ム	勾			
	⑱太簇變	中管高宮變徵	㋫	下工			
	⑲太簇徵	中管高宮正徵	フ	工			
	⑳太簇羽	中管高般涉調	ル	凡			正平調 四
	㉑太簇閏	中管高大石角	㋮	下四			
夾鐘宮（一）	㉒夾鐘宮	中呂宮	㊀	下一	中呂宮	中呂宮	中呂宮 一
	㉓夾鐘商	雙調	ㄣ	上	雙調	雙調	高大石調 一
	㉔夾鐘角	中呂正角	ハ	尺			
	㉕夾鐘變	中呂變徵	フ	工			
	㉖夾鐘徵	中呂正徵	㋸	下凡			
	㉗夾鐘羽	中呂調	ム	合	中呂調	中呂調	
	㉘夾鐘閏	雙角	マ	四	雙角	雙角	

姑洗宮（一）						
㉙姑洗宮	中管中呂宮	一	一			
㉚姑洗商	中管雙調	ム	勾			
㉛姑洗角	中管中呂角	㋫	下工			大石角　凡
㉜姑洗變	中管中呂變徵	㋸	下凡			
㉝姑洗徵	中管中呂正徵	ル	凡			
㉞姑洗羽	中管中呂調	㋮	下四			高平調　一
㉟姑洗閏	中管雙角	㊀	下一			

仲呂宮（ㄅ）						
㊱仲呂宮	道宮	ㄅ	上	道調宮	道調宮	道調宮　上
㊲仲呂商	小石調	ハ	尺	小食調	小食調	雙調　上
㊳仲呂角	道宮角	フ	工			高大石調　六
㊴仲呂變	道宮變徵	ル	凡			
㊵仲呂徵	道宮正徵	A	合			
㊶仲呂羽	正平調	マ	四	正平調	正平調	仙呂調　上
㊷仲呂閏	小石角	一	一	小食角	小食角	

蕤賓宮（七）							
㊸	蕤賓宮	中管道宮	ㄥ	勾			
㊹	蕤賓商	中管小石調	⑦	下工			
㊺	蕤賓角	中管道宮角	ル	下凡			
㊻	蕤賓變	中管道宮變徵	ム	合			
㊼	蕤賓徵	中管道宮正徵	(マ)	下四			
㊽	蕤賓羽	中管正平調	㊀	下一			
㊾	蕤賓閏	中管小石角	ㄅ	上			
林鐘宮（八）							
㊿	林鐘宮	南呂宮	ハ	尺	南呂宮	南呂宮	南呂宮　尺
51	林鐘商	歇指調	フ	工	歇指調	歇指調	小石調　尺
52	林鐘角	南呂角	ル	凡			雙角　四
53	林鐘變	南呂變徵	(マ)	下四			
54	林鐘徵	南呂正徵	マ	四			
55	林鐘羽	高平調	一	一	高平調	南呂調	大呂調　尺
56	林鐘閏	歇指角	ム	勾	歇指角	歇指角	

夷則宮（㋫）　南呂宮（フ）

(57) 夷則宮	仙呂宮	フ	下工	仙呂宮	仙呂宮	仙呂宮 工
(58) 夷則商	商調	ル	下凡	林鐘商	商調	
(59) 夷則角	仙呂角	ム	合			
(60) 夷則變	仙呂變徵	㋮	四			
(61) 夷則徵	仙呂正徵	㊀	下一			
(62) 夷則羽	仙呂調	ㄅ	上	仙呂調	仙呂調	
(63) 夷則閏	商角	ハ	尺	林鐘角	商角	
(64) 南呂宮	中管仙呂宮	フ	工			
(65) 南呂商	中管雙調	ル	凡			歇指調 工
(66) 南呂角	中管仙呂角	㋮	下四			小石角 一
(97) 南呂變	中管仙呂變徵	㊀	下一			
(68) 南呂徵	中管仙呂正徵	一	一			
(69) 南呂羽	中管仙呂調	ム	勾			般涉調 工
(70) 南呂閏	中管仙呂角	フ	下工			

無射宮（㋸）	(71) 無射宮	黃鐘宮	㋸	下凡	黃鐘宮	黃鐘宮	黃鐘宮 凡
	(72) 無射商	越調	ム	合	越調	越調	林鐘商 凡
	(73) 無射角	黃鐘角	マ	四			
	(74) 無射變	黃鐘變徵	一	一			
	(75) 無射徵	黃鐘正徵	ㄅ	上			
	(76) 無射羽	羽調	ハ	尺	黃鐘羽	黃鐘調	高般涉調 凡
	(77) 無射閏	越角	フ	工	越角	越角	
應鐘宮（ル）	(78) 應鐘宮	中管黃鐘宮	ル	凡			
	(79) 應鐘商	中管越調	㋮	下四			
	(80) 應鐘角	中管黃鐘角	㊀	下一			歇指角 尺
	(81) 應鐘變	中管黃鐘變徵	ㄅ	上			
	(82) 應鐘徵	中管黃鐘正徵	ム	勾			
	(83) 應鐘羽	中管羽調	㋫	下工			
	(84) 應鐘閏	中管越調	㋸	下凡			

燕樂二十八調調名，除上舉諸書所引述者外，尚有異名。唐書驃國傳記驃國所獻樂曲云：「五曲律應黃鐘（註二〇）兩均；一黃鐘商伊越調，一林鐘商小植調。」又敦煌石室遺籍佛曲中有乞食，陳暘樂書中有大乞食，均是大食之異名；而鷄識則爲乞食之聲轉，般涉與般瞻，亦爲同一調名之聲轉。

又據上表所示，詞源所臚列之十二律呂八十四調雅俗諸名，皆有其一定之關係。俗名之當十二宮中商羽兩均者，咸名爲調，如居黃鐘宮之黃鐘商俗名大石調，黃鐘羽則俗名般涉調；居夾鐘宮之夾鐘商俗名雙調，而夾鐘羽則俗名中呂調是也。此其例一。當某宮中角均之俗稱則必仍名曰角，而冠以本宮之俗名，如黃鐘角俗名正黃鐘宮角，而仲呂角則俗名道宮角，以仲呂宮俗名道宮故也。此其例二。當其宮中閏均之俗稱亦名曰角，惟須冠以本宮中商均之俗名，如黃鐘商俗名大石調，則黃鐘閏之俗名必曰大石角；無射商俗名越調，則無射閏之俗名必曰越角。此其例三。惟今通行本詞源所載八十四調俗名，亦有訛誤者，如南呂宮中之南呂商，原作俗名中管雙調，南呂閏之俗名原作中管仙呂角。以夷則宮中之夷則商俗名商調與夷則閏之俗名商角例之，則南呂商之俗名中管雙調實爲中管商調之誤，而南呂閏之俗名中管仙呂角又中管商角之誤也。又應鐘宮中之應鐘閏俗名中管越調，亦中管越角之誤，皆可例推而知之者。然上舉數誤，未必原本如此，度爲迻寫傳刻展轉而譌者也。

燕樂二十八調之名稱，在北宋諸家詞集，所注皆用俗名，如越調、大石調、商調、中呂調、高平調、仙呂宮、歇指調、仙呂調、道調宮、小石調、般涉調、正平調諸名是已。然亦有與雅稱正名同而實仍爲俗名者，此不可不辨。如尊前、金奩、樂章、片玉、白石、夢窗諸集並有黃鐘宮。詞源所載既有俗名黃鐘正宮（又俗呼正宮）之正名黃鐘宮矣，復有正名無射宮之俗名黃鐘宮，二者自不容混淆。又柳永樂章集傾杯一首原注黃鐘羽，此實無射羽之又一俗名，亦卽詞源所謂俗名羽調者是，與俗名般涉調之黃鐘羽無涉也。又林鐘商之名先後見於金奩、子野、樂章、片玉、于湖、夢窗諸集，惟夢窗自注「夷則商俗名林鐘商」，知此林鐘商之稱，必非俗名歇指調之林鐘商，而實卽俗名商調之夷則商也。夢窗固別有自注「林鐘商俗名歇指調」者，其明爲兩調甚明。復檢尊前、片玉、白石諸集，皆有商調，諸家中惟片玉一集爲複出，且省作林鐘二字，二名皆當時習用，非兩調也。宋史樂志所載商調諸曲，皆作林鐘商不作商調，惟蔡元定所說則作商調不作林鐘商，故知林鐘商調之省稱商調，亦猶黃鐘羽調之省稱羽調也。論宋詞宮調者，宜措意焉。

燕樂之源，蓋出於龜茲琵琶，前已言之；所以二十八調者，以其他宮調，琵琶難以彈奏也。燕樂去徵弗用，但以宮、商、角、羽四種調式，與黃鐘、大呂、夾鐘、仲呂、林鐘、夷則、無射七律旋宮，故得調二十有八。茲表列於次，以明其宮調：（據洪惟助詞曲四論）

古　律　仲　蕤　林　夷　南　無　應　黃清
燕　律　夾　姑　仲　蕤　林　夷　南　無　應　黃清　大清　太清　夾清　姑清　仲清　蕤清　林清　夷清　南清　無清　應清
引　古　爲　喻　黃　大　太　夾　姑　仲　蕤　林　夷　南　無　應　黃清　大清　太清　夾清　姑清　仲清　蕤清　林清　夷清

宮聲七調

引古爲喻	俗名	黃	大	太	夾	姑	仲	蕤	林	夷	南	無	應	黃清	大清	太清	夾清	姑清	仲清	蕤清	林清	夷清
黃鐘宮	正宮	宮		商		角		變	徵		羽	閏										
大呂宮	高宮		宮		商		角		變	徵		羽	閏									
夾鐘宮	中呂宮				宮		商		角		變	徵		羽	閏							
仲呂宮	道調宮						宮		商		角		變	徵		羽	閏					
林鐘宮	南呂宮								宮		商		角		變	徵		羽	閏			
夷則宮	仙呂宮									宮		商		角		變	徵		羽	閏		
無射宮	黃鐘宮											宮		商		角		變	徵		羽	閏

古律			林	夷	南	無	應	黃清	大清													
燕律			仲	蕤	林	夷	南	無	應	黃清	大清	太清	夾清	姑清	仲清	蕤清	林清	夷清	南清	無清	應清	
引古爲喻			太	夾	姑	仲	蕤	林	夷	南	無	應	黃清	大清	太清	夾清	姑清	仲清	蕤清	林清	夷清	南清	無清
商聲七調	引古爲喻	俗名																					
	黃鐘商	大石調	商		角	變		徵		羽	閏		宮										
	大呂商	高大石調		商		角	變		徵		羽	閏		宮									
	夾鐘商	雙調				商		角	變		徵		羽	閏		宮							
	仲呂商	小石調						商		角	變		徵		羽	閏		宮					
	林鐘商	歇指調								商		角	變		徵		羽	閏		宮			
	夷則商	林鐘商									商		角	變		徵		羽	閏		宮		
	無射商	越調											商		角	變		徵		羽	閏		宮

古律	太	夾	姑	仲	蕤	林	夷	南	無	應	黃清	大清									
燕律	黃	大	太	夾	姑	仲	蕤	林	夷	南	無	應	黃清	大清	太清	夾清	姑清	仲清	蕤清	林清	夷清
引古爲喩	倍南	倍無	倍應	黃	大	太	夾	姑	仲	蕤	林	夷	南	無	應	黃清	大清	太清	夾清	姑清	仲清

	引古爲喩	俗名																					
羽聲七調	黃鐘羽	般涉調	羽	閏		宮		商		角	變		徵										
	大呂羽	高般涉調		羽	閏		宮		商		角	變		徵									
	夾鐘羽	中呂調				羽	閏		宮		商		角	變		徵							
	仲呂羽	正平調						羽	閏		宮		商		角	變		徵					
	林鐘羽	高平調								羽	閏		宮		商		角	變		徵			
	夷則羽	仙呂調									羽	閏		宮		商		角	變		徵		
	無射羽	黃鐘羽											羽	閏		宮		商		角	變		徵

古　律　夾　姑　仲　蕤　林　夷　南　無　應　黃清　大清　太清

燕　律　大　太　夾　姑　仲　蕤　林　夷　南　無　應　黃清　大清　太清　夾清　姑清　仲清　蕤清　林清　夷清　南清　無清

引古爲喻　倍無　倍應　黃　大　太　夾　姑　仲　蕤　林　夷　南　無　應　黃清　大清　太清　夾清　姑清　仲清　蕤清　林清

角（閏）聲七調

引古爲喻	俗名	
黃鐘閏	大石角	閏　宮　商　角　變　徵　羽
大呂閏	高大石角	閏　宮　商　角　變　徵　羽
夾鐘閏	雙角	閏　宮　商　角　變　徵　羽
仲呂閏	小石角	閏　宮　商　角　變　徵　羽
林鐘閏	歇指角	閏　宮　商　角　變　徵　羽
夷則閏	林鐘角	閏　宮　商　角　變　徵　羽
無射閏	越角	閏　宮　商　角　變　徵　羽

以上二十八調圖乃據蔡元定、王光祈之說而列。燕律以夾鐘爲律本，古律以黃鐘爲律本，故燕律夾鐘，其性質相當古律黃鐘，故引古爲喻，黃鐘相當燕律夾鐘。而燕律又較古律高二律弱，是以夾鐘之實際音高，約等於古律之仲呂也。至燕樂所謂角者，實卽閏調。閏調所以謂之角調，王光祈云：「係因古調之角音（古律姑洗），恰較燕樂之宮音低半音，而當時又誤以燕樂閏音等於古調之變宮（應該等於清羽），因稱之爲『角調』。」（註二一）

燕樂至南宋，祇行七宮十二調，而角不預焉。詞源嘗記其名（註二二），其目如下：

七宮：黃鐘宮，仙呂宮，正宮，高宮，南呂宮，中呂宮，道宮。

十二調：大石調，小石調，般涉調，歇指調，越調，仙呂調，中呂調，正平調，高平調，雙調，黃鐘羽，商調。

持以與燕樂二十八調相較，特少七角聲（卽閏音），一商聲（高大石調，屬大呂均），一羽聲（高般涉調，亦屬大呂均）耳。王光祈中國音樂史云：「七個角聲，在中國古調中，並無此物，其廢之也固宜。至於大呂均之高大石調高般涉調，被人廢棄，則係由於琵琶及觱篥之上，皆無大呂一律所致。」（註二三）其言甚允，可備一說。

第六節　宮調與聲情

詞本倚聲而作，則詞中所表之情，必與曲中所表之情相應，故唐五代諸家之作，類多本意，不復於調外標題，蓋聲詞本不扞格，倚聲製詞，必相脗合故也。是以製詞之道，首貴乎辭與聲之相副，詞調之風格，猶內涵之特質，而抒旨屬辭，猶特質之外發，如聲旨與詞旨不能相符，是冒同一詞調之特質而出不衷之言也。故就倚聲而論，必憑依一詞調之本質風格，以敷辭旨之方向，始足以發其實，若矜言意匠天工，而敝屣詞調特質，則終不免偏頗之誚。沈括夢溪筆談云：「古詩皆詠之，然後聲依詠以成曲，謂之協律。其志安和，則以安和之聲詠之。其志怨思，則以怨思之聲詠之。故治世之音安以樂，則詩與志，聲與曲，莫不安且樂。亂世之音怨以怒，則詩與志，聲與曲，莫不怨且怒，此所以審音而知政也……今聲詞相從，唯里巷間歌謠及陽關擣練之類，稍類舊俗。然唐人塡曲，多詠其曲名，所以哀樂與聲，尚相諧會。今人則不復知有聲矣。哀聲而歌樂詞，樂聲而歌怨詞，故語雖切而不能感動人情，由聲與意不相諧故也。」（註二四）是沈氏已主聲詞相從之說。惟當時之倚聲者，仍類皆乖違曲名本意，遂使聲詞不相諧適。又謝章鋌賭棋山莊詞話云：「塡詞亦宜選調，皆爲作者增色，如詠物宜沁園春，敍事宜賀新郎，懷古宜望海潮，言情宜摸魚兒、長亭怨等。類各取其與題相稱，輒覺辭筆兼美，雖難拘以律，然此倚聲家一著巧處也。」是謝氏所謂「選調」，固非徒選調名，蓋實選調之聲情也。

雖然，兩宋曲譜，早已蕩爲雲煙，詞至今日，久已不復能被諸絲篁，各曲調所表之情緒，爲高亢爲沉鬱，爲纏綿蘊藉，抑爲激昂悲壯，俱不可知矣，若但依其句度長短，殊未足以盡曲中之情，然則欲辨識曲調之聲情，果將以何爲塗轍耶？近世夏承燾、龍沐勛，與夫今人李殿魁、陳滿銘等，皆於此有所論列（註二五），而李氏之言，尤爲詳盡，玆撮其旨要，簡述於左，以供參鏡：

甲、從譜律記載、樂府解題及唐宋大樂遺籍中，追溯部份詞調之初源，如竹枝、楊柳枝、采蓮、破陣樂等，本傳唱於社會之民謠、軍樂；霓裳中片第一、水調歌頭，鈿帶長中腔，本隋唐以來之法曲、大曲；涼州、伊州、甘州、胡渭州、霓裳羽衣曲等，爲邊地、異國之樂；黃河清、清平樂、罷金鉦等，則大晟所製之樂；晝夜樂、兩同心、隔簾聽、柳腰輕等，乃出自拘闌伎院或文人之手；惜紅衣、淡黃柳、暗香、疏影等，則皆姜夔自度之曲。如此，則可由其原詞，而探知其牌調之聲情矣。

乙、採擷前修詩話、詞話、筆札中，對牌調創製之陳述，亦可據爲參證。如宋程大昌演繁露云：「六州歌頭本鼓吹曲也。近世好事者，倚其聲爲弔古詞，音調悲壯，又以古興亡事實文之，聞之使人慷慨，良不與艷詞同科，誠可喜也。」可推知此調爲激壯之曲。如毛幵樵隱筆錄，記蘭陵王云：「紹興初，都下盛行周清眞詠柳蘭陵王慢，西樓南瓦皆歌之，謂之渭城三疊，以周詞凡三換頭，至末段聲尤激越，惟敎坊老笛師，能倚之節歌者。」則此調聲情之激越可知。又歷代詩餘引張表臣珊瑚鉤詩話云：「樂部中有促拍、催酒，謂之三臺，唐士云：蔡邕自御史累遷尙書，不數日間遍歷三臺，樂工以邕洞曉音律，故製詞以悅之。」可知三臺乃促拍、催酒之類之歡娛詞情也。據此，則倚聲者選調所取以爲法之準繩，亦略可覘之矣。

丙、據唐宋詞家之作，羅列其同一牌調者，加以排比歸納，從文字上領會其聲情，若多數相同，則庶幾可得其彷彿。

丁、據詞中宮調之性質、句度之參差，與夫語調之疾徐輕重、叶韻之疏密清濁，比類而推求之，則曲中所表之聲情，必猶可睹。

上述辨識詞調聲情之蹊徑，前兩類乃確據昔賢載籍而論，自足採信；後兩類取法於類比歸納之用，亦頗具科學工夫，儻兩端相互爲用，當收效益宏。譬以言之：當時文學騷雅之士未必盡諳音律，且樂工歌者，亦類能通曉某曲某詞所屬之宮調，固毋庸爲之標注樂色管色，然則吾人對此不克盡悉宮調律譜之牌調，卽可先以類比之法，從詞意間加以領略，再與已知宮調調性之同一牌調，參酌印證，蘄互發明，則此調之聲情必可得其髣髴矣。惟本章旣論詞樂，不涉其他，故今僅就宮調聲情一節，加以演繹，餘不贅焉。

夫人當情性激蕩，顯而爲喜怒哀樂，遂有文學藝術之製作，其見乎文字者，則形成各類不同之題材，其表乎口舌者，則徵諸剛柔抗墜之音聲。文辭佈體，依題材爲歸，聲韵組曲，以宮調爲總。宮調者，卽等差其剛柔抗墜之音而部勒以爲別也，因部勒之區分，乃得明顯其喜怒哀樂之風格，乃得類從其題材各異之文辭，以詠歎其觸發之深度。詞本倚聲而作，聲則協律（註二六）始歌，故倚聲塡詞，必聲情相資，互無齟齬，始成佳製。惜夫曲譜久佚，歌聲已絕於後人之耳，某一牌調究屬何種宮調，後世已無法盡悉，僅能據前人詞集之間有附注者，並參檢其他文獻，而推知其梗概。如許穆堂自怡軒詞譜，卽據九宮大成譜（清周祥鈺等奉敕編），取唐宋元人詞之標注宮調者，分類輯錄而成。謝元淮碎金詞譜，復以自怡軒詞譜爲藍本，另據御製詞譜及歷代詩餘之標注宮調者，予以增益。又梁啓勳曼殊室隨筆，更據金奩、子野、樂章、片玉、于湖、白石、夢窗七集，並旁搜側求，以詞牌按六宮十一調分隸，凡四百零五闋。近人夏敬觀詞調溯源、袁帥南唐宋詞曲宮調經見表，亦皆類此之作。吾人如據此羅列作品而推求之，以文情窺其調性，或亦可爲鼎臠之嘗焉。

至昔賢論曲律之言，雖非爲詞調而設，然其論宮調聲情，亦多有可資參證者，如王伯良曲律云：「用宮調須稱事之悲歡苦樂，如遊賞則用仙呂、雙調；哀怨則用高調、越調。以調合情，容易感動得人。」又元楊朝英所編陽春白雪書中，載有元人燕南芝庵唱論一篇，其言曰：「大凡聲音，各應於律呂，分於六宮十一調，共計十七宮調。仙呂宮唱，清新綿邈。南呂宮唱，感歎傷悲。中呂宮唱，高下閃賺。黃鐘宮唱，富貴纏綿。正宮唱，惆悵雄壯。道宮唱，飄逸清幽。大石唱，風流醞籍。小石唱，旖旎嫵媚。高平唱，條暢晃漾。般涉唱，拾掇坑塹。歇指唱，急併虛歇。商角唱，悲傷宛轉。雙調唱，健捷激裊。商調唱，悽愴怨慕。角調唱，嗚咽悠揚。宮調唱，典雅沉重。越調唱，陶寫冷笑。」此段文字，又見於陶宗儀南村輟耕錄、周德清中原音韻、及臧晉叔元曲選。輟耕錄所載者與此大略相同。中原音韻於每一宮調下删去「唱」字。元曲選所載者則每調加一「宜」字。茲迻錄於下，以徵其實：

「凡聲音各應律呂，分六宮十一調。唱仙呂宮宜清新綿邈。南呂宮宜感歎傷悲。中呂宮宜高下閃賺。黃鐘宮宜富貴纏綿。正宮宜惆悵雄壯。道宮宜飄逸清幽。大石調宜風流醞籍。小石調宜旖旎嫵媚。高平調宜條暢晃漾。般涉調宜拾掇坑塹。歇指調宜急併虛歇。商角調宜悲傷宛轉。雙調宜健捷激裊。商調宜悽愴怨慕。角調宜嗚咽悠揚。宮調宜典雅沉重。越調宜陶寫冷笑。」元人去宋不百載，且多通曉音律，詞之歌法雖亡，而調不遽失，是則元曲聲情，或有可供宋詞參酌者。今試取其聲情相合之宮調，分二節闡述，聊充引喤，以爲世之論宮調聲情者助。

甲、凡同一牌調之詞，當依所屬宮調不同，而異其聲情。茲舉憶江南一調爲例：

憶江南　　溫庭筠

千萬恨，恨極在天涯。山月不知心裏事。水風空落眼前花。搖曳碧雲斜。

其　二

梳洗罷，獨倚望江樓。過盡千帆皆不是，斜暉脈脈水悠悠。腸斷白蘋洲。

憶江南　　皇甫松

蘭燼落，屏上暗紅蕉。閒夢江南梅熟日，夜舡吹笛雨蕭蕭。人語驛邊橋。

其　二

樓上寢，殘月下簾旌。夢見秣陵惆悵事，桃花柳絮滿江城。雙髻坐吹笙。

憶江南　　李　煜

多少恨，昨夜夢魂中。還似舊時遊上苑，車如流水馬如龍。花月正春風。

右詞五首，俱屬晚唐五代詞人之作。溫詞二首，金奩集注南呂宮，皇甫詞李詞則因時代接近，而以類相從。芝庵論曲謂南呂宮宜「感歎悲傷」，試觀溫詞第一首「千萬恨，恨極在天涯」，寫悵觸之緒。

次首「千帆」二句，寫窈窕善懷，如江文通之黯然魂消，其聲情與芝庵之言正符。外如皇甫詞二首，言江頭暮雨，畫船聞桃葉清歌，樓上清寒，笙管擫劉妃玉指，蓋俱託夢境而抒愁衷也。李詞則以當年之繁盛，襯今日之孤淒，欣戚之懷，相形而益見。此皆與飛卿詞情相同，故可類列而推求此調之聲情也。至宋周邦彥另有詠妓之雙調憶江南一首，注大石調，詞云：

歌席上，無賴是橫波。寶髻玲瓏欹玉燕，繡巾柔膩掩香羅。人好自宜多。無箇事，因甚斂雙蛾。淺淡梳妝疑見畫，惺鬆言語勝聞歌。何況會婆娑。

此詞美歌妓之倩妝明眸，撩人情態也，其聲情正近於芝庵所謂之「風流蘊藉」，而與南呂宮「感歎傷悲」之情迥異，足可證宮調不同之詞，其聲情多異也。玆更舉江城子一調爲例：

江城子（雙調）　韋莊

髻鬟狼藉黛眉長。出蘭房。別檀郎。角聲嗚咽，星斗漸微茫。霜冷月殘人未起，留不住，淚千行。

又（高平調）　張先

鏤牙歌板齒如犀。串珠齊。畫橋西。雜花池院，風幕卷金泥。酒入四肢波入鬢，嬌不盡，翠眉低。

據金奩集與張子野詞所載，此調分隸雙調、高平調，而此調所注宮調，見諸唐宋詞集者，亦僅此兩種。雙調之聲情，芝庵論曲謂「健捷激裊」，第此四字頗嫌抽象，難以方物，牱略言之，殆與由感傷所引發之激動島繞之情相近，韋詞寫多情女子侵曉送別，銜淚千行之情態，適與此聲情相合。韋詞倚雙調者，尚有應天長兩闋（註二七），詞句如：「夜夜綠窗風雨，腸斷君知否？」「別來半歲音書絕，一寸離腸千萬結。」又周邦彥一落索，注雙調（註二八），上片云：「眉與春山爭秀，可憐長皺。莫將清淚濕花枝，恐花亦與人瘦。」聲情與韋詞悉合，可以互參。歐陽炯江城子亦倚雙調（註二九），詞云：「晚日金陵岸草平。落霞明。水無情。六代繁華，暗逐逝波聲。空有姑蘇臺上月，如西子鏡，照江城。」繁華過眼，老月臨城，不盡興亡滄桑之感，內容固異於韋詞，惟細味詞意，亦確帶淒楚廻盪之音，是二者聲情並無乖反也。張先詞入高平調，芝庵謂此調宜「條暢晃漾」，子野此詞記鏤牙歌板之歡娛，侑觴佳人之嬌怯，詞情舒暢輕快，與韋詞絕不相類。江城子詞，見諸唐五代詞者，除韋詞歐詞外，尚有和凝五首、牛嶠二首、尹鶚一首、張泌一首，皆未標注宮調，惟細味詞情，仍應歸屬雙調或高平調，幾無例外。

乙、同一宮調之詞，其牌調雖異，而聲情則相近。宋柳永、周邦彥，號爲知音識曲，今各舉詞作兩首，試作比較：

定風波（林鐘商）　　　　柳　永

自春來，慘綠愁紅，芳心是事可可。日上花梢，鶯穿柳帶，猶壓香衾臥。暖酥消，膩雲嚲，終日厭厭倦梳裹。無那。恨薄情一去，音書無箇。　早知恁麼，悔當初，不把雕鞍鎖。向雞窗、只與蠻牋象管，拘束教吟課。鎮相隨，莫拋躲。針線閑拈伴伊坐。和我。免使少年光陰虛過。

訴衷情（林鐘商）　柳　永

一聲畫角日西曛。催促掩朱門。不堪更倚危闌，腸斷已消魂。　年漸晚，雁空頻，問無因。思心欲碎，愁淚難收，又是黃昏。

解蹀躞（商　調）　周邦彥

候館丹楓吹盡，面旋隨風舞。夜寒、霜月飛來伴孤寂。還是獨擁秋衾，夢餘酒困都醒，滿懷離苦。　甚情緒，深念凌波微步。幽房暗相遇，淚珠都作、秋宵枕前雨。此恨音驛難通，待憑征雁歸時，帶將愁去。

垂釣絲（商　調）　周邦彥

縷金翠羽，妝成才見眉嫵。倦倚繡簾，看舞風絮。愁幾許，寄鳳絲雁柱。　春將暮，向層城苑路。鈿車似水，時時花徑相遇。舊遊伴侶，還到曾來處。門掩風和雨，梁燕語，問那人在否？

柳詞之林鐘商，非俗名歇指調之林鐘商，而實卽俗名商調之夷則商也。二名皆當時習用，調性悉同，故周詞所注商調，特林鐘商之省稱耳（說見第五節）。此調芝庵謂宜「悽愴怨慕」，試檢數詞唫翫，柳詞定風波，上片極寫春閨嬌慵之態，下片極言別後悔怨之情，而傷離恨別，心奚以堪？訴衷情詞，亦寫閨怨。奈何音書不渡雲邊之雁，愁淚難收歲暮之時，黃昏倚樓，腸斷盡矣。周詞解蹀躞，上片寫旅懷，放筆爲直幹，而殊饒趣致。下片抒離愁，珠淚化雨，難爲情緒。歇拍二句，言音驛難通，翻盼雁帶愁去，似不可解，而中實含深衷。垂釣絲詞，亦寫怨情。鳳絲寄愁，梁燕問舊，此非怨慕而何？

觀此數首，雖牌調不同，而「悽愴怨慕」之聲情，皆不相遠，此蓋同倚商調譜辭故也。

夫詞本聲學，原爲應歌而作，唐五代之作，固爲最富音樂之文字矣。北宋初期，詞亦無不協律，蓋承隋唐舊譜而蛻變，無論宮調之運用，牌制之體例，莫不辨別分明。當時詞家之通曉音律者，宜莫如柳永。葉夢得避暑錄話云：「柳永爲舉子時，多游狹邪，善爲歌詞。教坊樂工，每得新腔，必求永爲辭，始行於世。」永所撰樂章集，悉以宮調區分，則其詞之合於曲情，盡付歌喉，殆可推知。洎乎北宋中葉以後，文人詞興，逞筆墨之雄，極意境之富，沉溺於立言下字之間，有聲之詞，遂轉趨湮晦。幸及清眞、白石輩出，精嫻樂律乃能恪守聲詞之軌，吐詞佈境必求符牌調之制，斟字酌句必求嚴宮商之別，苦心刻劃，蔚成法度。惜夫流傳至今，樂譜俱佚，歌法寖荒，後世欲究詰宮調聲情，僅能據樂章等詞所注宮調，比類推求，則亦戛乎其難矣！至芝庵論曲所云，雖片羽可珍，然詞、曲之宮調聲情，未必悉合（註三〇），而詞調移宮換羽之詳情，亦無從索知。故本節以曲情律詞，特供參酌耳，或當貢芹，敢云探驪。至當如何覃研宮調聲情之眞相，以有裨益於詞學之研究，此則區區之心，所殷望於世之君子者也。

【附　註】

註一：管子一書，大約成於戰國時代，換言之，約當西元前第四世紀左右。

註二：語見方成培香研居詞麈卷二。

註三：參看王光祈中國音樂史第二章律之起源。

註　四：參閱近人査夷平律呂概論（東方雜誌二十二卷七號）。

註　五：呂不韋卒於西元前二三五年，故呂氏春秋殆成於西元前第三世紀。淮南王劉安卒於西元前一二二年；司馬遷之生卒約在西元前一六二至八五年之間。是以淮南子、史記二書，當成於呂氏春秋之後。

註　六：左傳、國語二書，約成於西元前第四世紀左右；孟子較晚，約成於第三世紀。

註　七：按管子地員篇所謂「小素之首」者，據張爾田清史稿樂志二頁十之解釋，則爲：「小素云者，素白鍊，乃熟絲，即小絃之謂，言此度之聲，立爲宮位，其小於此絃之他絃，皆以是爲主。」

註　八：唐段安節樂府雜錄云：「太宗朝，挑絲竹爲胡部，用宮、商、角、羽，並分平上去入四聲，其徵音，有其聲無其調。」又唐虞世南琵琶賦有「聲備商角，韻包宮羽」之句，亦不言徵聲；且所謂角調，實類於變宮調，故燕樂日聲，正角、變徵、正徵皆不收。

註　九：新唐書禮樂志云：「自周陳以上，雅鄭淆雜而無別，隋文帝始分雅俗二部，至唐曰部當，凡所謂俗樂者，二十有八調。」遼史樂志亦云：「四旦二十八調，不用黍律，以琵琶絃叶之。」

註一〇：周禮春官云：「凡樂，圜鐘爲宮，黃鐘爲角，太簇爲徵，姑洗爲羽，靁鼓靁鼗，孤竹之管，雲和之琴瑟，雲門之舞，冬日至，於地上之圜丘奏之；若樂六變，則天神皆降，可得而禮矣。凡樂，函鐘爲宮，太簇爲角，姑洗爲徵，南呂爲羽，靈鼓靈鼗，孫竹之管，空桑之琴瑟，咸池之舞，夏日至，於澤中之方丘奏之；若樂八變，則地示皆降，可得而禮矣。凡樂，黃鐘爲宮，大呂爲角，太簇爲徵，應鐘爲羽，路鼓路鼗，陰竹之管，龍門之琴瑟，九德之歌，九磬之舞，於宗廟之中奏之，若變九樂，則人鬼可得而禮矣。」此處乃節用原文。

註一一：以仲呂爲宮之徵調，其調式爲：

徵	羽	變宮	宮	商	角	變徵	徵
黃	太	姑	仲	林	南	應	黃

註一二：以上一段，從近人錢萬選「宮調辨歧」之說，見同聲月刊第二卷第十號。

註一三：按荀勗所謂「黃鐘爲變徵」，乃陰陽易位後之變徵，應名清角。

註一四：王氏之說，見其中國音樂史第四章調之進化；張氏之說，見其論文「詞曲宮調與樂律」。

註一五：歐陽修新唐書禮樂志云：「凡所謂俗樂者，二十有八調。正宮、高宮、中呂宮、道調宮、南呂宮、仙呂宮、黃鐘宮，爲七宮。越調、大食調、高大食調、雙調、小食調、歇指調、林鐘商，爲七商。大食角、高大食角、雙角、小食角、歇指角、林鐘角、越角，爲七角。中呂調、正平調、高平調、仙呂調、黃鐘羽、般涉調、高般涉調，爲七羽。皆從濁至清，迭更其聲，下則益濁，上則益清。」

註一六：凌廷堪燕樂考源卷一引沈括補筆談云：「十二律配燕樂二十八調，除無徵音外，凡殺聲：黃鐘宮今爲正宮，用六字；黃鐘商今爲越調，用六字；黃鐘角今爲林鐘角，用尺字；黃鐘羽今爲中呂調，用六字。大呂宮今爲高宮，用四字；大呂商、大呂角、大呂羽、太簇宮，今燕樂皆無。太簇商今爲大石調，用四字；太簇角今爲越角，用工字；太簇羽今爲正平調，用四字。夾鐘宮今爲中呂宮，用一字；夾鐘商今爲高大石調，用一字；夾鐘角、夾鐘羽、姑洗宮、商，今燕樂皆無。姑洗角今爲大石角，用凡字；姑洗羽今爲高平調，用一字。中呂宮今爲道調宮，用上字；中呂商今爲雙調，用上字；中呂角今爲高大石角，用六字；中呂羽今爲仙呂調，用上字。蕤賓宮、商、羽、角，今燕樂皆無。林鐘宮今爲南呂宮，用尺字；林鐘商今爲小石調，用尺字；林鐘角今爲雙角，用四字，林鐘羽今爲大呂調，用尺字。夷則宮今爲仙呂宮，用工字；夷則商、角、羽、南呂宮，今燕樂皆無。南呂商今爲歇指調，用工字；南呂角今爲小石角，用一字；南呂羽今爲般涉調，用工字。無射宮今爲黃鐘宮，用凡字；無射商今爲林鐘商，用凡字；無射角今燕樂無；無射羽今爲般涉調，用凡字。應鐘宮，應鐘商，今燕樂皆無。應鐘角今爲歇指角，用尺字；應鐘羽今燕樂無。」

註一七：陳暘樂書卷一百五十七「曲調下」云：「俗樂之調，有七宮七商七角七羽，合二十八調而無徵調也。故正宮、高宮、中呂宮、道調宮、南呂宮、仙呂宮、黃鐘宮，是爲七宮。越調、大石調、高大石調、雙調、小石調、歇指調、林鐘商，是爲七商。越角、大石角、高大石角、小石角、雙調角、歇指角、林鐘角，是爲七角。中呂調、正平調、高平調、仙宮調、般涉調、高般涉調、黃鐘羽，是爲七羽。凡此俗樂異名，實胡部所呼也。」

註一八：宋史樂志（卷一百四十二）載蔡元定燕樂之言云：「宮聲七調，曰正宮，曰高宮，曰中呂宮，曰道宮，曰南呂宮，曰傴呂宮，曰黃鐘宮，皆生於黃鐘。商調七聲，曰大食調，曰高大食調，曰雙調，曰小食調，曰歇指調，曰商調，曰越調，皆生於太簇。羽聲七調，曰般涉調，曰高般涉調，曰中呂調，曰正平調，曰南呂調，曰傴呂調，曰黃鐘調，皆生於南呂。角聲七調，曰大食角，曰高大食角，曰雙角，曰小食角，曰歇指角，曰商角，曰越角，皆生於應鐘。此其四聲二十八調之略也。」

註一九：如新唐書樂志與陳暘樂書所載，據日人岸邊成雄考證，俱以唐末徐景安「樂書」（又名歷代樂儀，已佚）為根據者（參看張世彬中國音樂史論述稿頁一七〇）。惟兩說來源雖同，而七角調之次序則略有差異，越角位置，唐書置於七角之末，而陳氏則提置七角之首，陳氏於此項殆依樂府雜錄而改。又陳氏樂書「雙調角」應在「小石角」之前；「黃鐘羽」應在「般涉調」之前，方合順序，此係傳鈔之誤也。

註二〇：楊蔭瀏中國音樂史綱頁一八四，於本句下注云：「原文黃鐘後，似脫林鐘二字。」所言甚是。

註二一：見王光祈中國音樂史頁一二六。

註二二：見張炎詞源卷上。

註二三：見王光祈中國音樂史頁一五四。

註二四：語見沈括夢溪筆談卷五。

註二五：夏承燾「作詞法」頁一〇，論辨詞調聲情之法有三：㈠根據唐宋人紀載；㈡根據唐宋人所作詞；㈢根據調中所用之聲韻及字句。龍沐勛之說，見其「詞學研究之商榷」第一節聲調之學，載於詞學季刊第一卷第四號，其言曰：「吾人欲確定一曲調為喜為怒，為宛轉纏綿，抑為激昂慷慨，果將以何為標準乎？曰：是當取號稱知音識曲之作家，將一曲調之最初作品，凡句度之參差長短，語調之疾徐輕重，叶韻之疎密清濁，一一加以精密研究，推求其複雜關係，從文字上領會其聲情，然後羅列同一曲調之詞，加以排比歸納，則其間或合或否，不難一目瞭然。」陳滿銘「探求詞調聲情的幾條途徑」（學粹雜誌第十七卷第五期）謂其法有四：㈠辨明詞調所屬的宮調；㈡參考前人零星的記載；㈢探究前人作品的文情；㈣勘審詞調特殊的形式。李殿魁之說，見其「談詞」第四節塡詞要先辨別聲情，載於「慶祝瑞安林景伊先生六秩誕辰論文集」下册。

註二六：此所謂律者，乃律呂之律。

註二七：見金奩集。

註二八：見楊易霖周詞訂律卷三。

註二九：見金奩集。

註三〇：夏承燾「唐宋詞論叢」第一篇「詞律三義」，謂宋詞不盡依宮調聲情，並舉一寸金爲例，略謂此調始見於柳永樂章集，乃其所塡小石五調之一；次見於周邦彥片玉集，明注「小石」；三見於吳夢窗詞，亦注「中呂商俗名小石」，而皆不作「旖旎嫵媚」語，他若曹勛以此調壽帝后，李彌遜以壽貴游，鳴鶴餘音以說列仙之趣，則更無涉乎「旖旎嫵媚」矣。按夏氏據元曲聲情，以律宋詞，故有此論，然亦正見詞曲之宮調聲情，未必悉合也。

第四章　唐五代詞考源及訂律

凡　例

一、詞乃音樂文學，出乎喉舌，合乎絲篁，本爲諧律而作。惟自詞樂失其鏗鏘，倚聲者遂漫無規槼。萬樹詞律取前賢詩餘，參伍比勘，意在求其通律，立爲程式，然偶有誤證之嫌。御製詞譜較晚出，故鈎稽同異，攷訂格律，視萬氏爲詳，惟敦煌寫卷所載唐詞，猶未及見，終不免遺珠之憾，此本章之所由作也。

一、本章所據以訂律之詞，敦煌曲以任二北敦煌曲校錄、潘師石禪敦煌雲謠集新書所載錄者爲主；唐五代詞則以林大椿全唐五代詞彙編所載者爲準。敦煌曲中之散花樂、好住娘、悉曇頌等，顯爲佛曲；唐詞中呂巖之酹江月、雨中花、滿庭花等，疑爲宋代道教傳教歌謠，又藍采和之踏歌，出處未明，或亦後人羼入，故本章訂律，皆所不取。

一、本章體例，首列曲調考源，次列異名，次列宮調，又次於行間列詞譜，而以訂律爲之殿焉。又調名之編次，概以教坊記爲準，其崔記未載者，則以首字筆順爲次第。

一、詞調初創，卽爲詞題，後乃流於泛詠，然沿波討源，必知所自，故本章鉤稽載籍，考證出處，必得其所昉而後乃安。至其歷時久遠，既無記述專書，而最初命名之原詞，且有今已亡佚者，則謹守闕疑之義，不欲强作解人，貽譏牽附。

一、詞律之義有二，一爲詞之音律，一爲詞之格律。前者謂宮商，後者謂字句間之聲響。格律止求諸乎喉舌，音律則兼求諸乎管絃。故本章訂律，先攷其宮調，宮調既定，則臚列唐五代同一調名之詞，比勘其句法聲響，以攷訂其格律。

一、本章所列詞調異名，多兼採唐宋各家之詞，俾便參覽。所攷宮調，多先書燕樂之俗名，而附以雅稱，如巫山一段雲，柳永樂章集注雙調（夾鐘商）；間取其雅稱，則亦必以俗呼之名附之，如應天長，金奩集載韋莊詞入夾鐘商，俗呼雙調。

一、詞譜之著，始於詩餘圖譜，用白黑圈表平仄，半白黑圈表可平可仄，本章雖仍其舊，然略有更易。凡平聲用「○」識之，凡仄聲用「•」識之，凡可平可仄之字用「*」識之。詞中之逗、句、韻皆識於行中，而平仄聲則識於字右。如平韻而有協仄者，則於字下識「叶仄」；如仄韻而有協平者，則於字下識「叶平」；如前爲平韻而後換仄韻者，則於字下識「換仄」；如前爲仄韻而後換平韻者，則於字下識「換平」。其一韻到底，無變化者，則於字下僅識一「叶」字，以求簡潔。

一、本章訂律，皆就詞調逐句詳釋其聲響，與夫平仄之通假，以補圖譜之不足，蓋欲倚聲者於謹守繩墨之餘，並會通其變也。

拋毬樂

【考源】唐教坊曲名，見教坊記。此調起源於舞，原從大曲中摘其快拍之遍而成。唐音癸籤云：「拋毬樂，酒中拋毬爲令，其所唱之詞也。」敦煌曲初探亦云：「此調在盛唐，原爲舞曲中之入破部份，當時如何用毬拋舞，未詳。似由中唐起，卽簡化其歌舞，配五言六句帶叠句之辭，專門用於筵間行令，所謂『拋打曲』之一也。」按此調三十字者始於劉禹錫詞；四十字者始於雲謠集。然則此調創于盛唐之際，著辭不逾中唐以後，可無疑也。

【異名】馮延巳詞有「且莫思歸去」句，或名莫思歸。

【宮調】此調未詳其宮調，俟考。宋柳永樂章集，注此調曰林鐘商（夷則商），然柳詞一百八十七字，句調與唐詞小令體迥殊，顯是別調。

【詞例】

拋毬樂　　劉禹錫

五色繡團圓平韻登君玳瑁筵叶最宜紅燭下句偏稱落花前叶上客如先起句應須贈一船叶

【訂律】全唐五代詞彙編收拋毬樂一調，計劉禹錫二首、皇甫松二首、和凝一首（與馮詞第七首重出）、馮延巳八首、徐鉉二首，又雲謠集有此調二首，凡十六首。按此調可分二體，其五言六句之聲詩體，劉禹錫、皇甫松、徐鉉各二首，皇甫詞本劉詞而塡，特多一和聲耳。馮延巳詞爲七言六句之聲詩體，而變其第五句爲五言，其源實同也。雲謠集所載二首亦四十字體，惟第五句一作五字，一作七字。按五代調此句，皆作五字，乃成長短句體。可見雲謠此句作七字之一首，乃襯二字耳。今卽據上述二體以訂律。

此調三十字者，六句四平韻，中二句必用對偶，諸作皆然。劉詞別首第一句「春早見花枝」，春字平聲。第四句「却憶未開時」，却字仄聲。調內可平可仄據此。又劉詞結句「應須贈一船」，而其次首云：「一杯君莫辭」，是近體詩之拗救法也。凡五言平起平收之句，第三字可獨拗，而第一字則必與第三字雙拗；七言仄起平收之三五字亦然，爲近體詩句之通例。又按起句聲調可用「仄仄平平仄」，不叶韻，如皇甫詞「全蹙花毬小」是也。

其四十字體，單調，六句四平韻。雲謠集無名氏詞云：「珠淚芬芬濕綺羅，少年公子負恩多。當初姊姊分明道，莫把眞心過與他。子細思量着，淡薄知聞解好麼。」（據潘師石禪敦煌雲謠集新書）。此詞惟第五句五字，餘皆七字。馮詞八首亦然。其平仄通用處，一如近體詩，閱者可參詞旁圖譜，不復註。其中間有拗體者，如馮詞第八首第四句「飄盡碧梧金井寒」，碧字仄聲，金字平聲，此亦詩中拗救法也。說詳上文，不贅。

清平樂

【考源】唐教坊曲名，見教坊記。萬樹詞律云：「清平樂又名憶蘿月，與清平調無涉。」歐陽炯花間集序已證實李白應制，曾另作清平樂四首，是知今所傳李白應制者乃清平樂，非清平調也。按清平樂辭始於李白，相傳爲四闋，全唐詩所收凡五闋，有換韻不換韻二體。然明王世貞四部稿疑之，嘗謂：「楊用修所載太白清平樂二闋，識者謂非太白作，以其卑淺也。按太白清平調本三絕句而已，不應復有詞也。」實則花間集序既明言「在明皇朝，則有李太白應制清平樂調四首」，是五代人已有此說，未可遽言其非是。又任二北教坊記箋訂引鑑戒錄所載五代時陳裕詩：「阿家解舞清平樂。」知清平樂乃舞曲，清平調則未云有舞。又引溫庭筠清平樂辭：「新歲清平思同輦」，清平二字顯爲兩都賦「海內清平，朝廷無事」之意。又引敦煌雜錄下、「願文」云：「社稷有應瑞之祥，國境有清平之樂。」可知調名中之清平，並非指清調、平調也。按唐書謂南詔有清平官，司朝廷禮樂，猶唐之宰相。近人楊憲益零墨新箋謂此曲乃南詔樂，因官得名，李白之有其辭，猶之有菩薩蠻辭也。今人凡不信李白作長短句、有清平樂者，大抵爲胡元瑞說所囿，其實當時教坊中既有此曲，則李白自亦得從而爲之詞也。

【異名】此調異名有三：花庵詞選名清平樂令；張輯詞有「憶着故山蘿月」，名憶蘿月；張翥詞有「明朝來辭東風」句，名醉東風。

【宮調】宋教坊及雲韶大曲之清平樂，屬大石調（黃鐘商）。據漫志所載，此曲在越調（無射商），至唐宋盛行。金奩集載溫庭筠詞入越調，宋張子野詞入大石調，柳永詞亦入越調，張孝祥于湖長短句則入正宮（黃鐘宮）。

【詞例】

清平樂　　李　白

禁闈清夜仄韻月探金窗罅叶玉帳鴛鴦噴蘭麝叶時落銀燈香灺叶　女伴莫話孤眠平韻六宮羅綺三千叶一笑皆生百媚句宸衷教在誰邊叶

【訂律】全唐五代詞彙編輯錄清平樂一調，計李白五首、溫庭筠二首、韋莊六首、孫光憲二首、毛熙震二首、歐陽炯一首、尹鶚一首、李後主一首、馮延巳四首，凡二十四首，今即據之以訂律。

本調四十六字，凡兩用韻，前半協仄，後半協平，爲正體，唐五代詞家多從之。若李詞另首全押仄韻，則變體也。第一句四字，聲調爲「平平仄仄」，起仄韻；第一三字雖可平仄不拘，然忌孤平。次句五字，「仄仄平平仄」，第一字可平。第三句七字，仄起仄叶，第一三字平仄不拘，第五六字有拗作「仄平」者，如詞例李詞即是，亦有連用兩平者，如溫詞「新歲清平思同輦」、韋詞「花拆香枝黃鸝語」等是。第四句爲仄起仄叶之六言句，其第一三五字平仄雖可不拘，但第五字作仄，則第三字必須作平，所當注意耳。下片換叶平韻，首次句俱六字，用韻，兩句第一三字，平仄可不拘，然首句第二字各家多有用平者。第三句聲調與上片第四句同，惟不叶韻。末句則與下片第二句同。

此調下片頗有拗聲，如溫詞云：「上馬爭勸離觴，南浦鶯聲斷腸；愁殺平原年少，回首揮淚千行。」兩首相同。韋詞亦有同此者，其第二第四句聲調，皆與李詞乖反。惟唐五代清平樂詞，作此拗聲者，僅三五闋耳；姑存此以備參酌。

賀聖朝

【考源】唐教坊曲名，見教坊記，後以名詞。此調或出於大曲賀聖樂，惜不能詳。按「聖朝」一詞含崇仰朝廷之意，多見唐人詩文中。舊唐書禮儀志：「聖朝垂則，永播於芳規。」杜審言詩：「聖朝尚邊策，詔諭兵戈偃。」調名殆昉於此。又今傳辭始見於馮延巳詞，惟所詠去本意遠甚。

【宮調】此調在唐五代宮調未詳。至宋張子野詞注雙調（夾鐘商）。

【詞例】

賀聖朝　馮延巳

金絲帳暖牙牀穩（仄韻）懷香方寸（叶）輕顰輕笑（句）汗珠微透（句）柳沾花潤（叶）雲鬢斜墜（句）春應未已（句）不勝嬌困（叶）半欹犀枕（句）亂纏珠被（句）轉羞人問（叶）

【訂律】全唐五代詞彙編收賀聖朝一調，計馮延巳一首、闕名一首。此調昉自馮詞，雙調四十七字，上片五句三仄韻，下片六句兩仄韻。宋調皆由此添字或攤破句法，實出一源，故其句法同者，可以互參平仄。至闕名一首，亦同馮體，惟換頭攤破為六言兩句，上下片第三句「故址頹垣」、「改變容顏」、作仄起平住句，與馮詞異，此當為音律之寬緩處也。

泛龍舟

據潘師石禪敦煌曲校錄補校，知此調伯三二七一卷題作「汎龍洲詞」，斯六五三七卷作「龍州詞」。任二北敦煌曲校錄，校西江月（斯二六〇七）「旅人船薄孤洲」句，謂「洲」原作「舟」，從王文才校。泛龍舟之「舟」，寫卷或作「州」，或作「洲」，可互證。若據隋煬帝之泛龍舟辭比勘，則兩辭之內容、平仄、句法，皆大致相近，是此調名，宜從任說，作泛龍舟。

【考源】教坊記之曲名與大曲名內，皆列此調。今傳辭始見於敦煌卷子，僅一首，爲七言八句帶和聲之聲詩。查樂府詩集清商曲辭之吳聲歌曲內，載隋煬帝之泛龍舟辭，亦七言八句，內容平仄，亦大致相近，可見由隋入唐，此調變化不大。惟敦煌辭八句之後，尚綴「泛龍舟，遊江樂」六字和聲，乃隋辭所無，或隋辭原亦有之，而樂府詩集所據者，已被刪去，故詩集亦不載之耳。此調在唐，亦列太常梨園別教院所教法曲樂章之中，屬林鐘商，宜爲沿用隋之清商樂。且端陽競渡，泛龍舟，乃中國風俗，本於中國故事，自不應與胡樂有涉，故隋書音樂志龜茲樂內雖列此曲，而唐代史書，則一致將此調列於由隋入唐之清曲三十二調中，故隋志所列，若非有誤，即爲同名異曲。

【宮調】此調在唐，屬林鐘商。

【詞例】

泛龍舟　無名氏

春風細雨霑衣濕句何時恍忽憶陽州韻南至柳城新造日句北對蘭陵孤驛樓叶迴望東西二湖水句復見長江

萬里流叶白鶴雙飛出谿壑句無數江鷗水上遊叶泛龍舟，遊江樂（據潘師石禪敦煌曲校錄補校）

【訂律】敦煌曲收泛龍舟調，僅此一首，辭作七言八句，叶四平韻，末六字爲和聲。無他詞可校，平仄姑從之。

春光好

【考源】唐教坊曲名，見教坊記。此調始爲唐玄宗所作。南卓羯鼓錄謂玄宗尤愛羯鼓，其所作之羯鼓曲，分太簇宮、太簇商、太簇角、諸佛調曲、食曲，凡五類，計九十二曲，春光好爲其中之一曲，屬太簇宮，曲名則本於玄宗擊鼓催花之作也。王灼碧鷄漫志引羯鼓錄云：「明皇尤愛羯鼓、玉笛，云：『八音之領袖』。時春雨始晴，景色明麗，帝曰：『對此豈可不與他判斷？』命取羯鼓，臨軒縱擊，曲名春光好，回顧柳杏皆已微坼。」今明皇詞已不傳，所見僅花間、尊前兩集中詞耳。

【異名】此調因晏幾道詞有「拌卻一襟懷遠淚，倚闌看。」句，改名愁倚闌令，或名愁倚闌，或名倚闌令。

【宮調】此調據羯鼓錄載，唐調列太簇宮。宋調王灼漫志謂屬夾鍾宮，俗呼中呂宮，其言曰：「今夾鍾宮春光好，唐以來多有此曲。」或此曲於唐兼具二音耶？

【詞例】

春光好　　歐陽炯

天初暖句 日初長平韻 好春光叶 萬彙此時皆得意句 競芬芳叶 筍迸苔錢嫩綠句 花偎雪塢濃香叶 誰把金絲裁剪却句 挂斜陽叶

【訂律】全唐五代詞彙編收春光好一調，計和凝二首、歐陽炯九首、馮延巳一首，凡十二首。此調五代詞當以歐陽炯四十一字體第四句仄住者爲正格，和凝詞四十字體第四句六字，係由歐陽炯之七字句偶減一字，唐五代詞調似此者不可勝數，未可以別爲一體也。歐詞另有第四句用叶者，亦係由仄住之句偶用叶韻，實詞調中之常，亦未可以別爲一體也。故今祇據其四十一字體第四句仄住者訂律，餘不復贅。

此詞雙調四十一字，前段五句三平韻，後段四句兩平韻。歐詞別首，前段第一句「雞樹絲」，樹字仄聲。第四句「纖指飛翻金鳳語」，纖字金字俱平聲。後段第一句「無處不携絃管」，無字絃字俱平聲，不字仄聲。第二句「未聞韓壽分香」，韓字平聲。第三句「曲罷問郎名箇甚」，曲字問字俱仄聲，調內可平可仄據此。

鳳樓春

【考源】唐教坊曲名，見教坊記。任二北教坊記箋訂云：「唐詞紀謂卽憶秦娥之遺意。所傳五代人作鳳樓春，與憶秦娥句格全異，或唐五代另有其調。」今傳辭僅見花間集歐陽炯之作，雙調七十七字，用韻較密，句拍短促，上片較近律體，下片因四言句較多，已近於慢體，其詞意則亟寫春樓女子之別愁離緒，與調名應合。此調雖見崔記，然不類盛唐之製，殆五代時所創之新聲也。

【宮調】此調未詳其宮調，俟攷。

【詞例】

鳳樓春　　歐陽炯

鳳髻綠雲叢平韻深掩房櫳叶錦書通叶夢中相見覺來慵叶勻面淚句臉珠融叶因想玉郎何處去句對淑景誰同叶　小樓中叶春思無窮叶倚闌凝望句暗牽愁緒句柳花飛起東風叶斜日照簾句羅幌香冷粉屏空叶海棠零落句鶯語殘紅叶

【訂律】全唐五代詞彙編收此調，僅歐陽炯一首，雙調七十七字，上片八句六平韻，下片九句五平韻。唐宋詞無別首可校，平仄宜從之。

長命女

【考源】唐教坊曲，見教坊記。此調王灼碧鷄漫志已有詳考，嘗斷曰：「此曲起開元以前，大曆間，樂工加減節奏。」按虞世南琵琶賦：「少年有『長命』之辭，倡女有『可憐』之曲」。疑長命之辭卽指此曲，然則此調初唐時已有之矣。又此調與薄命女之字句平仄音響俱同，但非一調，可參看薄命女條。

【宮調】御製詞譜引杜祐理道要訣云：「長命女在林鍾羽，時號平調，今俗呼高平調。」又引碧鷄漫志云：「長命女令前七拍，後九拍，屬仙呂調。」按仙呂調卽夷則羽，皆羽聲也。

【詞例】

長命女　馮延巳

春日宴仄韻綠酒一杯歌一遍叶再拜陳三願叶　一願郎君千歲句二願妾身長健叶三願如同梁上燕叶歲歲長相見叶

【訂律】全唐五代詞彙編收此調，僅馮延巳詞一首，此詞雙調三十九字，上片三句三仄韻，下片四句三仄韻。無他首可校，平仄宜遵之。

柳青娘

【考源】唐教坊曲名，見教坊記。此調傳辭始見於雲謠集雜曲子。柳青娘三字，原爲歌伎之名，後遂沿爲曲名。唐馮翔桂苑叢談云：「國樂婦人有永新婦、御史娘、柳青娘，皆一時之妙也。」按永新婦，據五代王仁裕開天遺事，爲玄宗之歌者。又劉禹錫與歌童田順郎詩：「天下能歌御史娘，花前月底奉君王。九重深處無人見，分付新聲與順郎。」是順郎乃御史娘之弟子，必當稚年，方能寄在「九重深處」，如此，御史娘之時代當然較早，所供奉者宜爲玄宗。永新婦、御史娘既屬盛唐，則柳青娘當可連類以及，宜爲同時或時代相去不遠之人，然後馮氏始並擧之。柳青娘既爲盛唐之「國樂婦人」，則此調之作於盛唐，自屬可能。（參看任二北教坊記箋訂）

【宮調】此調未詳其宮調，俟考。

【詞例】

柳青娘　　無名氏

青絲髻綰臉邊芳平韻淡紅衫子掩酥胸叶出門斜撚同心弄句意恛惶叶故使橫波認玉郎叶叵耐不知何處去句敎人幾度掛羅裳叶待得歸來須共語句情轉傷叶斷却妝樓伴小娘叶

（據任二北敦煌曲校錄）

【訂律】敦煌曲收柳青娘一調，凡二首。第一首六十二字，完整可誦，上片「七、七、七、三、七、」，共五句，四平韻（敦煌曲校錄云：「按酥原作素，失粘」，以音近訛，玆從朱（彊村）校改。冒（鶴亭）本云：「胸字疑唐人方音通叶，讀者腔也）。下片句法悉同上片，惟少叶一韻耳。惜夫次首原卷有損缺，字多脫漏，故二詞不易互勘，平仄殊難律定。今姑取其字句較完整者，勉爲比勘，聊備參酌。至二詞結句，一作「斷却妝樓伴小娘」，一作「因何辜負少年人」，平仄全反，前人謂唐律寬緩，此又一例證也。

楊柳枝

【考源】此調起源甚古，任二北敎坊記箋訂云：「古曲有兩種折楊柳；一胡歌，乃漢鼓角橫吹曲；一華聲，如相和大曲之折楊柳行，及淸商曲之月折楊柳歌等。」知胡歌之柳枝，炎漢已有之，其屬華聲者，則隋之遺曲也。後蜀何光元鑑戒錄云：「柳枝歌，亡隋之曲也。」而張祜折楊柳枝兩絕句，其一云：「莫折宮前楊柳枝，玄宗曾向笛中吹；傷心日暮煙霞起，無限春愁生翠眉。」則知隋有此曲，傳至開元。而初唐賀知章等亦早有其作，敎坊記載楊柳枝曲名，亦應屬此。其後白居易翻洛下新聲，及乾符中，薛能令部妓少女作楊柳枝健舞，復賦其詞爲楊柳枝新聲者，蓋借舊曲之名，而另製爲新聲也，則此調至此凡二變矣。繼復塡其和聲爲實字，遂成長短句之型態，如張泌、顧夐之所爲者，則已三變矣。又近世所見敦煌曲中，亦有楊柳枝一首，字數寖多，殆又加襯字之故耳。

【宮調】此調在唐未詳其宮調，俟攷。

【詞例】

楊柳枝　溫庭筠

金縷毿毿碧瓦溝韻六宮眉黛惹香愁叶晚來更帶龍池雨句半拂闌干半入樓叶

【訂律】全唐五代詞彙編輯錄此調作品甚多，其題作「楊柳枝」或「柳枝」者，計賀知章一首、張祜二首、劉禹錫十三首、施肩吾一首、姚合五首、滕邁一首、李涉一首、白居易十首、薛能七首、司空圖廿首、溫庭筠八首、李商隱二首、段成式十九首、裴諴二首、皇甫松二首、徐鉉廿二首、孫光憲四首、成彥雄十首、李煜一首、牛嶠五首、和凝三首、崔道融一首、韓琮三首、盧肇一首、裴夷直一首、何希堯一首，凡一百四十六首，皆七言四句之聲詩。雖有句調銜接、平仄穩洽者，然失黏不拘者亦非尠也。碧鷄漫志云：「今黃鐘商有楊柳枝曲，仍是七言四句詩，舊詞多仄字起頭，平字起頭者十之一二」。其所謂「舊詞」者，係指劉、白及五代諸子之所製也。然據其原作統計，劉、白以下以平字起頭者，仍有五十九首之多，已達全唐五代此調總和之三分之一强，則王氏所論，亦未爲的論也。此調既爲絕句體之聲詩，其爲平起仄起，宜無固定之限制，今以仄起占多數，恐亦偶然致之耳。溫庭筠又有題作「新添聲楊柳枝」者二首，體製並同。中唐時韓翃寄柳氏之作，則題爲「章臺柳」，而變首句之七言爲兩三字句，並改叶仄韻，柳氏答詞，題仍「楊柳枝」，體則和原調，蓋其本屬古詩，後人採入詞譜，乃以首句爲名，故韓作題「章臺柳」，柳作題「楊柳枝」也。至張泌之「柳枝」、顧敻之「楊柳枝」，雖調名仍舊，然皆於每句下各加三字塡實之和聲，遂成雙調，玆舉張泌之作爲例：

膩粉瓊妝透碧紗韻雪休誇叶金鳳搔頭墮鬢斜叶髮交加叶　倚着雲屏新睡覺仄韻思夢笑叶仄紅顋隱出枕函花續平韻有些些叶

其每句下三字，皆和聲塡實者，又復與本句相叶韻。如本調之誇紗、加斜、笑覺、些花皆是；第五句本爲七絕體之第三句，原無押韻之理，然此調乃使五六兩句自爲叶，亦即第三句之和聲，與第三句相叶耳。觀顧作五六句作「正憶玉郎遊蕩去，無尋處」，處、去亦相叶也，故可視爲定格。

柳含煙

【考源】唐敎坊曲名，見敎坊記。吳曾能改齋漫錄云：「京師僧念梁州、八相太常引、三皈依柳含煙等，號唐讚。」是此調在唐時已流爲佛曲，而諸讚既假借及之，則其調原爲民間所流行者可知。今傳辭以毛文錫詞四首爲最早，其內容皆就調名立意，塡詞名解及御製詞譜，均以爲調名有取於毛氏詞中語，非也。此調名既見於敎坊記，是開天時已有之，非自毛氏始有此調也。

【異名】歷代詩餘謂「柳含煙一名柳含金」。

【宮調】此調未詳其宮調，俟攷。

【詞例】

柳含煙　　毛文錫

河橋柳句占芳春平韻映水含煙拂路句幾回攀折贈行人叶暗傷神叶　樂府吹爲橫笛曲換仄韻能使離腸斷續叶仄不如移植在金門平韻近天恩叶

【訂律】全唐五代詞彙編收柳含煙一調，祇毛文錫四首，今卽據此訂律。此調兩片四十五字，上片五句三平韻，下片四句兩仄韻兩平韻。換頭二句，例用仄韻，餘皆平韻，而後結兩平韻，仍與前韻通，毛詞四首並同。毛詞別首，上片起句「御溝柳」，御字仄聲。第三句「低拂往來冠蓋」，低字冠字俱平聲，往字仄聲。第四句「龍舟鳳舸木蘭香」，龍字平聲，鳳字仄聲。下片起句「因夢江南春景好」，又「直與路邊江畔別」，因字平聲，路字仄聲。第二句「免被離人攀折」，免字仄聲，攀字平聲。又「風亞舞腰纖輭」，舞字仄聲。第三句「笙歌未盡起橫流」，笙字平聲，未字仄聲。調內可平可仄據此。故此詞上片河、含、攀三字，可仄；映、拂、幾三字，可平。下片吹、能、離、移四字，可仄；樂、斷、不三字，可平。又兩片之六言句，雖一、三、五、字平仄不拘，然三五兩字中，必有一平，聲律始諧。

浣溪沙

【考源】浣溪沙，唐教坊曲名，見教坊記。是盛唐時已有此曲。又敦煌卷子內有浣溪沙之舞譜，其爲舞曲可知。此調在敦煌曲中，作雜言「七、七、七、三、」兩片。花間集宋刻本以齊言聲詩之七言六句者爲浣溪沙，而以雜言兩片者爲浣沙溪，宋以後又有名雜言兩片爲攤破浣溪沙、攤聲浣溪沙、南唐浣溪沙（以南唐中主有此作）者，賀方回詞於七言六句者又稱減字浣溪沙。實則此調在唐，本有雜言與齊言二體，統稱浣溪沙，觀於敦煌曲中，凡名浣溪沙者，皆作雜言（按今傳敦煌曲內，此調除雲謠二首外，王集上卷尚有九首，又誤稱浪濤沙者四首，共十五首—其中兩首有闕文—一律雜言），尊前、花間二集內，浣溪沙之各體皆稱，但絕無二名，可知。顧二體究竟各起何時，孰先孰後，殊不可考。竊疑此調之雜言體，句後原有尾聲，可塡三字，其後但有尾聲而不塡字，乃有兩體，皆名浣溪沙。花間分爲二名，一名浣沙溪，一名浣溪沙，蓋沿俗誤（按敦煌曲中有渙沙溪二首，潘師石禪校云：「伯三五○一舞譜，有鳳歸雲、浣溪沙等調名，此似當作浣溪沙。」詞徵亦謂：「浣溪沙之爲浣沙溪，則因槧本誤刻而異，非原有此區別也」）。至宋於浣溪沙上又增攤破、南唐等字樣，不過徒滋紛擾耳。又五代以後，以山花子爲本調之別名，唐不然；蓋二調在唐有平、仄韻之別也。參看山花子條。

【異名】此調之雜言者，毛文錫詞名攤破浣溪沙。後世以南唐中主有此作，故亦名南唐浣溪沙；梅苑名添字浣溪沙；和凝詞名山花子。此調之齊言者，其異名有十：張泌詞有「露濃香泛小庭花」句，時遂有以浣溪沙爲小庭花者。賀鑄名減字浣溪沙。韓淲詞有「芍藥酴醿滿院春」句，名滿院春。有「東風拂檻露猶寒」句，名東風寒。有「一曲西風醉木犀」句，名醉木犀。有「霜後黃花菊自開」句，名霜菊黃。有「廣寒曾折最高枝」句，名廣寒枝。有「春風初試薄羅衫」句，名試香羅。有「清和風裏綠陰初」句，名清和風。有「一番春事怨啼鵑」句，名怨啼鵑。

【宮調】此調據金奩集載韋莊張泌詞，隸黃鐘宮（無射宮），宋張先、周邦彥等先後翻製始改入中呂宮（夾鐘宮）。

【詞例】

浣溪沙　　韓　偓

攏鬢新收玉步搖平韻背燈初解繡裙腰叶枕寒衾冷異香蕉叶　深院下關春寂寂句落花和雨夜迢迢叶恨情殘醉却無聊叶

【訂律】全唐五代詞彙編收浣溪沙齊言體一調，計韓偓二首、張曙一首、韋莊五首、薛昭蘊八首、毛文錫一首、李珣四首、顧敻八首、歐陽炯三首、毛熙震七首、閻選一首、南唐中主一首、南唐後主二首、張泌十首、孫光憲十九首、馮延巳五首，凡七十七首，今即據之以訂律。

此調齊言體以七言六句者爲正體，雙調四十二字，前段三句三平韻，後段三句兩平韻（第四句不押韻）。若薛詞首句之少押一韻，孫詞第十首末句「萬般心、千點淚、泣蘭堂」之攤破句法，後主詞之換仄韻，皆變體也。此調全用七言，首句爲仄起平韻之聲調，第一五字平仄不拘，第三字例用平聲，七十七首中，僅韋莊第三首「惆悵夢餘山月斜」一句例外，自不可爲式。第二句第三句俱爲平起平韻之聲調，第一三字平仄不拘，惟第三句之前四字，各家聲調多作「仄平平仄」，如孫詞十九首，僅兩首例外，毛詞七首，僅一首不合。要之，唐五代詞七十七首，其第三句之前四字同此聲調者，凡六十一見，塡者似可參酌。下片首次句聲調爲「仄仄平平平仄仄，平平仄仄仄平平」，無異七言律中之一聯。第三句爲平起平韻之七言句。此三句之第一三字平仄悉可不論。

又全唐五代詞彙編收此調之雜言體者，計敦煌曲十五首、毛文錫一首、南唐中主二首、和凝題名山花子者二首，凡二十首，今遂錄敦煌曲一首於后，並據之以訂律。

浣溪沙　　無名氏

玉露初垂草木彫平韻　雁飛南去燕離巢叶　寸步如同雲水隔句　月輪高叶　遠客思歸砧杵夜句　庭前霜葉墮
銀條叶　蟋蟀夜鳴階砌下句　恨長宵叶

此調雙疊四十八字，儼然一首七言律詩，但領聯與末聯各缺四字耳。前段第一二句即爲七言詩仄起平韻之首二句，其聲調與詞例所舉韓偓詞相同。第三句李璟詞「風裏落花誰是主」，風字平聲，落字仄聲，知此二字平仄不拘。末句必作「仄平平」，各家皆然。後段起句，毛詞作「羅襪生塵游女過」，羅字平聲。李詞作「細雨夢回鷄塞遠」，夢字仄聲。第二句，敦煌曲別首作「往來未有不經過」，往字末字俱仄聲。第三句，毛詞作「蘭麝飄香初解珮」，蘭字飄字俱平聲。據此，知此三句第一三字平仄悉可不論。末句亦作「仄平平」，與上片同。

浪淘沙

【考源】此調調名見於教坊記，則源於盛唐可知。敦煌卷子內亦曾見此曲，然有目而無辭。今曲詞所見最早者爲中唐劉、白之作，皆七絕體也。劉詞云：「九曲黃河萬里沙，浪淘風簸自天涯。」白詞云：「一泊沙來一泊去，一重浪滅一重生，相攪相淘無歇日，會教山海一時平。」所詠則切本調名，非泛用也，則其調名所來，從可知矣。其後南唐李後主又搬爲雙疊之長短句令詞，易名「浪淘令」。自南唐後，其調遂爲世所習用，然實因舊曲而另創之新聲，非別調也。

【宮調】此調毛先舒謂商調，一名賣花聲。

【詞例】

浪淘沙　　劉禹錫

汴水東流虎眼紋韻清淮曉色鴨頭春叶君看渡口淘沙處句渡卻人間多少人叶

【訂律】全唐五代詞彙編輯錄本調，計白居易六首、劉禹錫九首、皇甫松二首、司空圖一首、李煜二首。劉、白、皇甫、司空諸作，四句，二十八字，三平韻。其起調或平起，或仄起，然實七絕體也。（詞例單擧仄起一首，其平起者與七絕平起全同。）詞律謂「平仄不拘」，細按劉作九首及皇甫、司空諸作，皆嚴守絕句格律，無一例外。唯白作六首，中五首有失粘失對之處，微礙於律，可知萬氏所言，未免籠統。至後主所製新腔，今亦並列於後，藉資參鏡：

簾外雨潺潺韻春意闌珊叶羅衾不耐五更寒叶夢裏不知身是客句一響貪歡叶　獨自莫憑闌叶無限江山叶別時容易見時難叶流水落花春去也句天上人間叶

此詞雙疊，五十四字，前後各五句，四平韻。其平仄依另首「往事只堪哀」參校，譜內可平可仄者據之。宋人所塡此調，俱以本詞爲正格，若杜安世之減字，或添字；柳永之減字，宋祈之改仄韻，皆變格也。

紗窗恨

【考源】唐教坊曲名，見教坊記。御製詞譜既稱此調爲「唐教坊曲名」，又謂「毛文錫詞有『月照紗窗恨依依』句，取以爲名」。是認崔記之列此名，將遲在五代以後，而實不然。按此調名既見教坊，則開、天之際已有此調，非取毛文錫詞句而名之也，毛氏特取調名以入詞耳。

【宮調】此調未詳其宮調，俟攷。

【詞例】

紗窗恨　毛文錫

新春燕子還來至仄韻一雙飛平韻壘巢泥濕時時墜叶仄浣人衣叶平　後園裏讀看百花發句香風拂讀繡戶金扉叶平月照紗窗句恨依依叶

【訂律】全唐五代詞彙編收紗窗恨一調，僅毛文錫二首，今即據此以訂律。

此詞雙調四十一字，八句，兩換韻。前段四句，兩平韻兩仄韻。後段四句，二四句用前段之平韻。

毛詞二首句法悉同，惟次首後段第三句較前詞多一字爲異。

此詞前段第三句「二三月愛隨飄絮」，隨字平聲；第二句「伴落花來拂衣襟」，伴字落字俱仄，來字花字俱平；故此詞前段「泥」字可仄；後段「百」、「拂」、「繡」可平；「香」、「風」可仄。調內可平可仄據此。

望梅花

【考源】唐教坊曲名，見教坊記。此調花間集收和凝、孫光憲各一首，俱爲詠梅之作，殆因調名立意耳。詞律謂和、孫之望梅花詞，「俱實詠梅花者，是知此調未可作他用」。其說甚謬。詞調之因事卽物而得名者，不知凡幾；唐五代時，調卽是題，而已有不盡然者。至宋以後，則詞皆有題，倚調以成聲，而所詠之事，與調名無涉也。四庫全書克齋詞提要云：「考花間滿集，往往調卽是題云云。唐末五代諸詞例原如是，後人題詠漸繁，題與調兩不相涉。然則望梅花之調本係詠梅，而後移爲他用，亦無足異矣」。與萬氏所注，正可發明。

【異名】詞譜云：「梅花詞作望梅花令。」

【宮調】此調未詳其宮調。

【詞例】

望梅花　　和凝

春草全無消息仄韻臘雪猶餘踪跡叶越嶺寒枝香自坼叶冷艷奇芳堪惜叶何事壽陽無處覓叶吹入誰家橫笛叶

【訂律】全唐五代詞彙編收望梅花一調，祇和凝、孫光憲各一首。和詞叶仄韻，孫詞爲雙調平韻，故詞律別爲二體。

和詞單調三十八字，六句六仄韻。無他首可校，平仄宜遵之。

孫詞雙調三十八字，上片三句兩平韻；下片三句三平韻。其詞云：「數枝開與短牆平。見雪萼、紅跗相映，引起離人邊塞情。簾外欲三更。吹斷離愁月正明。空聽隔江聲」。亦無他首可校。

憶江南

【考源】此調本名望江南，相傳李德裕爲亡妓謝秋娘作，故又名謝秋娘，樂府雜錄言之甚晰，碧鷄漫志引之，白樂天詞因江南憶之句，名之曰憶江南。此調又名夢江南，殆因晚唐皇甫松詞「閒夢江南梅熟日」句而有此說，與敎坊曲夢江南無涉（按敎坊記以望江南與夢江南二調並載，當非一調，說詳敎坊記箋訂）。毛先舒塡詞名解曰：「古樂府有江南弄，中分龍笛採蓮趙瑟秦箏等曲，梁武帝、陳後主、沈約、吳均諸人咸有其作。樂錄云：『江南弄三洲和云：陽春路，娉婷出綺羅。』正與塡詞起句同法，然則望江南詞蓋昉於此。」此論本調之初源，可備一說。至盛唐望江南，則有天寶十三年崔懷寶贈薛瓊瓊一首，詞云：「平生無所願，願作樂中箏。得近玉人纖手子，砑羅裙上放嬌聲，便死亦爲榮。」（見宋陳元靚歲時廣記一七「賜宮娥」條引張君麗情集）此詞首句惟較後來諸作多「無所」二襯字耳，全首實望江南調，則此詞與敎坊記曲名中之有望江南，或應相合。任二北敦煌曲初探考之甚詳，果如任說，則此調開元天寶間已有之，而樂府雜錄謂始自德裕，恐誤。又敦煌寫卷載望江南詞凡雙調四首、單片四首，任二北云：「詳玩此雙疊四首之內容，爲後唐後晉時，敦煌四圍之軍將，背蕃歸漢，用以輸誠者。」是其詞在五代，已習用雙疊，顯爲事實。王灼碧鷄漫志之考本調云：「此調自唐及今，皆南呂宮，字句亦同，止是今曲兩段。蓋近世曲子無單遍者。」萬樹詞律亦謂：「白香山詞三首，晚唐襲之，皆係單調，至宋方加後疊。」今唐詞出，乃知二氏之誤。

【異名】本調原名望江南，敦煌曲八首皆作此名。樂府雜錄謂此詞乃唐李德裕爲謝秋娘作，故名謝秋娘。劉禹錫詞首句作「春去也」，皇甫松詞有「閒夢江南梅熟日」句，因又名春去也、夢江南。李煜詞名望江梅。萬氏詞律又有夢江口之名。至宋王安中詞有「安陽好、曲水似山陰」句，名安陽好。張滋詞有「飛夢去，閒到玉京遊」句，名仙遊。蔡眞人詞有「鏗鐵板，閒引步虛聲」句，名引虛聲。張子野詞名江南柳，宋自遜詞名壺山好；丘長春詞名望蓬萊，太平樂府名歸塞北。此調異名，可謂夥矣。

【宮調】王灼碧雞漫志云：「此曲自唐至今，皆南呂宮（林鐘宮）。」敦煌詞掇注平調（即正平調），金奩集所載溫庭筠詞及宋張子野詞入南呂宮，周邦彥片玉 及張孝祥于湖長短句並入大石調（黃鐘商），詞譜引太平樂府，亦注大石調。

【詞例】

憶江南　　白居易

江南好句風景舊曾諳韵日出江花紅勝火句春來江水綠如藍叶能不憶江南叶

【訂律】全唐五代詞彙編輯錄憶江南一調，計白居易三首、劉禹錫二首、呂巖十二首、皇甫松二首、溫庭筠二首、崔懷寶一首、牛嶠二首、李珣二首、伊用昌一首、敦煌曲八首，凡三十五首，今據之以訂律。

本調二十七字，三平韻。首句爲三字句，次字平仄不拘。第二句爲仄起平韵之五字句，句法上二下三。第三句爲仄起仄收之七字句，第四句爲平起平韵之七字句，兩句第一、三字平仄可不拘。結句句法聲調與次句同。故第一字可平可仄。此調三、四兩句其聲律全與平起七言詩中之領聯無異，是以作者多用對偶，以求工整，歷來詞家，正多其例。

烏夜啼

【考源】唐教坊曲名，見教坊記。崔氏敍其本事云：「烏夜啼者，元嘉二十八年，彭城王義康有罪，放逐，行次潯陽，江州刺史衡陽王義季，留連飲宴，歷旬不去。帝聞而怒，皆囚之。會稽公主，姊也，嘗與帝宴洽，中席起拜。帝未達其旨，躬止之。主流涕曰：『車子歲暮，恐不爲陛下所容。』車子，義康小字也。帝指蔣山曰：『必無此，不爾，便負初。』寧陵、武帝葬於蔣山，故指先帝陵爲誓。因封餘酒，寄義康，且曰：『昨與會稽姊飲，樂，憶弟，故附所飲酒往。』遂宥之。使未達潯陽，衡陽家人扣二王所囚院曰：『昨夜烏夜啼，官當有赦。』少頃，使至，二王得釋，故有此曲，亦入琴操。」任氏教坊箋訂云：「此曲有燕樂雜曲與雅樂琴曲兩種之分。」又云：「本六朝樂府，唐有五言四句之聲詩。」是知其調源出甚古。而今日詞中以烏夜啼名調者，實始於李後主，至宋歐陽修詞，易名「聖無憂」，宋人又於首句加一字，更名「錦堂春」，其實皆「烏夜啼」也。

【宮調】楊愼詞品載王建烏夜啼七言聲詩一首，謂「商調曲也。」又詞譜云：「烏夜啼，唐敎坊曲名，太和正音譜注南呂宮。又大石調，宋歐陽修詞名聖無憂，趙令畤詞名錦堂春。」此蓋借舊曲名，另翻新聲也。

【詞例】

烏夜啼　　李煜

昨夜風兼雨句簾幃颯颯秋聲平韻燭殘漏滴欹枕句起坐不能平叶　世事漫隨流水句算來一夢浮生叶醉鄉路穩宜頻到句此外不堪行叶

【訂律】此調全唐五代詞彙編止錄李煜此首，雙疊，四十七字，前後片各四句，兩平韻。句中平仄，以無他首可校，姑從上譜。

摘得新

【考源】唐敎坊曲名，見敎坊記。王建宮詞敘開元事云：「衆裏遙抛新摘子，在前收得便承恩。」謂新摘之果實也。王涯宮詞云：「御果收時屬內官，傍簷低壓玉闌干。明朝摘向金華殿，盡日枝邊次第看。」可參證。此摘得新調名之由來。皇甫松之作，乃據舊調以塡詞耳。其首句有摘得新三字者，乃用調名爲首句，詞律謂「皇甫松別作首句三字『摘得新』，因以爲名。」非也。開元、天寶中敎坊已有此名，非待皇甫松詞出而後有此名也。

【宮調】此調未詳其宮調，俟考。

【詞例】

摘得新　　皇甫松

酌一卮平韻須敎玉笛吹叶錦筵紅蠟燭句莫來遲叶繁紅一夜經風雨句是空枝叶

【訂律】全唐五代詞彙編收摘得新一調，計皇甫松二首，今據之以訂律。

此調單調二十六字，六句，四平韻。另首之前四句與結句句法悉與此同。惟第五句「平生都得幾十度」，「都」字平聲，「幾」字「十」字俱仄聲。詞律曰：「經風二字平聲，而摘得新一首用幾十兩字，幾字上聲，十字入聲，蓋可借作平，不礙歌喉，乃深於音律者所用也。初學若謂此二字可仄，而塡入去聲字，則大謬矣。」萬氏謂「幾十」兩字作平，是也。然「一」字「都」字，平仄通用，漏未註及。

河瀆神

【考源】唐敎坊曲名，見敎坊記。花庵詞選云：「唐詞皆緣題所賦，河瀆神之詠祠廟，亦其一也。」

按肅宗乾元間，王延昌有河瀆神靈源公祠廟碑云：「存乎祀典，」代以為常，則班固序漢書，所謂『河祠臨晉』是也。」既祠祀河瀆神，而名之曰靈源公，其祀之也，必有樂曲，此唐代河瀆神曲之所以得名也。至於祀河神之曲，始於九歌之河伯；漢書郊祀志謂「河祠臨晉」，當亦有曲；宋書樂志云：「山靈、河瀆，皆神之靈」。則南朝祀河瀆亦有樂；惟歷代祠河樂曲之聲辭則未必盡與唐同耳。考河瀆神唐詞始見於溫庭筠，此調唐五代詞俱託與江神而賦物寓情者，萬氏詞律乃泛言詠鬼神祠廟，歷代詩餘亦謂此調之作，「亦九歌迎神送神意」，恐不盡然也。

【宮調】金奩集載溫庭筠詞三首，入夷則宮，俗呼仙呂宮。

【詞例】

河瀆神　　溫庭筠

河上望叢祠平韻廟前春雨來時叶楚山無限鳥飛遲叶蘭棹空傷別離叶　何處杜鵑啼不歇仄韻艷紅開盡如血叶蟬鬢美人愁絕叶百花芳草佳節叶

【訂律】全唐五代詞彙編收河瀆神一調，計溫庭筠詞三首、張泌詞一首、孫光憲詞二首，凡六首，今即據之以訂律。

此調四十九字，上片四句四平韻，下片四句四仄韻。第一句聲調為「平仄仄平平」，起平韻，溫詞三首、孫詞二首皆如此。或謂此句首字可仄，則據張泌詞而定者。次句為「平平仄仄平平」，其一三字平仄不拘，溫詞三首及孫詞第一首，皆同此聲調，惟孫詞別首作「春晚湘妃廟前」，晚字仄聲，妃字平聲，廟字仄聲，與此迥異。第三句爲「平平仄仄仄平平」，其一三字不論，溫、孫詞皆然。末句溫、孫詞多作「平平仄仄平平」，第一三字不拘，惟溫詞第一首作「蘭棹空傷別離」，傷字平聲，棹字別字仄聲，與他詞異。下片首句例作「仄仄平平平仄仄」，換仄韻，其一三六字平仄不拘，然偶有作平起仄運者，如溫詞次首「暮天愁聽思歸樂」是。次句溫詞三首均作「仄平平仄平仄」，而孫詞二首則爲「仄仄平平仄仄」之六言句，聲調略異。第三句各詞俱作「仄仄平平仄仄」，第一字不論，第三五字必用一平，至結句溫、孫詞五首均作「平平平仄平仄」，第一字平仄不拘，此詞聲調之可平可仄處據此。

又張泌一體，亦雙調四十九字，體製與溫詞同，惟通首俱押平韻，而後遍一三兩句不叶，又與溫體異。至其聲調，無唐宋詞可校，似可與溫孫詞合參。玆迻錄其詞於后，以供參鏡：

古樹噪寒鴉。滿庭楓葉蘆花。晝燈當午隔輕紗。晝閣珠簾影斜。門外往來祈賽客，翩翩帆落天涯。回首隔江煙火，渡頭三兩人家。

醉花間

【考源】唐教坊曲名，見教坊記。任二北教坊記箋訂疑此調與醉鄉遊、醉思鄉、醉公子、醉渾脫等五曲，其始皆爲酒筵間之令曲，未審確否？今所見此調，以花間集中毛文錫詞爲最早。

【宮調】宋史樂志注雙調（夾鐘商）。

【詞例】

醉花間　　毛文錫

深相憶仄韻莫相憶疊相憶情難極叶銀漢是紅牆句一帶遙相隔叶　金盤珠露滴叶兩岸榆花白叶風搖玉佩清句今夕爲何夕叶

【訂律】全唐五代詞彙編收醉花間一調，計毛文錫二首、馮延巳四首，今即據之以訂律。

此詞雙調四十一字，上片五句三仄韻一疊韻，下片四句三仄韻。毛詞別首同此體，上片句法音響悉同此詞，惟結「鸂鶒還相趁」，鸂字平聲，則此字可平可仄。下片「昨日雨霏霏，臨明寒一陣。偏憶戍樓人，久絕邊庭信。」除結句外，平仄全反，而首句少押一韻，亦與此詞異。詞體未定之時，似此者多，固不獨醉花間爲然。

又馮詞一體，雙調五十字，上片四句三仄韻，下片六句四仄韻。其詞云：「晴雪小園春未到仄韻池邊梅自早叶高樹鵲銜窠句斜月明寒草叶　山川風景好叶自古金陵道叶少年看卻老叶相逢莫厭醉金杯句別離多句歡會少叶」此詞上片第二三四句，與毛詞同，惟起句作七字異。下片第一二句，與毛詞同，以下句讀全異，馮詞四首皆然。上片第一句，馮詞別首「月落霜繁深院閉」，月字仄聲，霜字平聲。第二句「洞房人正睡」，洞字仄聲。下片第一句「夜深寒不徹」，夜字仄聲。第三句「雙眉愁幾許」，雙字平聲。第四句「兩條玉筯爲君垂」，兩字仄聲，又「人心情緒自無端」，情字平聲。故此詞晴、池、山、相、凡四字，可仄；小、少、莫三字，可平。調內可平可仄據此。

思帝鄉

【考源】唐教坊曲名，見教坊記。詞譜謂「此調創自溫（庭筠）詞」，非也。教坊記既著錄此調名，足證此調創始於開元天寶之際，或更在其前已有之。又令狐楚有「坐中聞思帝鄉有感」詩，劉禹錫和之（見任二北教坊記箋訂引），中唐詩人既相與詠其曲，則決非晚唐之溫庭筠始創可知，溫氏特用舊曲以塡詞耳；惟今之所傳，以溫氏詞爲最早，則係事實。

【異名】萬樹詞律謂「又名萬斯年曲。」

【宮調】此調金奩集載溫庭筠韋莊詞，注越調（無射商）。

【詞例】

思帝鄉　溫庭筠

花花平韻滿枝紅似霞叶羅袖畫簾腸斷句卓金車叶廻面共人閑語句戰篦金鳳斜叶惟有阮郎春盡讀不還家叶

【訂律】全唐五代詞彙編收思帝鄉一調，計溫庭筠一首、韋莊二首、孫光憲一首，凡四首。此調有三體，溫詞爲此調最先之作，而孫光憲倚之，韋莊二體，則由溫體而變者。今卽據溫詞以訂律。

此詞單調三十六字，七句五平韻，孫詞正與此同，惟第三句「永日水堂簾下」，永字仄聲，是此字可平可仄也。第五句，溫詞爲「平仄仄平平仄」，孫詞爲「仄仄平平仄仄」（六幅羅裙窣地），二者聲調俱諧，大抵此種六言句，第一字可不拘，然第三字第五字必用一平也。第六句，溫作「仄平平仄平」，孫作「平平仄仄平」（微行曳碧波），細繹其聲律，知此句第一三字平仄雖可不拘，然二者之中，必有一平，不論者非。此詞聲調之可平可仄者據此。

韋莊二詞實出於溫體，其「春日遊」詞，單調三十四字，七句五平韻；「雲髻墜」詞，單調三十三字，八句四平韻，皆本溫詞而減字者。玆將二詞繫諸左方，以備參酌：

春日遊。杏花吹滿頭。陌上誰家年少，足風流。妾擬將身嫁與，一生休。縱被無情棄，不能羞。

雲髻墜，鳳釵垂。髻墜釵垂無力，枕函欹。翡翠屏深月落，漏依依。說盡人間天上，兩心知。

歸國遙

【考源】唐教坊曲名，見教坊記。「遙」一作「謠」，乃緣詞調歸自謠而誤。此調曲辭始見於溫庭筠，而韋莊踵之，其內容多寫閨中思遠之情。詞律註云：「國一作自」，殊失檢。按兩調句法，實不相合，試檢馮正中歸自遙之首句與溫韋詞比勘，卽證此言不虛。御製詞譜云：「歸自遙，詞律編入歸國遙，誤。」可謂肯綮之論。又詞徵載劉延禧之言曰：此調「卽樂府之刮骨鹽，『謠』『鹽』聲之轉，『刮骨』與『歸國』聲近，殆一名而訛別為二也。」亦可備一說。

【異名】此調異名有二：元顏奎詞名歸平遠；歷代詩餘云：「又名思佳客令，與鷓鴣天之別名思佳客者不同。」

【宮調】金奩集載溫庭筠、韋莊此調，入夾鐘商，俗呼雙調。

【詞例】

歸國遙　　溫庭筠

雙臉仄韻小鳳戰篦金颭艷叶舞衣無力風軟叶藕絲秋色染叶　錦帳繡幃斜掩叶露珠清曉簟叶粉心黃蕊花靨叶黛眉山兩點叶

【訂律】全唐五代詞彙編收歸國遙一調，計溫庭筠二首（馮延巳香玉一闋與溫詞重出）、韋莊三首，凡五首。今卽據之以訂律。

溫詞雙調四十二字，前後段各四句四仄韻。韋詞三首並四十三字，蓋溫詞三首，起句皆二字，而韋詞起句則多增一字，其餘句法悉同。至二體之聲調，可以互參，上下片第三句，溫詞二首，並作「仄平平仄平仄」，韋詞三首，則作「仄仄平平平仄」（如閑倚博山長歎」、「罷畫橋邊春水」），第一三字平仄不拘。又上片第二句，韋詞次首「爲我南飛傳我意」，南字平聲。末句韋詞第一首「單棲無伴侶」，單字平聲。下片首句，韋詞第一首「南望去程何許」，南字平聲。調內可平可仄據此。

感皇恩

【考源】唐敎坊曲名，見敎坊記。敦煌曲載此調四首，分屬伯三一二八、伯三八二一兩號不同之卷子，其內容形式，均甚整齊。任氏初探證此調爲玄宗時作，其言云：「按其辭所誇張者有四：甲、海外諸蕃皆束手歸降。乙、朝內卿相、京外諸藩，亦無不歸心。丙、金枝玉葉相連，此層可能指玄宗與諸王兄弟間之友愛，所謂『花蕚相輝』是。丁、修武偃文。云云。以上四點，就初唐至晚唐之列朝情形，逐一勘驗，最爲接近者，莫如玄宗。」（初探頁二三三）又此調原與五代詞調小重山同句法，御製詞譜因宋人此調，叶仄者太多，遂誤以叶仄者爲感皇恩，而以叶平者爲小重山，及敦煌曲發現，證此調四首全用平韻，乃知舊說不然。使敦煌曲早二百年發現，則當不致有此忤矣。

【宮調】敎坊記箋訂引郛本及逑古堂本，謂唐人此調注道調宮。至宋張先詞入中呂宮，亦卽道宮。

【詞例】

感皇恩　無名氏

當今聖壽比南山平韻　金枝玉葉盡相連叶　百僚卿相列排班叶　呼萬歲逗　盡在玉階前叶　金殿悅龍顏叶　祥雲駕喜悅逗　兩盤旋叶　休將舜日比堯年叶　人安泰逗　眞是聖明天叶　（據敦煌曲校錄）

【訂律】敦煌曲收感皇恩一調，凡四首。第三首作「七、五、三、七、三、五、」與「五、五、三、七、三、五、」兩片，共五十八字，上下片各四句四平韻；其他三首，則作「七、七、七、三、五、」及「五、五、三、七、三、五、」兩片，共五十七字，上下片亦各四句四平韻。今卽據其五十七字者以訂律。

此調別首上片第一句「四海天下及諸州」，四字海字俱仄，天字平聲。次句「四夷稽首玉階前」，四字仄聲，稽字平聲。第三句「龍樓鳳闕喜雲連」，龍字平聲，鳳字仄聲。結句「人爭唱、福祚比金墉」，爭字平聲。下片第一句，別首「八水對三川」，八字仄聲。次句「昇平人道泰、帝澤鮮」，人字平聲，澤字仄聲。第三句「叫呼萬歲願千秋」，叫字仄聲。結句「皆樂業、鼓腹滿田疇」，樂字鼓字俱仄聲。故此詞當、金、卿、金、盤、休、安、眞，凡八字，可仄；聖、玉、百、萬、駕，凡五字，可平。調內可平可仄據此。

皇帝感

【考源】唐教坊曲名，見教坊記。此調曲辭向祇有全唐詩所載盧綸之作二首，題曰「皇帝感詞」，皆五言八句聲詩也。今知敦煌此調，有辭兩卷，一乃斯五七八〇「新合千文皇帝感詞」，三十一行，見向達倫敦所藏敦煌卷子經眼目錄內，惟其體如何，未詳。一乃劉復敦煌掇瑣所見，原題「新集孝經十八章」，今殘存十二首，皆作七言四句聲詩。其發端云：「新歌舊曲遍州鄉，未聞典籍入歌場。新合孝經皇帝感，聊談聖德奉賢良。」次首云：「開元天寶親自注，詞中句句有龍光。白鶴青鸞相間錯，連珠貫玉合成章。」又唐會要云：「開元十六年六月二日，上注孝經，頒行天下，及國子學」。據此，則此調數首皆爲天寶間所作，可以推知。

【宮調】此調未詳其宮調，俟攷。

【詞例】

皇帝感　　無名氏

立身行道德揚名平韻君臣父子禮非輕叶事君盡忠事父孝句感得萬國總歡情叶（據任二北敦煌曲校錄）

【訂律】敦煌曲收皇帝感一調，凡十二首，皆作七言四句聲詩，或叶三平韻，或叶二平韻。各首之用韻，並不相同，平仄亦不拘。

戀情深

【考源】唐敎坊曲名，見敎坊記。今所見此調以花間集中毛文錫二首爲最早，此外不概見，故詞律註云：「此詞兩首俱以戀情深爲結，想因此名題。」不知此調實敎坊曲，初不始於毛司徒，其結句之用戀情深三字者，殆有意用調名爲結句，非因此而得調名也。即如毛所作訴衷情二首，亦以訴衷情三字爲結，其調則初見於溫庭筠，且溫後毛前已有作者，則訴衷情之調，決非因毛詞得名可知，與此正同。至毛詞戀情深調，是否仍沿舊式，抑或自創新式，則未可知也。

【宮調】此調未詳其宮調，俟攷。

【詞例】

戀情深　　毛文錫

滴滴銅壺寒漏咽仄韻醉紅樓月叶宴餘香殿會鴛衾換平聲蕩春心叶　眞珠簾下曉光侵叶鶯語隔瓊林叶寶帳欲開慵起句戀情深叶

【訂律】全唐五代詞彙編收戀情深一調，僅毛文錫二首，今即據此二詞互校以訂律。

此調四十二字，前後段各四句，起二句仄韻，後轉平韻。毛詞二首俱以「戀情深」三字作結，其上片次句「醉紅樓月」、「簇神仙伴」，俱作「一、二、一」句法，當是定格，塡此調者宜從之。又二詞句法悉同，惟下片第三句，別首「永願作鴛鴦伴」作折腰句法，與詞例所擧者微異。

至其聲調，此詞上片第三句，毛詞別首「羅裙窣地縷黃金」，羅字平聲，窣字仄聲。下片首句「酒闌歌罷雨沉沉」，酒字仄聲。第二句「一笑動君心」，一字仄聲。故此詞上片「宴」字可平，「香」

字可仄；下片「眞」字可仄，「鶯」字可仄。

定風波

【考源】唐教坊曲名，見教坊記。敦煌寫卷伯三八二一著錄此調曲辭二首，句法與五代詞略異，任二北敦煌曲初探以其內容多涉征戰之事，遂定爲玄宗時作。並謂「此種句法所有，乃此調最早之體」（見教坊記箋訂），可備一說。又御製詞譜因李珣之調訛作「定風流」，遂指爲此調之別名，未免不揣本義，蓋敦煌曲定風波曰：「誰人敢去定風波」，可知「風波」決不能作「風流」也。

【異名】詞譜云：「張先詞名定風波令。」然周紫芝琴瑟相思引，別名定風波令，與此不同。

【宮調】古今詞譜云：「定風波，商調曲也。始于歐陽炯爲之。」詞調溯源云：「定風波見教坊記，宋張先詞入夾鐘商，俗呼雙調。柳永、周邦彥詞入夷則商。」

【詞例】

定風波　　歐陽炯

暖日閑窗映碧紗（平韻）小池春水浸明霞（叶）數樹海棠紅欲盡（仄韻）爭忍（叶仄）玉閨深掩過年華（叶平）獨凭繡牀方寸亂（換仄韻）腸斷（叶仄）淚珠穿破臉邊花（叶平）鄰舍女郎相借問（換仄韻）音信（叶仄）教人羞道未還家（叶平）

【訂律】全唐五代詞彙編收定風波一調，計歐陽炯一首、孫光憲一首、閻選一首、李珣五首，又敦煌曲載此調二首，凡十首。敦煌曲辭上片句法，與五代詞悉同，惟下片起句作六言，並少一二字叶韻句，與五代詞略異。又二首聲調，頗多扞格之處，難以辨說，故今仍據五代諸詞以定律。

此調雙調六十二字，前段五句三平韻，兩仄韻，後段六句，四仄韻，兩平韻。此調以歐陽炯詞爲正體，前後段以平韻爲主，前段第三四句，後段第一二句、第四五句，又間入仄韻，五代各家俱如此塡。按此詞上片首次句，閻選詞「江水沈沈帆影過，游魚到晚透寒波」，江、帆、游三字俱平，到字仄聲；第三句李珣詞：「乘興有時攜短櫂」，又「簾外西風黃葉落」，有字仄聲，簾字平聲；結句：「寒風葉落一聲聲」，寒字平聲，葉字仄聲。下片起句，李珣「花鳥爲鄰鷗作侶」，花字爲字俱平聲；第三句「經年不見市朝人」，經字平聲，不字仄聲；第四句「斗轉更闌心杳杳」，斗字仄聲，更字平聲；結句「半鉤新月貼清虛」，又「荷衣蕙帶絕纖塵」，半字蕙字俱仄聲。故此詞暖、映、小、數、海、玉、獨、繡、淚、女，凡十字，可平，春、深、穿、鄰、斂、羞，凡六字，可仄。又下片起句，各家詞皆作仄起仄韻之聲調，獨閻詞「扁舟短櫂歸蘭浦」，作「平平仄仄平平仄」，與他詞異，恐終非正格也。

木蘭花

【考源】唐教坊曲名，見教坊記。詞譜謂「木蘭花令，唐教坊曲名。」非。蓋教坊記曲名無稱令者，「令」乃五代以後曲名所有，然因此可推此調在唐，殆已爲酒令中之著詞（見教坊記箋訂）。又此調與玉樓春無涉，按花間集載木蘭花詞三首、玉樓春七首，其七字八句仄韻者爲玉樓春體。木蘭花則韋莊詞、毛熙震詞、魏承班詞，凡三體，三體格律稍異，然從無與玉樓春同者，其爲兩調，固甚顯然。又尊前集著錄歐陽炯、許岷等木蘭花詞凡五首，皆五十六字體，與花間詞玉樓春貌似，惟其聲調則第一句均爲平起仄韻，與玉樓春仄起仄韻者不同，故兩調實不容混淆。要之，此調有長短句體，亦有七言八句仄韻之聲詩體。五代時，此調之聲詩體與玉樓春名逐漸相混，實則仍是兩調，宋人不察，而任用兩名，遂多混塡。參看玉樓春條。

【異名】宋詞多以此調與玉樓春名相，混，誤說詳上文。

【宮調】金奩集載韋莊詞，入夷則商，俗呼林鐘商，又呼商調。尊前集載許岷詞二首，徐昌圖詞一首，並五十六字體，許詞注爲大石調（黃鐘商）；徐詞注爲雙調（夾鐘商）。

【詞例】

木蘭花長短句體　　韋莊

獨上小樓春欲暮仄韻　愁望玉關芳草路叶　消息斷句　不逢人句　卻斂細眉歸繡戶叶　坐看落花空嘆息換仄

羅袂濕斑紅淚滴叶　千山萬水不曾行句　魂夢欲教何處覓叶

又一體聲詩體　　徐昌圖

沈擅煙起盤紅霧仄韻　一簾霜風吹繡戶叶　漢宮花面學梅妝句　謝女雪詩裁柳絮叶　長垂夾幕孤鸞舞叶　旋炙銀笙雙鳳語叶　紅窗酒病嚼寒冰句　冰損相思無夢處叶

【訂律】全唐五代詞彙編緝錄木蘭花一調，計韋莊一首、魏承班一首、毛熙震一首，凡三首，為長短句體；又收韓偓一首、溫飛卿一首、許岷二首、庾傳素一首、徐昌圖一首、歐陽炯一首、孟昶一首、李煜一首、馮延巳一首（李馮詞皆題名玉樓春，究其聲律，實為木蘭花，此五代時兩名相混之證），凡十首，皆七字八句仄韻之聲詩體，今卽據之以訂律。

韋詞雙調五十五字，前段五句三仄韻，後段四句三仄韻，詞譜曰：「此與毛魏二詞，乃木蘭花正體，但此詞前後段換韻，與毛魏詞前後一韻者小異」。此詞除上片第四、五句各三字外，餘俱為七字句，而各七字句之第一三兩字平仄不拘。

又毛熙震一體，雙調五十二字，前後段各六句，三仄韻，其詞曰：「掩朱扉，鈎翠箔。滿院鶯聲春寂寞。勻粉淚，恨檀郎，一去不歸花又落。　對斜暉，臨小閣。前事豈堪重想著。金帶冷，畫屏幽，寶帳慵熏蘭麝薄。」此詞上下片首次兩三字句，聲調均為「仄平平、平仄仄」，第四五兩句俱為「平仄仄、仄平平」，其餘皆七字句，聲調與韋詞同。

又魏承班一體，雙調五十四字，前段六句三仄韻，後段四句三仄韻，其詞曰：「小芙蓉，香旖旎。碧玉堂深清似水。開寶匣，掩金鋪，倚屏拖袖愁如醉。　遲遲好景煙花媚。曲渚鴛鴦眠錦翅。凝然愁望靜相思，一雙笑靨嚬香蕊。」此詞上片聲調與毛詞同，只「倚屏」句平仄稍異，蓋一平起一仄起也。下片與韋詞略同，惟起句尾句有平起仄起之異耳。

至聲詩體，則雙調五十六字，協仄韻。此體每句第一三兩字平仄不拘，然其聲調，變異滋多，略舉如下：

㈠前後一三兩句第二字用平、二四兩句第二字用仄者。此體最整齊，從者頗多，如「詞例」所舉者是，李後主、馮延巳詞，皆同此體。

㈡前段與徐昌圖同，後段第一第二第四三句之第二字皆仄者，如歐陽炯詞：「兒家夫婿心容易，身又不來書不寄。閑庭獨立鳥關關，爭忍抛奴深院裏。　悶向綠紗窗下睡，睡又不成愁已至。今年却憶去年春，同在木蘭花下醉。」

㈢前後起句皆第二字平、第五字仄，而過片不叶，第三第四兩句之第二字，前後平仄相反者，如溫庭筠詞：「家臨長信往來道。乳燕雙雙拂煙草。油壁車輕金犢肥，流蘇帳曉春雞報。　籠中嬌鳥暖猶睡。簾外落花閒不掃。衰桃一樹近前池，似惜容顏鏡中老。」

㈣平仄與徐昌圖同，而過片不叶者，如庾傳素詞：「木蘭紅艷多情態。不似凡花人不愛。移來孔雀檻邊栽，折向鳳凰釵上戴。　是何芍藥爭風彩。自共牡丹長作對。若教爲女嫁東風，除却黃鸝難比配。」全詞押隊韻，而「彩」屬賄韻字。

㈤前段與徐昌圖同，後起平收，第二、第三、第四三句之第二字皆仄者，如後蜀主孟昶詞：「冰肌玉骨清無汗，水殿風來暗香滿。繡簾一點月窺人，欹枕釵橫雲鬢亂。　起來瓊戶啓無聲，時見疏星渡河漢。屈指西風幾時來，只見流年暗中換。」

㈥前後段聲調與平起仄韻之七律全同者，如韓偓詞：「絕代佳人何寂寞，梨花未發梅花落。東風吹雨入西園，銀線千條度虛閣。臉粉難勻蜀酒濃，口脂易印吳綾薄。嬌嬈意態不勝春，願倚郎肩永相著。」

此外，倘有前後換韻者二體，如下：

㈠平仄與徐昌圖同者，如許岷詞：「小庭日晚花零落，倚戶無聊妝臉薄。寶箏金鴨任生塵，繡畫工夫全放却。有時覷着同心結，萬恨千愁無處說。當初不合儘饒伊，贏得如今長恨別。」前片押藥韻，後片換屑韻。

㈡前片四句第二字皆用平，後片與徐昌圖同者，如許岷詞另首：「江南日暖芭蕉展。美人折得親裁剪。書成小柬寄情人，臨行更把輕輕撚。其中撚破相思字。却恐郎疑蹤不似。若還猜妾倩人書，誤了平生多少事。」前片協銑韻，後片協寘紙韻。

更漏長

【考源】唐教坊曲名，見教坊記。此調傳辭現有歐陽炯之作，一首而已，又被掩在更漏子之名目下。

惟敦煌曲於炯辭之調名獨題更漏長，與崔記相合。但因同卷（伯三九九四）內於溫庭筠之更漏子亦混用更漏長名，是以二者仍被誤爲異名同調。實則論兩調之句法、叶韻、聲調，均各異趣，無合併可能。任二北敦煌曲初探嘗辨之云：「唐五代人更漏子之諸作中，惟歐陽炯『三十六宮秋夜』一首特異，普通更漏子句法爲『三三、六、三三、五、』兩片，炯作則『六六七五』與『三三六七五』兩片，一也。普通平仄兼叶，炯作全叶平韻，二也。普通換韻，炯作不換，三也。普通六字句以仄起，炯作平起，四也。普通五字句以平起，炯作仄起，五也。（任氏自注：炯作仄起爲『塵鏡綵鸞孤』，惟在敦煌卷內，尚可觀。若尊前集已改爲『鏡塵鸞影孤』，是遷就普通更漏子之平仄也）。據此，炯作分明爲另調，不僅爲更漏子之別體而已。」論證確鑿，當可採信。

【宮調】此調未詳其宮調，俟考。

【詞例】

更漏長　　歐陽炯

三十六宮秋夜（永）句（原脫永字）露華點滴高梧平韻丁丁玉漏咽銅壺叶明月上金鋪叶　紅線毯句博山鑪叶香風暗觸流蘇叶羊車已去長青蕪叶塵鏡綵鸞孤叶

【訂律】全唐五代詞彙編收更漏長一調，祇歐陽炯一首。此調四十九字，前段四句三平韻，後段五句四平韻。唐宋人均無塡此體者，故無他首可校，平仄宜遵之。

菩薩蠻

【考源】今傳菩薩蠻詞，以李白「平林漠漠煙如織」一闋爲最早。宋釋文瑩湘山野錄云：「此詞不知何人寫在鼎州滄水驛樓，復不知何人所撰。魏道輔泰見而愛之，後至長沙，得古風集於子宣內翰家，乃知李白所作。」宋黃昇花庵詞選稱此與李白所撰憶秦娥「二詞爲百代詞曲之祖。」明胡應麟少室山房筆叢疑之，謂：「菩薩蠻之名當始於晚唐之世。案杜陽雜編云：『大中初，女蠻國貢雙犀，明霞錦，其國人危髻金冠，瓔珞被體，故謂之菩薩蠻，當時倡優遂製菩薩蠻曲，文士亦往往效其詞。』」並謂宋錢希白南部新書亦載此事，因斷言「太白之世，唐尚未有斯題，何得預製其曲耶？」以證此調卽作於宣宗之時，後人多從之，今人胡適尤篤申此說。按唐崔令欽教坊記曲名中已有菩薩蠻，是盛唐開天之際，敎坊中已有此曲。又唐許棠奇男子傳及太平廣記一六六吳保安條引紀事，均載宰相郭元振之侄仲翔，隨征南詔，因李蒙軍敗，陷在諸蠻洞爲奴，天寶十二年，自菩薩蠻洞逃歸，足證「菩薩蠻」一名早已有之，非自宣宗朝始也。今敦煌所出唐寫本敦煌卷子，其中一首菩薩蠻，編號爲伯三一二八，其詞云：「敦煌古往出神將，感得諸蕃遙欽仰。效節望龍庭，麟臺早有名。　只恨隔蕃部，情懇難申吐。早晚滅狼煙，一齊拜聖顏。」據孫楷第敦煌寫本張淮深變文跋，引元和郡縣志等書，考定安史亂後，河西隴右諸州先後陷蕃之次序，爲涼州廣德二年，甘州永泰二年，肅州大曆元年，瓜州大曆十一年，惟沙州遲至德宗建中年始陷，此詞中「效節望龍庭」，明指沙州未陷以前，「只恨隔蕃部」，明指涼甘諸州既陷以後，故任二北考定此詞爲德宗建中初（七八〇）所作，早於宣宗大中初約六十餘年。又倫敦所藏斯四三三二卷子中另有菩薩蠻（枕前發盡千般願）一首，此卷背後錄壬午年龍興寺僧願學便物字據，今人饒宗頤據此考定此詞爲德宗貞元十八年所作（說詳本書第二章），亦較宣宗朝爲早，由此可證杜陽雜編所言，未可採信。近人楊憲益於所著零墨新箋內，主張菩薩蠻乃「驃苴蠻」或「符詔蠻」之異譯，其調乃古緬甸樂，開天間傳入中國，此說可取；驗之教坊記、奇男子傳與湘山野錄，則李白撰此曲辭，事有可能，並非荒誕。

【異名】或作菩薩蠻令，又名子夜歌（見李煜詞）、巫山一片雲、重疊金、花間意、花溪碧等（俱見詞譜），惟上舉異名，非特與詞名來源無涉，且子夜歌另有正調，而巫山一片雲更易與別調巫山一段雲相混，故後世仍通行以菩薩蠻爲名。

【宮調】尊前集載李白此調三首，注「中呂宮」（夾鐘宮），金奩集載溫庭筠韋莊詞入中呂宮，可知此調原在中呂宮也。宋張先詞凡兩見，五首注中呂宮，一首注中呂調，蓋因舊曲造新聲也。周邦彥片玉集於此調下注「正平」，張孝祥詞入「正平調」。樂府雜錄云：「羽七調第二運正中調」，張炎詞源云：「仲呂羽，俗名正平調。」正平調與張先中呂調（夾中羽）同屬羽聲七調，非有誤也。

【詞例】

菩薩蠻　李白

平林漠漠煙如織韵　寒山一帶傷心碧叶　暝色入高樓換平　有人樓上愁叶平　玉階空佇立三換仄　宿鳥歸飛急仄叶三仄　何處是歸程四換平　長亭連短亭叶四平

【訂律】全唐五代詞收菩薩蠻調，計唐昭宗二首、李白三首、溫飛卿十五首、韋莊五首、牛嶠七首、歐陽烱四首、李珣三首、尹鶚三首、魏承班三首、毛熙震三首、李煜五首（中二首調名子夜歌）、孫光憲五首、馮延巳九首、林楚翹一首、和凝一首、闕名一首、敦煌曲十八首，共八十八首，今即據之以訂律。

本調四十四字，前後片各四句，兩仄韻兩平韻，平仄遞轉。首二句皆爲七字句，用上四下三句法，其餘皆五字句，用上二下三句法。首句第二字平聲，第四字仄聲，第五字、第六字平聲，第七字仄聲，爲定格。第一字、第三字平仄不拘，惟首字爲仄時，三字以平爲宜，如此則首句爲「仄平 平仄 平平仄」，音最諧協；如首字爲平者，第三字以仄爲宜，如此則首句爲「平平仄仄平平仄」，亦諧。溫詞十五首，惟兩首不合。韋詞五首全依此律，最爲可法。次句平仄與首句全同。第三句第一字可平可仄，然不若平聲之諧也，溫詞十三首作平，僅二首作仄，可以知其消息矣。如必作仄，則此句相連之三仄聲，須上去入相間，始稱諧美。溫詞第一首「懶起畫蛾眉」爲「上上去平平」，二上之後，繼之以去，聲情始振。若作三上，則不成聲矣。至溫詞第十一首「雨後却斜陽」（上去入平平）、和詞「暖覺杏梢紅」（上入去平平）、毛詞第三首「盡日掩朱門」（去入上平平）等，皆上去入三聲相錯，所以爲美。曲子所謂「務頭」者，卽於此等處求之。第四句第一字亦是可平可仄，溫韋皆作仄，自是正格。若前三字均爲平，則宜求其陰陽之錯雜，以匡救之。如牛詞「窗寒新雨晴」，和詞「游絲狂惹風」，首字皆作平，然前者「窗」「新」爲陰平，「寒」字爲陽平；後者「游」「狂」爲陽平，「絲」字爲陰平，均爲陰陽相錯。以是知李淸照所謂作詞須知五音（卽脣、齒、舌、喉、鼻之音）與陰陽者，五代人蓋已知之矣。第四句第三字以作平爲正格，唐五代詞泰半如此，蓋上半闋結句用「仄平平仄平」，帶拗，則其收煞有力。第五句爲平起仄韵之五言句，首字平仄不拘，惟此句第二、三字旣爲平，則首字自以用仄爲佳。第六句爲仄起仄韵之五言句。第一字可平可仄，第三字亦可平可仄，然仍以避免前三字並用仄聲爲宜，溫韋皆如此，韋以後諸詞家此句第三字並作平，當以作平爲正。第七句、第八句與前片第三、四句同。末句爲全調聲情所繫，唐五代詞用拗律者多，不僅第三字多用平，且第一字亦多用仄，其用常律句者蓋不多覯。此驗諸唐五代諸家詞可以知之。

八拍蠻

【**考源**】唐教坊曲名，見教坊記。此調乃七言四句聲詩。花間集載孫光憲詞一首，詠越中事，或卽用八拍蠻歌之聲情，以詠越女之事也。花間集又有閻選詞二首，則寫閨怨，與調名無涉。

【**宮調**】此調未詳其宮調。

【詞例】

八拍蠻　孫光憲

孔雀尾拖金線長平韻怕人飛起入丁香叶越女沙頭爭拾翠句相呼歸去背斜陽叶

【訂律】全唐五代詞彙編收八拍蠻一調，計孫光憲一首、閻選二首。三首皆第一句仄起，第二句平起，第三句又仄起，第四句平起，實拗體之七言絕句也。孫詞首句用韻，閻詞首句「雲鎖嫩黃煙柳細」，不用韻，皆合律法。閻詞次句「風吹紅蔕雪梅殘」，風字平聲。又閻詞次首第三四句「憔悴不知緣底事，遇人推道不宜春」。憔字推字俱平聲；不字遇字俱仄聲。調內可平可仄據此。又詞譜謂孫、閻詞「俱拗体七言絕句，不似竹枝柳枝，平仄可以不拘也。」塡者宜辨之。

臨江仙

【考源】唐敎坊曲名，見敎坊記。此調名，據王重民敦煌曲子詞集所載，同一曲辭，在伯二五〇六卷作臨江山，在斯二六〇七卷則作臨江仙。花菴詞選云：「唐詞多緣題所賦，臨江仙之言水仙，亦其一也。」此例在唐詞中，確甚多。而敦煌曲之臨江山，雖首句曰：「岸濶臨江底見沙」，辭意涉及「臨江」，亦是緣題而賦，然通首卻未及「山」，亦未及「仙」。其內容乃因時世參差，行役無聊，臨江興懷，平添思歸愁緒，乃登臨寄慨之曲也。又伯三一三七卷中，此調亦名臨江山，其內容則爲怨婦之辭。大抵此調原名臨江山，洎乎五代初期始名臨江仙，五代以後遂通作此名矣。是以花間所見，其辭十九不離遊仙與女冠，幾全爲艷情之曲，與敦煌曲中所見已異趣。至其聲律句法演變之跡，任二北敦煌曲初探言之頗詳，其言曰：「敦煌此調之辭，前片首句概叶平韻，全首共叶七平韻，此點又不平凡！因所傳五代兩宋之臨江仙，除牛希濟七首外，前後片之首句皆不叶，各僅三韻而已。牛氏與韋莊同時，唐之末、五代之初也。料敦煌體必發生在中晚唐，而牛氏因之耳。再（敦煌曲）辭特點，在兩結有作『四、三、三、』之趨勢，恰與顧夐之臨江仙相合，其餘部份，彼此亦相去不遠。」所論雖不免主觀，然亦頗具參考價值。

【異名】此調異名有四：李煜詞名謝新恩；賀鑄詞有「人歸落雁後」句，名雁後歸；韓淲詞有「羅帳畫屏新夢悄」，名畫屏春；李清照詞襲用歐陽修詞語，有「庭院深深深幾許」，名庭院深深。

【宮調】此調張先詞五十八字者注高平調（林鐘羽）；柳永詞凡兩見：一爲五十八字者，一爲九十三字者，並注仙呂調（夷則羽）；張孝祥詞二首，俱六十字，亦注仙呂調。元高拭詞注南呂調，即高平調也。

【詞例】

臨江仙　　張泌

煙收湘渚秋江靜句蕉花露泣愁紅叶五雲雙鶴去無蹤叶幾回魂斷句凝望向長空叶翠竹暗流珠淚怨句
閒調寶瑟波中叶花鬟月鬢綠雲重叶古祠深處句香冷雨和風叶

【訂律】全唐五代詞彙編收臨江仙一調，計和凝二首、張泌一首、毛文錫一首、牛希濟七首、顧夐三首、孫光憲二首、閻選二首、尹鶚二首、鹿虔扆二首、毛熙震二首、李珣二首、徐昌圖一首、李煜八首、（調名謝新恩者七首，調名臨江仙者一首，然均有缺字）馮延巳三首，又敦煌曲有此調二首，凡四十首。按此調始於唐，厥後各家依調填詞，以字數韻叶不一，體乃增多，據萬氏詞律所收凡十四體，有五十四字者，有五十六字者，而五十八字者有七體之多，更有六十字、七十四字、九十三字者，可謂夥矣。敦煌詞二首多襯字，且有襯句，不易辨體。至五代詞，似可依前後段起、結句辨體。其前後段兩起句七字、兩結句七字者，僅和凝二首，無別家可校。其前後段兩起句七字，兩結句各四字一句、五字一句者，以張泌詞爲主，而牛希濟詞之起句用韻，李煜詞之前後換韻，顧夐詞之結句添字，可類列。其前後段兩起句俱六字，兩結俱五字兩句者，則以徐昌圖詞爲主。惟五代兩宋詞多同於張泌體，故今僅據此以訂律，餘不贅。

此詞雙調五十八字，十句六平韻。前後段兩起句皆七字，兩結句皆四字一句、五字一句。顧詞第一首、毛熙震詞第二首、尹詞二首，句法聲調悉與此同。惟顧詞第二首前段起句「月色穿簾風入竹」（仄仄平平平仄仄），宋歐陽修詞本之；又李煜詞後段起句「春光鎮在人空老」（平平仄仄平平仄），宋柳永詞本之，皆與此詞平仄全異。知前後段起句有此聲調也。前段第一句尹詞第一首「一番荷芰生池沼」，一字仄聲；毛詞「幽閨欲曙聞鶯囀」，欲字仄聲；第二句，尹詞第一首「檻前風送馨香」，檻字仄聲，風字平聲；第三四五句，尹詞第二首「西窗幽夢等閑成。逡巡覺後，特地恨難平」，西字逡字平聲，覺字特字仄聲。後段起句，顧詞「翠竹暗流珠淚怨」，翠字暗字俱仄聲；其餘各句可平可仄據前段。故此詞前段煙、湘、蕉、雙、魂、凝，凡六字，可仄；露、五、幾，凡三字，可平。後段翠、暗、寶、月、古，凡五字，可平；閑、花、深、香，凡四字，可仄。

虞美人

【考源】唐教坊曲名，見教坊記。張君房脞說稱此調起于項籍虞兮之歌（見碧鷄漫志引），另唐歌樓格一書亦云：「漢籍姬遊於霸上，乞食。市人敝之，遂留不出，三日亡，漢作虞美人歌記之。」意與脞說同。然王灼非之，謂後世以此命名可也，曲則非起於當時，非僅晦叔持此論，另宋人宋祁益部方物略記，亦謂當時所傳虞美人曲，乃下音俚調，非楚虞姬所作，如其說，則虞美人非漢曲也。惟崔記既載之，想此調唐初已見，嗣成教坊曲名。又任二北據樂府詩集卷五十八有：「按琴集有力拔山操，項羽所作也。近世又有虞美人曲，亦出於此」之語，謂此調始爲古琴曲。又敦煌曲伯三九九四卷中有魚美人曲一首，「魚」當是「虞」字俗書，其句法與花間諸作相同，而句脚押韻與否，則不盡相同。惟顧夐有二首與之略相似，其餘四首則與花間他人之作相似，最可見此調音律演進之跡。任二北敦煌曲初探及校錄，以敦煌曲中之魚美人爲單調二首聯章，蓋以其換韻之故，亦可備一說。

【異名】此調異名有四：樂府雅詞名虞美人令；周紫芝詞有「只恐怕寒難近玉壺冰」句，名玉壺冰；張炎詞賦柳兒，因名憶柳曲；王行詞取李煜「恰似一江春水向東流」句，名一江春水。

【宮調】此調尊前集李煜詞入夾鐘羽，俗呼中呂調；周邦彥詞入黃鐘宮，俗呼正宮，又呼正黃鐘宮；元高拭詞南呂調（林鐘羽）；碧鷄漫志云：「虞美人舊曲三：其一屬中呂調（夾鐘羽），其一屬中呂宮（夾鐘宮），近世又轉入黃鐘宮（無射宮）。」

【詞例】

虞美人　毛文錫

寶檀金縷鴛鴦枕仄韻　綬帶盤宮錦叶　夕陽低映小窗明平韻　南園綠樹語鶯鶯叶　夢難成叶　玉爐香煖頻添炷換仄韻　滿地飄輕絮叶　珠簾不卷度沈煙換平韻　庭前閑立畫秋千叶　艷陽天叶

【訂律】全唐五代詞彙編收虞美人一調，計毛文錫二首、孫光憲二首、鹿虔扆一首、顧敻六首、李珣一首、李煜二首、馮延巳五首、閻選二首、無名氏一首，又敦煌曲載魚美人一首，凡二十三首。此調以毛詞李（煜）詞爲正体。唐五代詞多依毛体，而宋元詞則多依李体，若顧詞二体，字句悉同毛詞，惟前後段全押平韻異，皆變格也。故今據毛、李二体以訂律。

毛詞雙調五十八字，前後段各五句兩仄韻，三平韻。此詞前後段四換韻，但兩結俱七字一句，三字一句，多一字，多押一韻，與李体異。花間集孫光憲、顧敻、鹿虔扆、李珣、閻選詞，陽春集馮延巳詞，俱如此填。此詞聲調，大抵七言句第一三字平仄不拘，五言句第一字平仄不拘，至三言句，則必作仄平平。

李詞雙調五十六字，前後段各四句，兩仄韻，兩平韻，其詞云：「春花秋月何時了。往事知多少。小樓昨夜又東風。故國不堪回首月明中。雕闌玉砌應猶在。只是朱顏改。問君能有幾多愁。恰似一江春水、向東流。」此詞前後段亦四換韻，其兩結係九字句，或兩字微讀，或四字微讀，或六字微讀，或六字微讀，要以蟬聯不斷爲合格。

獻衷心

【考源】唐教坊曲名「衷」字作「忠」，見教坊記。敦煌曲中此調凡五首，其見於伯二五〇六之二首，詞意多述「沐恩深」、「感皇澤」之言，又皆以「獻忠心」三字作結，因知此調原爲蕃國對唐室朝覲獻忠之樂，調名作「獻忠心」，乃其本義也。其見於斯二六〇七之三首（兩首題爲御製曲子），內容與調名亦均應合。至五代詞人用此調以寫閨中之情思，乃易「忠」爲「衷」，則翻類訴衷情矣。

【宮調】金奩集載歐陽炯詞，入夾鍾商，俗呼雙調。

【詞例】

獻衷心　　歐陽炯

見好花顏色句 爭笑東風平韻 雙臉上句 晚妝同叶 閉小樓深閣句 春景重重叶 三五夜句 偏有恨句 月明中叶

情未已句 信曾通叶 滿衣猶自染檀紅叶 恨不如雙燕句 飛舞簾櫳叶 春欲暮句 殘絮盡句 柳條空叶

【訂律】全唐五代詞彙編收錄此調，計歐陽炯一首、顧敻一首。又敦煌曲載此調五首，凡七首。惟敦煌曲辭訛別太多，難於句讀，且有多處應叶未叶，尚待揣摩，故今僅據五代詞以訂律。

歐詞雙調六十四字，上片九句四平韻，下片八句四平韻。宋人無照此塡者，五代詞中亦僅顧敻添字一体，故調內之句法音響略參之。譬猶首句聲調，歐作「仄仄平平仄」，顧作「仄平平仄仄」（繡鴛鴦帳暖），此爲本調聲律之寬緩處。又兩詞之五言句，如「閉小樓深閣」，「恨不如雙燕」，「想昔年歡笑」，「被嬌娥牽役」等，句法俱爲上一下四，似爲定格。又顧詞一体，雙調六十九字，上下片各九句四平韻。其詞云：「繡鴛鴦帳暖，畫孔雀屏敧。人悄悄，月明時。想昔年歡笑，恨今日分離。銀釭背，銅漏永，阻佳期。小鑪煙細，虛閣簾垂。幾多心事，暗地思惟。被嬌娥牽役，魂夢如癡。金閨裏，山枕上，始應知。」此與歐詞同，惟上片第二、第六句添一字！下片第一二句，及第三四句，各添一字，皆襯字也。

遐方怨

【考源】唐敎坊曲名，見敎坊記。觀其曲名，殆寫閨中思念遠方征戍人悽怨之情者。敦煌卷中有此曲之舞譜，訛怨爲「遠」，然其爲舞曲可知見任二北敎坊記箋訂。花間集中，始見於溫庭筠之作，單調三十二字，是爲正体。又一体爲雙調六十字，始見於顧敻之作，此調惟花間集有之，宋人無塡此者。

【宮調】此調金奩集載溫庭筠詞二首，注越調（無射商）。

【詞例】

遐方怨　溫庭筠

憑繡檻句解羅幃平韻未得君書句斷腸瀟湘春雁飛叶不知征馬幾時歸叶海棠花謝也句雨霏霏叶

【訂律】全唐五代詞彙編收遐方怨一調，其單調者，祇溫庭筠二首。雙調者，計顧敻一首、孫光憲一首、今卽據此分別訂律。

溫詞單調三十二字，七句四平韻。此調第四句，例作拗句，溫詞別首「夢殘惆悵聞曉鶯」，正與此同，惟「悵」字仄聲異。其餘各句聲調，兩詞悉同。

又雙調一体，六十字，前後段各六句四平韻。顧敻詞云：「簾影細、簟紋平。象紗籠玉指、縷金羅扇輕。嫩紅雙臉似花明。兩條眉黛遠山橫　鳳簫歇、鏡塵生。遼塞音書絕、夢魂長暗驚。玉郎經歲負娉婷。教人爭不恨無情。」孫光憲詞同此体。今取兩詞平仄互註，圖示於詞旁，其可平可仄據此。

送征衣

【考源】唐教坊曲名，見教坊記。此調始義同孟姜女之送寒衣，蓋亦民間苦邊戍與勞役之曲也。

任氏初探以其調名既載於崔記，又與反戰反役之曲調，如歎疆場、怨黃沙、怨胡天、臥沙堆、回戈子等，同一情緒，遂謂此調必創於開天之際，爲當時民間普遍之哀音。又按唐初至開元十一年，朝廷行府兵之制，倡兵農合一，民無事則耕，有事則戰，而兵士所需之衣食，則常自備，故而民間有送征衣之舉，送征衣一調，殆創於此時也。

【宮調】此調在唐未詳其宮調，俟考。

【詞例】

送征衣　　無名氏

今世共你如魚水句是前世因緣平韻兩情準擬過千年叶轉轉計較難叶教汝獨自孤眠叶每見庭前雙飛燕句他家好自然叶夢魂往往到君邊叶心穿石也穿叶愁甚不團圓叶（據敦煌曲校錄）

【訂律】敦煌曲收送征衣一調，僅一首。此調似應雙叠，叶八平韻，而上下片次句及末句均不盡同。上片末句可能襯一字；下片次句訛別難訂，句法未能如上片之作上一下四，待校。此調他處未見，無別詞可校，姑誌其平仄，以供參酌。

鳳歸雲

【考源】唐教坊曲名，見教坊記。此調原爲七言四句聲詩（敦茂倩樂府詩集近代曲辭中有滕潛鳳歸雲二首，皆七言絕句），敦煌曲載有此調四首，則皆爲長短句，此猶唐人樂府見於各家文集、樂府詩集者多近体詩，而同体之見於花間尊前者，則多爲長短句，蓋詩家務尊其体，而樂家只倚其聲，故不同也（參看王國維雲謠集雜曲子跋）。敦煌曲所載此調，其前二首，任氏初探已訂爲盛唐之作；後二首曲辭作代言、問答、演故事，宜爲戲曲，任氏疑卽漢曲鳳將雛之遺聲，其言云：「鳳歸雲（後）二首，亦可能作於開天間。岑參玉門關蓋將軍歌曰：『美人一雙閑且都，朱脣翠眉映明眸。清歌一曲世所無，今日喜聞鳳將雛，可憐絕勝秦羅敷。使君五馬謾踟躕。野草繡窠紫羅襦。』鳳將雛如此，鳳歸雲又何嘗不如此。於岑詩可以窺見當時此類演故事之曲辭，究作如何唱法也。按晉書樂志引應璩詩，指鳳將雛爲漢魏舊曲，古今樂錄謂古有歌，自漢至梁不改，爲吳聲十曲之三，而曰：『今不傳』。故隋唐曲調中，早已無其名目，無論內容爲如何矣。岑參於盛唐末季，在玉門關之所聞，與其謂爲漢魏古歌，演陌上桑事，毋寧謂爲卽敦煌所傳之鳳歸雲調，演陌上桑事。將雛不過爲詩中歸雲之代稱，或歌者『美人』之誤傳耳。」若從任說，則盛唐不僅早已有長短句詞，抑且早已有具体之歌舞戲曲矣。

【宮調】此調在唐未詳其宮調。至宋柳永詞仄韻一百十八字者注林鐘商（夷則商）；又平韻一百一字者注仙呂調（夷則羽）。

【詞例】

鳳歸雲　　無名氏

征夫數載句萍寄他邦平韻去便無消息句累換星霜叶月下愁聽砧杵句擬塞雁行叶孤眠鸞帳裏句枉勞魂夢

句夜夜飛颺叶　想君薄行句　更不思量叶　誰爲傳書與句　表妾衷腸叶　倚牖無言垂血淚句　闇祝三光叶　萬般無那處句　一爐香盡句　又更添香叶　（據潘師石禪敦煌雲謠集新書）

【訂律】雲謠集雜曲子收鳳歸雲一調，凡四首。分別作雙調八十一、八十三、七十八、七十三字，均八平韻。上下片相同，僅其中第五句上片間作六言或七言，而下片必作七言。此四首，前二首與後二首分明爲二体，起結同，而中幅異。又二体大同之中亦各存小異，如第二首上片第五句「想得爲君貪苦戰」，作七言；下片第七八句「待公卿回，故日容顏憔悴」（從潘師石禪說），作四言六言，皆與第一首異。想係唐律寬緩之故。至第四首上片第七句「訓習禮儀足」，而第三首則缺，今以上下片互校，知此漏抄五字。倘以二体相校，上下片第三句分別爲五言、四言不同，又第六句分別爲四言、三言不同。另下片第二句分別作四言、五言不同，餘僅平仄小異耳。今試據其第一二首以訂律。

別首上片首句作「綠窗獨坐」，綠字仄聲。第三句「征衣裁縫了」，征字衣字俱平聲，惟此句第二字，在此調前二首之四片中有三片作仄，實非偶然，故宜作仄爲是。第六句別首「不憚崎嶇」，崎字平聲。下片首句別首「豈知紅臉」，紅字平聲。第三句「枉把金釵卜」，枉字仄聲。第五句「魂夢天涯無暫歇」，魂字平聲。調內可平可仄據此。

離別難

【考源】唐教坊曲名，見教坊記。考樂府詩集七十二雜曲歌辭內有古別離、生別離、久別離、今別離、暗別離等曲名，凡十題，皆唐人之作，此亦其類耳。段安節樂府雜錄云：「天后朝，有士人陷寃獄，籍沒家族，其妻配入掖庭，本初善吹觱篥，乃撰此曲以寄哀情，始名大郎神，蓋取良人行第也，既畏人知，遂三易其名，亦名悲切子，終號怨回鶻」。其詞卽五言聲詩体，唐詞紀中「此別離重陳，花飛復戀人」是也。此調長短句曲詞，始見花間集薛昭蘊一首，乃借舊曲名，而另倚新聲者。

【異名】此調一名大郎神、悲切子、怨回鶻。說見樂府雜錄。又此調與大郎神並見於教坊記，兩曲自不同，豈晚唐時混爲一調耶？

【宮調】此調唐詞宮調未詳。宋柳永詞入夾鐘商，俗呼中呂調。

【詞例】

離別難　薛昭蘊

寶馬曉鞴雕鞍平韻　羅帷乍別情難叶　那堪春景媚仄韻　送君千萬里叶　半妝珠翠落句　露華寒叶平　紅蠟燭換仄韻　青絲曲叶　偏能勾引淚闌干叶平　良夜促仄韻　香塵綠叶　魂欲迷換平韻　檀眉半斂愁低叶　未別心先咽換仄韻　欲語情難說叶　出芳草逗　路東西叶平　搖袖立換仄韻　春風急叶仄　櫻桃楊柳兩淒淒叶平

【訂律】全唐五代詞彙編收此調，僅薛昭蘊一首，雙調八十七字，上片九句四平韻四仄韻；下片十句四平韻六仄韻。此調用韻雖極錯綜，然仍以兩平韻爲主，上片間入兩部仄韻，下片間押三部仄韻，變化中自具條理。薛詞無別首可證，詞譜列宋詞柳永一体，雙調一百十二字，句度與唐詞迴別，難以參校。又薛詞上下片除換頭處將起拍六字句，攤破作「三、三、三」句法外，餘應悉同。故其中「出芳草、路東西」二句，疑有譌脫，今人蕭繼宗花間集校注嘗於此有所論列，識見精闢，玆迻錄其言於后，供參鏡焉：「『咽』『說』互叶，是矣。然『出芳草』三字，仍不成語。愚意按前半『半妝』句，此處必奪二字。原文想係：『出門芳草路，各東西。』觀韋莊望遠行：『出門芳草路萋萋，雲雨別來易東西。』可知『出』字下必落『門』字，至於『路』字，宜屬『芳草』成句，而『各』字適爲『路』之半体，傳刻時以爲重出而删之耳。」

定西蕃

【考源】唐教坊曲名，見教坊記，此調或創於開元末至天寶六年之間，唐書封常清傳：「開元末，常清破達奚，天寶六載破小勃律。」岑參有送封大人出師西征詩，序謂天寶中，常清破播仙，參作凱歌，有句云：「破國平蕃昔未聞」，唐大曲有平蕃之名（見教坊記），殆因事而作。此調名定西蕃，應與大曲平蕃爲一類 見任二北教坊記箋訂 ，其詞則以溫庭筠「漢使昔年離別」一首爲最早，牛嶠「紫塞月明千里」一首，孫光憲「雞祿山前遊騎」、「帝子枕前秋夜」二首，皆係就調名立意。

【宮調】金奩集載溫庭筠詞入林鐘羽，俗呼高平調，又呼南呂調。宋張子野詞亦入此調。

【詞例】

定西蕃　溫庭筠

漢使昔年離別仄韻攀弱柳句折寒梅平韻上高台叶　千里玉關春雪仄韻雁來人不來平韻羌笛一聲愁絕仄韻月徘徊平韻

【訂律】全唐五代詞彙編收定西蕃一調，計溫庭筠三首、韋莊二首，牛嶠一首，孫光憲三首，毛熙震一首，凡十首，今卽據之以訂律。

此調三十五字，前後片各四句，前後片起句及後片第三句，俱間押仄韻。上片第三句、第四句，下片第二句、第四句俱押平韻。溫詞三首，其平仄如一，惟第三首「細雨曉鶯」詞之後片第三句不用韻，與此小異。又韋莊「挑盡金鐙」一首，牛嶠「紫塞月明」一首，其體製與此同，惟前段起句不韻耳。

又孫光憲一體，亦雙調三十五字，但用平韻，而字句與溫體同，其詞云：「雞祿山前遊騎，邊草白，朔天明平韻馬啼輕叶　鵲面弓離短韔，彎來月欲成叶一隻鳴髇雲外，曉鴻驚叶」此詞不間入仄韻。韋詞「芳草叢生」一首、毛詞「蒼翠濃陰」一首，皆與此同。

荷葉杯

【考源】唐教坊曲名，見教坊記。塡詞名解謂此調名取自隋殷英童採蓮曲「蓮葉捧成杯」句。按荷葉杯三字，本唐酒器名，白居易詩云：「石榴枝上花千朵，荷葉杯中酒十分。」蘇軾中山松醪詩自注亦云：「唐人以荷葉爲酒杯，謂之碧筩酒。」故任二北敎坊記箋訂疑此曲爲酒會著詞之調也。

【宮調】此調金奩集載溫庭筠詞三首，注南呂調（林鐘羽）；又載韋莊詞二首，注雙調（夾鐘商）。

【詞例】

荷葉杯　溫庭筠

一點露珠凝冷仄韻　波影叶　滿池塘平韻　綠莖紅艷兩相亂換仄韻　腸斷叶仄　水風涼叶平

【訂律】全唐五代詞彙編收荷葉杯一調，計溫庭筠三首、韋莊二首，顧敻九首，共十四首。按此調三體：溫庭筠所作單調二十三字體，凡三首，通體平仄悉同；顧敻所作單調二十六字體，起二句與溫詞同，而下半全異．平仄亦多通用；韋莊二首，卽以顧詞之體，叠爲雙調，改末句之六字二句爲五字一句，少一叠韵，故得五十字，其平仄亦有通用者。除三家外，未見他作也。今卽據此三體以訂律。

溫詞單調二十三字，六句，四平韻兩仄韻。此調三換韻，惟以平韻爲主，兩仄韻卽間於平韻之內。溫詞三首，平仄和一，見「詞例」圖譜，不復注。

又顧敻一體，單調二十六字六句兩仄韻，三平韻、一叠韻。詞云：「春盡小庭花落。寂寞。凭檻斂雙眉。忍教成病憶佳期。知麼知。知麼知。」按顧詞九首，字句韻叶皆同。內一首起二句「我憶君詩最苦，知否。」我字仄聲，君字平聲，最字仄聲，知字平聲。故此詞春字可仄，小字可平，花字可仄，寂字可平。第三四句「字字最關心。紅箋寫寄表情深。」上字字仄聲，紅字平聲，寫字仄聲。故此詞凭字可仄，忍字可平，成字可仄。若第六句，卽叠第五句平韻，其第五句第一字，卽煞尾平韻也。明程明善嘯餘譜於第五句第一字注可仄，則是仄韻煞尾也，不可從。顧詞九首，結處皆用平仄平，兩句相叠，如另首之「愁麼愁」、「狂麼狂」、「羞麼羞」、「憐麼憐」等是，當爲定格。

又韋莊一體，雙調五十字，上下片各五句，兩仄韻平韻，而兩片各自換韻，詞云：「記得那年花下。深夜。初識謝孃時。水堂西面畫簾垂。攜水暗相期。惆悵曉鶯殘月。相別。從此隔音塵。如今俱是異鄉人。相見更無因。」按韋詞別首，上片起句「絕代佳人難得」，佳字平聲。第四句「一雙愁黛遠山眉」，一字仄聲。結句「不忍更思惟。」不字仄聲。下片起句「閑掩翠屏金鳳」，閑字平聲。第三句「羅幕畫堂空」，羅字平聲。第四句「碧天無路信難通」，碧字仄聲。故此詞那字水字可平，攜、惆、從、如，凡四字，可仄。調內可平可仄據此。

感恩多

【考源】唐教坊曲名，見教坊記。任二北教坊記箋訂引唐李群玉留別馬使君詩：「唯有管弦知客意，分明吹出感恩多。」又引白居易聞歌伎唱嚴郎中詩：「但是人家有遺愛，就中蘇小感恩多。」並謂「疑亦用此曲名。豈此曲原用詩體，後始有長短句歟？俟考。」然則此曲之頗流行於當時可知。唐五代詞此調唯牛嶠二首，皆寫閨中思婦之情，蓋亦有纏綿感恩之意。

【宮調】此調未詳其宮調，俟考。

【詞例】

感恩多　牛嶠

兩條紅粉淚仄韻多少香閨意叶仄强攀桃李枝換平韻歛愁眉叶　陌上鶯啼蝶舞句柳花飛叶柳花飛叠願得郎心句憶家還早歸叶

【訂律】全唐五代詞彙編收感恩多一調，祇牛嶠二首，一爲三十九字，一爲四十字，蓋換頭一作六字，一作七字也。此詞雙調三十九字，前段四句兩仄韻兩平韻，後段五句，其第二三句必用叠句，第二五句仍叶前段平韻。牛詞兩首，平仄悉同，惟別首換頭「幾度將書托煙雁」，作七字句，聲調略拗，與此詞小異。

長相思

【考源】古詩曰：「客從遠方來，遺我一書札。上言長相思，下言久別離。」又曰：「文綵雙鴛鴦，裁爲合歡被。著以長相思，緣以結不解。」李陵詩曰：「行人難久留，各言長相思。」蘇武詩曰：「生當復來歸，死當長相思。」古人輒用「長相思」三字入詩，其爲當時極熟之民間成語可知。厥後演爲樂府，樂府詩集收入雜曲歌辭，梁張率始以此三字爲句之發端，而陳後主、江總輩，復襲其調。唐人篇詠中亦多用此題，然其辭終無樂歌之明徵。至白居易作「三、三、七、五、」四句雙疊體，迺成詞之專調矣。惟此調名早經崔記著錄，其非白傳所創甚明。且敦煌寫卷中有此調聯章三首，分言富、貧、死三者之痛。彼此格調一致，前半五言四句，後半「七、六、六、五、」四句，共叶六平韻，頗整齊，與今見白體不合。敦煌之辭，雖不能謂其必屬崔記之名，但長相思既於白體之外，尚另有他體在，已足證崔記之名，絕不受白詞時代之限制矣。至敦煌曲辭與白體之關係若何，則不得其詳。以常理揣之，當係同名異調（指宮調）之二體也。

【異名】此調異名有七：林逋詞有「吳山青」句，名吳山青；張輯詞有「江南山漸青」句，名「山漸青」；王行詞名青山相送迎；詞律及歷代詩餘並謂此調三十六字體又名雙紅豆、憶多嬌；樂府雅詞名長相思令，又名相思令。

【宮調】張先詞入夾鐘商，俗呼雙調。按張詞原題相思令，實卽三十六字長相思令詞，爲詞律本調之第一體，與相思兒令無涉。又夏敬觀詞調溯源云：「柳永詞入夾則商（俗呼林鐘商）。」然柳詞一百又三字，乃慢曲，應與此調無關。

【詞例】

長相思　　無名氏

作客在江西平韻　得病臥毫釐叶　還往觀消息句　看看似別離叶　村人曳在道傍西叶　耶娘父母不知叶　身上綴牌書字句　此是死不歸叶（據敦煌零拾本）

又　白居易

汴水流平韻　泗水流疊　流到瓜州古渡頭叶　吳山點點愁叶　思悠悠叶　恨悠悠疊　恨到歸時方始休叶　月明人倚樓叶

【訂律】全唐五代詞彙編收長相思一調，計白居易二首、李煜一首、馮延巳一首，又敦煌曲錄此調三首，凡七首，今即據此二體以訂律。

敦煌曲雙調四十四字，前段四句四平韻，後段四句三平韻。按敦煌曲三首，其第二首前段三四句「塵土滿面上，終日被人欺。」滿、面、日，俱仄，人字平聲。後段次句「風吹淚點雙垂。」雙字平聲。結句「此是貧不歸。」貧字平聲。又第一首後段第二句「盡日貪歡逐樂。」盡字逐字仄聲。貪字平聲。調內可平可仄據此。

白詞三十六字，前後段各四句三平韻一疊韻，爲習見長相思調中之正體，其餘押韻異同（如白詞別首後段起句不用韻，或李詞前後段起二句不疊韻），皆變體也。又此調七言第五字雖平仄不拘，然驗諸各家詞，上片多作仄，下片多作平。五言第三字，雖亦不拘，然仍以用平爲佳，如不得已而用仄，則當句第一字必平，此定格也。

西江月

【考源】唐教坊曲，見教坊記。李白蘇台覽古詩：「只今惟有西江月，曾照吳王宮裏人。」又張祜詩：「西江江上月，遠遠照征衣。」此調名所本也。一名步虛詞。吳任臣云：「步虛詞乃道家法曲，如佛家梵唄之類，且庾子山諸君所作，與西江月全不類，是昔人之誤。」毛先舒則云：「步虛詞之卽西江月，此是詞家假古題以名其詞，取新耳目，非誤也。」敦煌曲有此調曲辭三首（載於敦煌寫卷斯二六〇七），叶韻乃平仄間叶，具唐五代之特點。至北宋以後，始改爲平仄通叶。間叶謂平仄韻不必同部；通叶謂平仄韻同一韻部。敦煌辭三首，與五代歐陽炯作，均爲間叶，絲毫不亂。御製詞譜謂此調始於歐陽炯，祇認其前後片之起句叶仄，而斷以北宋體爲正，並引樂府指迷之言云：「西江月第二句平聲韻，第四句就平聲切去押仄韻，如平聲押東字，仄聲須押董凍字韻，不可隨意押入他韻。」以證其說。是知有兩宋，而不知有唐五代，揚其變而抑其本，何其謬也。

【異名】此調異名有三：歐陽炯詞有「兩岸蘋香暗起」句，名曰蘋香；程珌詞名步虛詞；王行詞名江月令。

【宮調】此調在唐，未詳其宮調。至宋柳永、張先詞入夾鐘宮，俗呼中呂宮；張先又一首，入中呂宮，卽道宮。

【詞例】

西江月　歐陽炯

·○* *○*·○○ *○*··○○ *·*○*· *○*·○○· *
月映長江水仄韻分明冷浸星河平韻淺沙汀上白雲多叶平雪散幾叢蘆葦叶仄扁舟倒影寒潭裏仄韻煙

○＊•○○　＊○＊••○○　＊•＊○＊•
光遠罩輕波平韻　笛聲何處響漁歌叶平　兩岸蘋香暗起叶仄

【訂律】全唐五代詞彙編收西江月一調，計歐陽炯二首、呂巖二首，又敦煌曲辭三首，凡七首。惟呂詞可疑（西江月之叶韻，五代以前，俱以平仄間叶；北宋以後，始爲平仄通叶。呂詞二首俱用通叶之法，似爲後世所撰），故僅據歐詞及敦煌辭以訂律。

此詞雙調五十一字，句法爲「六、六、七、六、」，「七、六、七、六」上下片各四句，兩平韻兩仄韻，間隔叶之。敦煌辭同此體。上片起句二字，起仄韻，第一三五字平仄可以通融。第二句用平韻，而平仄恰與首句相反，其一三字不拘平仄，而第五字則必平。第三句叶平韻爲平起平收之七言句，一三兩字平仄不論。第四句叶首句仄韻，句法聲調亦同。下片起句爲平起仄韻之七言句，然亦可用仄起仄韻之聲調，觀敦煌辭「東去不廻千萬里」及歐詞別首「鈿雀穩簪雲髻綠」可證。其餘字句之作法，與前片無異。

拜新月

【考源】唐教坊曲名，見教坊記。此調始爲五言四句聲詩，其長調雜言者，則始見於雲瑤集雜曲子，凡二首，均詠調名本意。宋金盈之醉翁談錄云：「俗傳齊國無鹽女，天下之至醜，幼年拜月，後以德選入宮，王未寵幸。因賞月，見之，姿色異常，卒愛幸之，立爲后。乃知女子拜月，有自來矣。」

（卷三）此項民間傳說，並見列女傳，足證其俗甚古。及唐，拜月之俗尤見風行，詩中每多敍及，任二北謂「唐婦孺普遍有拜新月之風俗，然後始產生此調」（敦煌曲初探頁九九），不爲無見。

【宮調】此調在唐，未詳其宮調。入宋樂復因舊曲造新聲而入黃鐘羽。

【詞例】

拜新月　　無名氏

蕩子他州去句已經新歲未歸還平韻堪恨情如水句到處輒狂迷叶不思家國句花下遙指祝神明（冒鶴亭改作祝神祇，叶韻）叶直至于今句抛妾獨守空閨叶　上有穹蒼在句三光也合遙知叶倚幈幃坐句淚流點滴句金粟羅衣叶自嗟薄命句緣業至於斯叶乞求待見面句誓不辜伊叶（據潘師石禪敦煌雲謠集新書）

【訂律】敦煌曲收拜新月一調，凡二首。此調二首，一叶平韻，雙調八十四字；一叶仄韻，雙調八十六字。除襯字外，上片句拍多同，下片則歧異較大，且韻叶不同，聲情亦異，殊難律定。玆據敦煌雲謠集新書，迻錄其仄韻者於后，以供參酌：

國泰時清晏，咸賀朝列多賢士。播得群臣美，卿敢同如魚水。況當秋景，蓂葉初敷卉。向登新樓上，仰望蟾色光翅。迴顧遇玉兎影媚。明鏡匣參差斜墜。澄波美，猶怯怕銜半鈎耳。萬家向月下，祝告深深跪。願皇壽千千歲，登寶位。

上行杯

【考源】唐教坊曲名，見教坊記。任二北教坊記箋訂云：「調名由來，與回波樂、下水船等，同起於曲水流觴之義，用爲酒令著詞」。可以備一說。今傳此調曲辭，始見於花間集韋莊二首，皆寫別情，詞意淒苦綣念，與流觴之樂異趣，則韋氏之作，豈借舊調以出新意耶？

【宮調】金奩集載韋莊詞，注歇指調（林鐘閏）。

【詞例】

上行杯　韋莊

芳草灞陵春岸仄韻柳煙深讀滿樓絃管叶一曲離歌腸寸斷叶　今日送君千萬叶紅縷玉盤金鏤盞叶須勸叶珍重意句莫辭滿叶

【訂律】全唐五代詞彙編收上行杯一調，計韋莊二首、孫光憲二首、馮延巳一首，凡五首。韋詞四十一字，兩首整齊，易證。孫詞三十九字，於換頭句叶前段之末句，而以後不復有叶，遂使兩段皆不似韻，其中恐有傳訛。馮詞五十字，作「七、七、四、七、」兩疊，實即偷聲木蘭花也。故今僅據韋體以訂律。

此詞雙調四十一字，八句七仄韻。上片首句，韋詞別首「白馬玉鞭金轡」，白字仄聲。第三句「迢遞去程千萬里」，迢字平聲，去字仄聲。下片次句「滿酌一盃勸和淚」，滿字仄聲。又末三字爲「仄平仄」，知此句亦可作七絕之單拗聲調。調內可平可仄據此。

鵲踏枝

【考源】唐教坊曲名，見教坊記。「鵲」一作「雀」。此調原格或爲七絕聲詩，觀敦煌曲所載之詞可知。敦煌曲中此調凡兩見，第一首乃七言四句兩片，爲齊言體，惟後片三四兩句略加襯字耳。次首屬雜言體，載於伯四〇一七號卷，其上下片之次句，皆將七言攤破爲四言、五言，二句，同於五代以後之傳辭。此調既名列教坊記，固知其調當創於開元天寶之間。又第一首云：「叵耐靈鵲多瞞語，送喜何曾有憑據。」明詠調名本意，因知其作辭時代亦甚早。自北宋晏殊詞，始改調名爲蝶戀花，詞家遂不復知有雀踏枝之本意矣。

【異名】此調異名甚夥，除蝶戀花外，另有黃金縷、捲珠簾、明月生南浦、細雨吹池沼、鳳棲梧、一籮金、魚水同歡、轉調蝶戀花等名，俱見詞譜。

【宮調】唐詞此調未詳其宮調。宋柳永詞入中呂商，俗呼小石調；張先詞以名鳳棲梧者注小石調，以名蝶戀花者注林鐘商（夷則商）；周邦彥、張孝祥詞並注商調（夷則商）。

【詞例】

鵲踏枝　　馮延巳

·○○··
誰道閑情拋擲久仄韻
*·○○
每到春來句
*·○○·
惆悵還依舊叶
·○○··
日日花前常病酒叶
○·○○·
敢辭鏡裏朱顏瘦叶
·○○·
河畔青蕪堤上

柳•叶為＊問•新○愁○句何＊事•年○年○有。叶獨＊立•小＊樓○風○滿•袖•叶平＊林○新＊月•人○歸○後•叶

【訂律】全唐五代詞彙編收此調，計馮延巳十四首（第二、第十一、第十二、第十四，別作歐陽修詞），李煜一首（原載尊前集，本事曲以為山東李冠作）。又敦煌曲載此調二首，今即據其雜言體以訂律。

此詞雙調六十字，上下片各五句四仄韻，實為仄韻七絕相合而成，特於上下片第二句加兩字為冠，而第三句亦用韻耳。李馮詞別首，上片第一句「幾度鳳棲同飲宴」，幾字鳳字俱仄聲；第二三句「簾外微微，細雨籠庭竹」，簾字平聲，細字仄聲；第四句「殘酒欲醒中夜起」，殘字平聲，欲字仄聲；末句「朦朧如夢空腸斷」，朦字如字俱平聲。據此，知此調上片之四言、五言句，第一字平仄不拘；七言句，第一三字平仄不拘。下片聲律悉同上片，不贅。敦煌曲次首與此體同，惟下片第四句多一襯字，平仄亦偶有不合，豈創調之初，聲律較寬緩耶？

傾杯樂

【考源】唐教坊曲名，見教坊記。此調據任二北考證，大約北周時已有六言之傾杯曲。隋書音樂志敘隋之定樂，曾謂「牛弘改周樂之聲，獻奠登歌六言，象傾杯曲。」至唐初，或已形成大曲，用龜茲樂。許敬宗上恩光曲歌詞啓云：竊尋樂府雅歌，多皆不用六言，近代有三台、傾杯樂等艷曲之例，

始用六言。」是此調在唐初已甚流行。又唐志及通志並謂太宗朝因內宴，詔長孫無忌等製傾杯曲，此蓋指製詩以爲歌詞而言。玄宗時，列爲法曲，曾配合於馬舞，有數十曲之多，其樂仍是大曲。冒廣生傾杯考：「按今張說之文集，有舞馬詞六首，皆六言，此卽明皇時之傾杯樂也。」不爲無見。惟同一調名，音曲不同，而齊言、雜言，同時並行，在盛唐時，已常有之，故崔記載名所指之辭體如何，實不可知。今雲謠集所載此調曲辭二首，並作雜言，或亦可視爲盛唐作品。

【宮調】此調在唐未詳其宮調。至宋，所屬之宮調頗多，如柳永詞注大石調（黃鐘商）、黃鐘調（無射羽）、仙呂宮（夷則宮）、林鐘商（夷則商）等，然皆係入宋後因舊曲翻製之新聲也。

【詞例】

傾杯樂　　無名氏

憶昔笄年句未省離閣句生長深閨苑仄韻閑凭著繡床句時拈金綫叶擬貌舞鳳飛鸞句對粧台重整嬌姿面叶知身貌算料句豈交人見叶又被良媒句苦出言詞相誘衒叶每道說逗水際鴛鴦句惟指梁間雙燕叶被父母將兒匹配句便認多生宿姻眷叶一旦娉得狂夫句攻書業逗抛妾求名宦叶縱然選得句一時朝要句榮華爭穩便叶　（據潘師石禪敦煌雲謠集新書）

【訂律】敦煌曲收傾盃樂一調，凡二首。分別作雙調一百一十及一百零九字。二詞上片句拍歧異較大，下片略同，均已闌入襯字，故不妨視作兩體。又二詞用韻，部份句子摻用部韻字，以致韻與非韻之間，頗難釐定。今旣舉其第一首爲「詞例」，玆更據潘師石禪敦煌雲謠集新書，迻錄其次首於后，以供參覽：

窈窕逶迤，貌超傾國難應比。渾身掛綺羅裝束，未省從天得知。臉如花，自然多嬌媚。翠柳畫蛾眉，橫波如同秋水。裙生石榴，血染羅衫子。觀艷質語載言輕，玉釵墜素綰烏雲髻。年二八久傎香閨，愛引猧兒鸚鵡戲。十指如玉如葱，銀蘇體雪透羅裳裏。堪娉與公子王孫。五陵年少風流婿。

謁金門

【考源】唐教坊曲名，見教坊記。聞汝賢詞牌彙釋云：「金門卽漢時金馬門之簡稱，史記東方朔傳：『金馬門者宦署門也，門旁有銅馬，故謂之金馬門。』漢武帝嘗使學士公孫宏等待詔金馬門，至唐始用作樂曲名，曰謁金門，後並引用作詞調名。」毛先舒詞學全書云：「唐樂名有儒士謁金門，詞沿其名。」二說溯調名初源，均有待商榷，按教坊記於謁金門曲名外，又有儒士謁金門之曲名，不知二者聲情之分別爲何？葉德輝刻宋紹興秘省續編到四庫闕書目卷二，道家類，引「謁金門一卷，闕。」，是謁金門一辭與道家有關之明證。今檢視敦煌曲謁金門三首，第一首曰：「長服氣，住在蓬來山裏。……得謁金門朝帝陛，不辭千萬里。」分明詠調名本意，其內容則爲黃冠之謁金門也。次首曰：「欲上龍門希借力，莫教重點額。」乃儒士之謁金門也。任二北敦煌曲初探曲調考證云：「唐帝自信爲老子之裔，多好神仙，故道儒並尊，而黃冠之倖進，殆與儒士相等。敦煌三辭，已說明儒士謁金門名稱之由，正爲有別於黃冠之謁金門耳。」然則自其始義言，謁金門之作必非儒士也。舒夢蘭白香詞譜題攷以爲此調名「取義爲儒生朝謁天子」者，蓋亦失之。至敦煌曲謁金門之作辭時代，任氏謂可能在開天之間，說詳初探論時代一節。

【異名】此調別名甚夥，宋楊湜古今詞話因韋莊詞起句，名空相憶；張輯詞有「無風花自落」句，名花自落；又有「樓外垂楊如此碧」句，名垂楊碧；李清臣詞有「楊花落」句，名楊花落；李石詞名出塞；韓淲詞有「東風吹酒面」句，名東風吹酒面；又有「不怕醉，記取吟邊滋味」句，名不怕醉；又有「人已醉，溪北溪南春意」句，名醉花春；又有「春當早，春入湖山漸好」句，名春早湖山。

【宮調】金奩集載韋莊詞二首，入夾鐘商，俗呼雙調。御製詞譜云：「元高拭詞注商調。」

【詞例】

謁金門　　韋莊

春雨足仄韻染就一溪新綠叶柳外飛來雙羽玉叶弄晴相對浴叶　樓外翠簾高軸叶倚遍闌干幾曲叶雲淡水平煙樹簇叶寸心千里目叶

【訂律】唐五代詞彙編收謁金門一調，計敦煌曲三首、韋莊三首、孫光憲一首、閻選一首、魏承班三首、馮延巳四首、牛希濟一首（與馮詞第三首雷同）、薛昭蘊一首，凡十六首，今卽據之以訂律。

本調四十五字，雙調。首起爲三字句，句法爲上一下二，聲調爲平仄仄，第二字雖間有用平者，終不如仄聲爲佳。第二句爲六字句，叶韻。第一三字平仄不拘，第五字宜平，驗之各家詞，僅敦煌曲第三首「滿洞桃花淥水」爲例外，餘詞皆作平聲。第三句爲仄起仄韻之七言句。第四句與菩薩蠻下片首句同其句法，聲調爲「平平平仄仄」，第一字不拘。後半僅第一句爲六字句，「仄仄平平仄仄」，餘均與前半相同。此調通首各句俱叶韻，後半唯孫光憲換頭作「輕別離，甘拋擲。」兩三字句，然字數及叶韻固無不同也。

巫山一段雲

【考源】唐教坊曲名，見教坊記。太平廣記：「王母第二十三女名瑤姬，號雲華夫人，居巫山，詩家所謂神女也，峽下有神女祠。」蓋原於宋玉之賦高唐、賦神女也。此調與巫山女及唐會要所載之高唐雲，均同此本事。高唐雲既係天寶十三載所有（見任二北教坊記箋訂），則此調亦宜有於盛唐。又古琴曲有巫山神女，見宋釋居月琴書類集下古琴弄名內。古樂府有巫山高，初唐盧照鄰樂府雜詩序：「落梅、芳樹，其體千篇；隴水、巫山，殊名一意。」皆指古樂府名。知此事之入樂，由來已久，開元天寶中教坊曲有巫山女及巫山一段雲等曲，其聲辭當亦前有所本。此曲至晚唐猶聞傳唱，崔鈺「和人聽歌」云：「巫山唱罷行雲遏，猶自微塵舞畫粱。」所謂巫山，無非指此調或巫山女。至今傳毛文錫詞，雖詠巫山神女事，特就調名之意耳，非始創此調也。

【宮調】此調在唐宮調未詳。至宋柳永樂章集注雙調（夾鐘商）。

【詞例】

巫山一段雲　　毛文錫

雨霽巫山上句雲輕映碧天平韻遠風吹散又相連叶十二晚峰前叶　暗濕啼猿樹句高籠過客船叶朝朝暮暮楚江邊叶幾度降神仙叶

【訂律】全唐五代詞彙編收巫山一段雲一調，計唐昭宗二首、毛文錫二首、歐陽炯二首、李珣二首，凡二體八首。昭宗詞雙調四十六字，上片四句三平韻，下片四句兩仄韻兩平韻。毛詞雙調四十四字，上下片各四句三平韻。此體全叶平韻，換頭兩句又各減去一字，與昭宗詞異。歐陽炯、李珣詞，俱與此同，今卽據此體以訂律。

上片首句，歐陽炯詞「春去秋來也」，春字平聲。下片首句「歌扇花光黦」，歌字平聲。第三句「恨身飜不作車塵」，恨字仄聲，翻字平聲。結句，李珣詞「行客自多愁」，行字平聲。故此詞雨、暗、暮、幾，凡四字，可平；高字朝字可仄。調內可平可仄據此。

婆羅門

【考源】任二北敦煌曲初探嘗詳攷此調，略謂調名應依崔記，作望月婆羅門，其調乃取自婆羅門大曲。考玄宗朝，實先有婆羅門大曲，其調名上確無「望月」二字，後從大曲內，摘遍爲雜曲，例如此調之作五七言長短句，因用以詠月，入望月之意，始影響調名，多出「望月」二字。今敦煌寫卷內，此調四首起句皆曰「望月」，且曰「望月婆羅門」，悉符崔記所載，乃知此調名之五字中，實一字少不得，其餘三首所以仍僅三字，並無「望月」字樣者，乃書手習慣從省耳。任氏又據此調之末首：「望月在邊州，江南海北頭。自從親向月中遊，隨佛逍遙登上界，端坐寶花樓，千秋似萬秋」。斷其創調時期，卽作辭時期，皆在開元十七年後不久，其言曰：「蓋望月婆羅門之調名，旣載在崔記，而此四辭之首，又皆冠『望月』二字，同題並無他篇，詞語復非泛設，可能卽爲此調原始之辭—一也。婆羅門大曲乃開元中西涼節度使楊敬述所進，就此摘遍，乃成婆羅門雜曲，玆用以詠望月，時間上去大曲之進呈，或不甚遠。試看玄宗時有水調、涼州、伊州等大曲，而諸調之單章雜曲，亦皆有於同時，可以類推—二也。遊月宮事，雖謊誕無稽，但其神話之流傳，並非始於後世，妙在玄宗生前，民間卽已盛傳，樂曲乃隨之而興。故教坊記載開天間之曲名，已列有看月宮一調。異人錄云：『開元六年，上皇與中天師，中秋夜，同遊月中』。河東先生龍城錄同說，亦『開元六年』云云，尤堪注意。上辭謂『自從親向月中遊』，當指玄宗而言—三也。玄宗以八月五日生，開元十七年起，定是日爲千秋節；王公以下，獻鏡及承露囊，天下燕樂；樂曲有千秋樂大曲及千秋子雜曲等。辭中『千秋似萬秋』句，應爲玄宗在世時頌祝之語，而非身後之悼挽或感念——四也。此項頌祝語，實借用當時流行之千秋樂與萬秋樂兩曲名組成，『千秋』、『萬秋』，均非泛設。萬秋樂本佛曲，見日本古事類苑。日本天平八年（玄宗開元二十四年），印度婆羅門僧正仙那等，已傳此曲至日本，其在中國之流行，可能更早十年左右。既爲佛曲，自尤合婆羅門曲辭之引用。故辭內『萬秋』二字，指曲名無疑——五也」。任氏考證詳實，其說可從。

【宮調】羯鼓錄於太簇商有此調，唐會要於黃鐘商亦載此調。夏敬觀詞調溯源於夾鐘商列婆羅門令，謂「唐教坊有望月婆羅門引」，按崔記實無此「引」字，乃誤加。

【詞例】

婆羅門　　無名氏

望月曲彎彎平韻初生似玉環叶漸漸團圓在東邊叶銀城周迴星流遍句錫杖奪天關叶明珠四畔懸叶（據敦煌曲校錄）

【訂律】敦煌曲收此調，凡四首。潘師石禪敦煌曲校錄補校云：「原卷無題，但卷背署詠月婆羅門曲子四首。」前二首字句似有脫誤，待校。後二首較完整可誦，茲據此以訂律。

此調單片三十四字，作「五、五、七、七、五、五、」句法，叶五平韻。兩詞相校，前後四五言句，僅「錫」、「端」二字平仄不同，餘皆相合。第三四句，別首平仄與此詞全反（參看考源所引「望月在邊州」一闋），可以互參。

麥秀兩歧

【考源】唐教坊曲名。麥秀兩歧之名，始見於後漢書張堪傳，堪爲漁陽太守，百姓歌曰：「桑無附枝，麥秀兩歧，張君爲政，樂不可支。」調名原其語曰麥秀兩歧。而碧鷄漫志引文酒清話曰：「唐封舜臣，性輕佻，德宗時，使湖南，道經金州，守張樂讌之，執杯索麥秀兩歧曲，樂工不能，封謂樂工曰：『汝山民，亦合聞大朝音律。』守爲杖樂工，復行酒，封又索此曲，樂工前乞侍卽舉一遍，封爲唱徹，衆已盡記，於是終席動此曲。封既行，守密寫曲譜，言封燕席事，郵筒中送與潭州牧，牧亦張樂燕之，倡優作襤褸數婦人，抱男女筐筥，歌麥秀兩歧之曲，敍其拾麥勤苦之由，封面如死灰，歸過金州，不復言矣。」循其說，則唐德宗時此曲已見。又太平廣記卷二五七，引王氏見聞錄，載朱梁時，封舜卿過成都，倡優作襤褸婦人，負筐筥，歌麥秀兩歧，敍其拾麥勤苦之由。事雖晚出，可推知此調之始，或亦以狀寫貧苦拾麥之景而得名。

【宮調】唐調已失，宋調據王灼碧鷄漫志云屬黃鐘宮（卽無射宮），漫志並謂「唐尊前集載和凝一曲，與今曲不類。」惟二者異處，今已不曉。

【詞例】

麥秀兩歧　和凝

涼簟鋪斑竹 仄韻 鴛枕並紅玉 叶 臉蓮紅 句 眉柳綠 叶 胸雪宜新浴 叶 淡黃衫子裁春縠 叶 異香芬馥 叶 羞道交回燭 叶 未慣雙雙宿 叶 樹連枝 句 魚比目 叶 掌上腰如束 叶 嬌嬈不禁人奉踴 叶 黛眉微蹙 叶

【訂律】唐五代詞彙編輯錄麥秀兩歧一調，僅和凝一首。此詞雙調六十四字，前後片各七句，六仄韻。詞譜曰：「此調見尊前集，句短韻促，無他首可校，其平仄當遵之。」然據和詞上下兩片互校，則上片鴛、胸、衫、凡三字，可仄，而淡字可平。下片嬌字可仄，未、掌、不三字，可平。

相見歡

【考源】唐教坊曲名，見教坊記。調名源流無考。此調異名甚多，如南唐後主詞有「無言獨上西樓，月如鉤」之句，遂名「秋夜月」，又名「上西樓」、「西樓子」等。而李煜詞復題作「烏夜啼」，宋人尚有沿用者。按李煜詞以「烏夜啼」名調者，實凡兩體，其一爲三十六字，卽此「相見歡」是也；其一則四十七字，而歐詞又名「聖無憂」，宋人變爲四十八字，易名「錦堂春」者是也。調名雖一，調體實二，不可不辨。

【宮調】此調在唐五代未詳其宮調。

【詞例】

相見歡　　李煜

*○··○○　*○○　*·○○*··○○

林花謝了春紅（平韻）太匆匆（叶）無奈朝來寒雨晚來風（叶）

··○○

恨水長東（叶）

**·　*○·　·○○　··○○○

胭脂淚（換仄）留人醉（叶仄）幾時重（叶平）自是人生長

【訂律】全唐五代詞彙編錄此調，計薛昭蘊一首、馮延巳二首、李煜二首，共五首。然馮詞第二首與薛詞雷同（僅下片結句第五字馮作「夢」，薛作「魂」，有一字之異），故實際僅四首也。俱雙疊，三十六字，上片三句，三平韻；下片四句，換頭間叶兩仄韻，續再叶兩平韻。又兩片結句皆九字，詞律詞譜皆於第六字處讀，然於薛馮諸作可，李煜詞則宜作上二下七。

句中平仄，上片首句第一字，馮詞作「曉」，仄聲。次句首字，馮詞作「河」，平聲。第三句首句李詞別首作「寂」，薛詞作「細」，俱仄聲。第五字馮詞作「一」，仄聲。下片首句，馮詞「情極處」（平仄仄），薛詞「卷羅幕」（仄平仄），李詞另首「剪不斷」（仄仄仄），皆與上譜異，不變處惟叶韻處之仄聲耳。次句首字，馮詞作「却」，李詞另首作「理」，俱仄聲。調內可平可仄據此。

蘇幕遮

【考源】唐教坊曲名，見教坊記。此調有齊言、雜言兩種，其爲七言四句帶三字和聲之聲詩者（有唐張說之辭可證），合渾脫舞作「乞寒」之戲，記載始於北周大象元年（據周書宣帝紀，北周宣帝大象元年（五七九）十二月甲子，帝御正武殿集百官及宮人內外命婦，大列妓樂，又「縱胡人乞寒，用水澆沃爲樂戲」，則此戲之傳入，當在此時以前）。任氏教坊記箋訂引希麟續一切經音義大乘理趣六波羅密多經音義云：「按『蘇幕遮』，胡語也，本云『颯麼遮』，此云戲也，出龜茲國，至今猶有此曲，卽渾脫，大面，撥頭之類也。」是此調之聲詩體如此。至長短句體，配合舞容，而爲大曲，則不知如何？唐會要載天寶間沙陀調之蘇幕遮改名宇宙清，金風調者改名感皇恩，水調者不改。惟崔記已另列感皇恩之名，與此調應屬名同調異，二者皆長短句體，而句法截然不同。至聲詩之蘇幕遮則與感皇恩較接近。敦煌曲內載此調凡八首，其詠五臺山者，用此調為大曲，一套六遍（按任氏初探云：「辭前各首第一、第二云云，顯然為大曲形式」）。至於此調之寫作時代，任氏初探疑在武后與玄宗兩朝之間，其言曰：「此曲六首，與許書下輯鹹字十八號五台山讚文比較，內容全同，取材遺辭，亦頗一致，而讚文之第二首曰：『大周東北有五台山』，足見為武后或去武后不遠時之作品。則蘇幕遮之作辭時代，亦可連同假定，或與相同，或相去不遠。」又曰：「惟唐代文字中，有雖稱大周，而時代則在後者，如鳴沙石室佚書本沙州圖經，羅振玉提要云：『雖卷中多頌揚武后語，及遇大周處多挑行空格，而……有開元之紀年……』即是一例。故此套大曲，亦可能出於開元耳」。任說雖多旁證之辭，然亦頗有參攷價值。

【宮調】唐教坊雜曲有蘇幕遮，未詳其宮調，然唐代此調，據前引唐會要云：有水調，又云：「沙陀調蘇幕遮改為宇宙清」、「金風調蘇幕遮改為感皇恩」，沙陀調即正宮調，水調即歇指調，惟金風調則不知是何調俗名。至此數調之曲辭，是否皆屬雜言體，未詳。至宋，周邦彥有蘇幕遮「鬢雲鬆」詞一首，句法與敦煌曲同，注大石調（黃鐘商）。

【詞例】

蘇幕遮　　無名氏

上東台句過北斗仄韻望見扶桑句海畔龍神鬥叶雨雹相和驚林藪叶霧捲雲收句現化千般有叶　吉祥鳴

句師○子*吼●叶聞*者●孤○疑○句便*往●羅○延○走●叶才*念●文○珠○三○兩●口●叶大●聖●慈*悲○句方*便●潛○身●救●叶　（據任二北敦煌曲校錄）

【訂律】敦煌曲收蘇幕遮一調，凡八首，今卽據之以訂律。此詞雙調六十二字，上下片悉同，各七句四仄韻。上片別首第一句「大聖堂」，聖字仄聲；第二句「非凡地」，凡字平聲；第四句「唯有台相倚」，唯字平聲；第五句「嶺岫嵯峨朝霧已」，霧字仄聲；第六句「花木芬芳」，花字平聲。下片別首第一句「蜀錦花」，錦字仄聲；次句「銀絲結」，絲字平聲；第三句「八德池邊」，八字仄聲；第四句「甘露常清淨」，甘字仄聲；第五句「禮拜虔誠重發願」，禮字仄聲；第六句「不得久停」，久字仄聲，結句「一日三回現」，一字仄聲。調內可平可仄據此。

黃鍾樂

【考源】唐敎坊曲名，見敎坊記。此樂曲之以宮調取名者，敎坊記中尙有大呂子、引角子，皆其類也。按禮記月令：「仲冬之月，其音羽，律中黃鐘。」注：「黃鐘者律之始，九寸，仲冬氣至，則黃鐘之氣應。」惟此調曲辭僅見於花間集魏承班詞一首，而詠閨中春思，不與仲冬之節氣相合，大抵魏氏但借敎坊大曲中之一徧以塡詞，故曰黃鐘樂，其調名之於詞，非別有含義也。

【宮調】此調既以宮調取名，故其調卽在黃鐘曲中。

【詞例】

黃鐘樂　　魏承班

池塘烟暖草萋萋平韻惆悵閒宵含恨句愁坐思堪迷叶遙想玉人情事遠句音容渾是隔桃溪叶偏記同歡秋月低叶簾外論心花畔句和醉暗相攜叶何事春來君不見句夢魂長在錦江西叶

【訂律】全唐五代詞彙編收此調僅魏詞一首，雙調六十四字，前後段各五句三平韻。無他首可證，平仄宜遵之。

訴衷情

【考源】唐教坊曲名，見教坊記。義取離騷：「衆不可戶說兮，孰云察余之中情。」而曰訴衷情。崔記既著錄此調名，是此調於盛唐已有之，白香詞譜題攷謂「本調爲溫飛卿所創」，恐殊未然。

【異名】此調異名有四：其雙調四十一字者，因毛文錫詞首句爲「桃花流水漾縱橫」，故又名桃花水（見詞律）。其四十四字體者，又名訴衷情令（見塡詞名解）。又單調三十三字，其第二句用韻起者，一名一絲風（見歷代詩餘）。至張元幹四十六字體名漁父家風者，亦此調之別稱（見詞律箋榷）。

【宮調】金奩集載溫庭筠、韋莊詞三首，並三十三字者，入無射商，俗呼越調。宋張先、柳永詞注林鐘商（夷則商），周邦彥、張孝祥詞注商調（夷則商），皆四十四字體者。

【詞例】

訴衷情　溫庭筠

鶯語。仄韻花舞。叶春晝午。叶雨霏微。平韻金帶枕。換仄韻宮錦。叶鳳凰帷。叶平柳弱燕交飛。叶依依。叶遼陽音信稀。叶夢中歸。叶

【訂律】全唐五代詞彙編收訴衷情一調，計溫庭筠一首、韋莊二首、顧夐二首、毛文錫二首、魏承班五首，共十二首。此調今所考見者，凡有六體，唐五代詞中得二體，單調者或間入一仄韻，或間入兩仄韻，韋莊、顧夐、溫庭筠三詞略同。雙調者全押平韻，毛文錫、魏承班二詞略同，今即據之以訂律。

單調者如溫詞三十三字、十一句，以平韻為主，間兩仄韻於平韻之內。花間集此體第九句類用疊字，如韋詞「輕輕」、「迢迢」，顧詞「沈沈」等是，其第八句柳字可平，第十句遼字可仄，則參韋詞也。

又韋莊一體，與溫詞略同，單調三十三字，九句，六平韻兩仄韻，其詞云：「碧沼紅芳煙雨靜，倚蘭橈。垂玉佩。交帶。裊纖腰。鴛夢隔星橋。迢迢。越羅香暗銷。墜花翹。」起句與溫詞異。溫詞起，七字作三句，間入三仄韻，此詞則七字作一句，不間入仄韻。韋詞二首及顧詞第一首，皆同此體，而詞內平仄，亦三詞如一。至顧詞第二首云：「永夜拋人何處去，絕來音。香閣掩，眉斂。月將沈。爭忍不相尋。怨孤衾。換我心，為你心。始知相憶深。」單調三十七字，十句，六平韻兩仄韻，亦韋

詞體也，惟第七八兩句各添一字，結句添二字耳。

雙調者，如毛文錫詞：「桃花流水漾縱橫。春晝彩霞明。劉郎去，阮郎行，惆悵恨難平。愁坐對雲屏，算歸程。何時攜手洞邊迎，訴衷情。」此詞四十一字，前段五句四平韻，後段四句四平韻，與單調詞間入仄韻者不同。又魏承班「春深花簇」詞一體，亦四十一字，前段五句四平韻，後段四句三平韻。按魏詞五首，其四首與毛詞同，惟此首後段第三句不用韻，殆亦承毛詞而變者。

洞仙歌

【考源】唐敎坊曲名，見敎坊記。此曲之唐調見雲謠集，惟唐調究起何時，仍無考。任二北據曲辭有「恨征人久鎮邊夷」、「令戎客休施流浪」等句，與玄宗朝徵兵戎邊事有關，乃斷此調創於開天之際（見敦煌曲初探第五章），似可備一說。昔人每以此調始於東坡，然蘇詞序謂眉山老尼述蜀主孟昶宮中之歌詞，「記其首兩句，暇日尋味，豈洞仙歌令乎？」足見洞仙歌令，當時早有，並非東坡所創。又柳永樂章集既已有洞仙歌慢，令在慢前，則雲謠此調之早，自屬當然。觀其句法與北宋之調全異，可知其非孟蜀之時所能限也。

【宮調】此調在唐未詳其宮調。夏敬觀詞調溯源云：「宋志因舊曲造新聲，入林鐘商，俗呼歇指調，又入夷則商。柳永詞入夾鐘商，又一首入夷則商，又一首入黃鐘羽。」然此均屬宋調之事，與雲謠此調無涉。

【詞例】

洞仙歌　　無名氏

華燭光輝 韻 深下幈幃 叶 恨征人久鎭邊夷 叶 酒醒後 逗 多風醋 叶 少年夫婿 叶（向）綠窗下左偎右倚 叶 擬鋪鴛被 叶 把人尤泥 叶　須索琵琶重理 叶 曲中彈到 句 想婦憐處 句 轉相愛幾多恩義 叶 却再敍衷鴛衾枕 句 願長與今宵相似 叶（據潘師石禪雲謠新書）

【訂律】敦煌曲收洞仙歌一調，凡二首。乃今日所傳洞仙歌中，字數最少者。二首字句不同，似爲襯字或攤破句法所在。又二詞用韻，皆平仄通叶，如第一首之輝、幃、夷、醋、婿、倚、被、泥、理、義、似，凡十一韻；第二首之陽、光、傷、上、蕩、亮、往、香、訪、浪，凡十韻，俱三聲同部通叶，爲此調一大特色。今卽據二詞以訂律。

別首此詞上片第二句「解引秋光」，解字仄聲。第三句「寒蛩響夜夜堪傷」，寒字平聲，響字仄聲。第四句，此詞作攤破六言句法，與別首四言句異。第五句別首「旋流枕上」，旋字平聲，枕字仄聲。第六七句，此詞爲「七、四」句（向爲襯字），別首「無計恨征人，爭向金風漂蕩」，作「五、六」句，二者句法異而字數同，想係唐詞音律寬緩之故，然平仄仍可互參。別首下片第一句「嬾寄廻文先往」，嬾字仄聲。第二句「戰袍待穩」，待字仄聲。第三句「絮重更薰香」，重讀平聲，更爲襯字。第四句「轉相愛幾多恩義」。轉字愛字俱仄，多字平聲。調內可平可仄，大抵據此。

喜秋天

【考源】唐教坊曲名，見教坊記。今傳辭僅見於雲謠集雜曲子二首，他處未見，惟崔記既載其名，則此調創始於唐無疑。唐圭璋雲謠集雜曲子校釋謂此調與北宋之卜算子相同。任二北敦煌曲初探亦云：「喜秋天卽為卜算子之原名，亦未可知。」今以聲響驗之，兩調確多應合之處，然則卜算子調，殆卽由此演出也。

【宮調】此調未詳其宮調，俟攷。

【詞例】

喜秋天　　無名氏

芳林玉露催句　花蕊金風觸仄韻　永夜嚴霜萬草衰句　擣練千聲促叶

誰家台榭菊句　嘹亮宮商足叶　暮恨朝愁不忍聞句　早晚離塵土叶

（據潘師石禪敦煌雲謠集新書）

【訂律】敦煌曲收喜秋天一調，凡二首，皆作「五五、七五、」雙疊，共八句，四仄韻。惟第一首上下片換韻，次首一韻通叶異，今卽據之以訂律。

此詞上片次句，別首作「夜夜道來過」，夜字道字俱仄。結句，別首作「彈盡相思破」，彈字平聲。下片首句，別首「寂寂更深坐」，聲調為「仄仄平平仄」，與此詞用平起仄住者不同，知此二種聲調悉可應譜。又別首第三句「何處貪懽醉不歸」，何字平聲。結句「羞向鴛衾睡」，羞字平聲。調內可平可仄據此。

三臺

【考源】三臺曲之來源，舊說有三：(甲)馮鑑續事始：「漢蔡邕三日之間，周歷三臺。樂府以邕曉音律，爲製此曲。」(乙)劉禹錫嘉話錄：「鄴中有曹公銅雀、金虎、氷井三臺，北齊高洋毀之，更築金鳳、聖應、崇光三臺，宮人拍手呼上三臺送酒，因名其曲爲三臺。」(丙)李濟翁資暇集：「三臺，今之啐酒三十拍促曲。昔鄴中有三臺，石季龍嘗爲游宴之所，樂工造此曲以促飲。」三家之言，皆就三臺之名，而望文生義，不足採信。三臺曲名見教坊記，早在高宗龍朔以前，本調卽以六言體作豔曲，許敬宗上恩光曲歌詞有云：「竊尋樂府雅歌，多皆不用六字，近代有三臺傾杯樂豔曲之例，始用六言。」則三臺乃隨唐間傳入之新曲也。唐人酒筵催飲時，多歌三臺，方以智通雅考證甚詳（見任二北教坊記箋訂）。又教坊記大曲中另列突厥三臺，蓋開元後，以雜曲「三臺」爲基曲擴充而成者。唐朝以「三臺」爲基曲而轉化他調者甚多，唐音統籤云：「唐曲有三臺，急三臺，宮中三臺，上皇三臺，怨陵三臺，突厥三臺，三臺爲大曲。」據任二北「聲詩格調」之考證，三臺調之演變，多達二十二種，可見此曲風行於唐代之梗概。至於三臺中上皇、突厥之區別，據萬樹詞律云：「所賦不論何事，詠宮闈者卽曰宮中三臺，詠江南者卽曰江南三臺。」至近人梅應運大曲與詞調所云：「統籤所列諸名，除急三臺外，其餘者皆同爲三臺曲（或亦稍有變化），而舞名不同也。」則自舞容別之，亦可信。蓋敦煌卷子內有三臺舞譜，足資佐證。三臺曲辭，據上文所引許敬宗上恩光曲歌詞啓，唐初卽有之，惜已亡佚，後世無聞焉。今可考者，殆以韋應物王建所作者爲最早。宋人別撰長調，襲取此名，殊無謂也。

【異名】此調名稱有二：沈括詞名開元樂，因結有翠華滿陌東風句，又名翠華引。本調或加令字，唐詞有調笑令，亦名三臺令，與本調無涉。

【宮調】樂府詩集（卷七五）引樂苑云：「唐天寶中羽調曲有三臺。」知三臺爲羽調曲。南卓羯鼓錄謂三臺屬太簇商，唐之太簇商，卽南宋之黃鐘商。又有西河獅子三臺舞，屬太簇角。續通志載唐樂署供奉曲，三臺屬上平調，上平調卽正平調。宋史樂志因舊曲造新聲，入正宮（黃鐘宮），又入中呂宮（夾鐘宮）、道宮（中呂宮）、南呂宮（林鐘宮）、黃鐘宮（無射宮）、雙調（夾宮商）、歇指調（林鐘商）、商調（夷則商），越調（無射商）、般涉調（黃鐘羽）、中呂調（夾鐘羽）、高平調（林鐘羽）、仙呂調（夷則羽），凡十三調。

【詞例】

三臺　　韋應物

冰泮寒塘水淥句雨餘百草皆生韵朝來門巷無事句晚下高齋有情叶

【訂律】唐五代詞輯錄三臺一調，計唐韋應物二首、王建江南三臺四首、宮中三臺二首、南唐李煜三臺令一首（樂府詩集作上皇三臺，韋應物作），凡九首。除李詞一首爲五言四句外，唐人所塡者，皆爲整齊之六言絕句。本調平仄不拘，惟次句及末句須協平韻。首句亦有用韻者，如王建江南三臺之第三首：「樹頭花落花開，道上人去人來。朝愁暮愁卽老，百年幾度三臺。」卽以首句起韻。又本調第一句與第二句，須用對偶句法，如韋詞三臺別首云：「一年一年老去，來日後日花開。」王詞宮中三臺第一首：「魚藻池邊射鴨，芙蓉苑裏看花。」第二首：「池北池南草綠，殿前殿後花紅。」江南三臺第二首：「青草湖邊草色，飛猿嶺上猿聲。」莫不屬對精工；其他各首亦然。可知唐人於此，已有成法。

醉公子

【考源】唐教坊曲名，見教坊記。辭乃五言四句聲詩。另有五言八句者，或爲四句之二首也。醉公子三字原唐人習用語，意謂「繁華子」「輕薄兒」也。唐李山甫曲江詩曾有句云：「千隊國娥輕似雪，一群公子醉如泥」，開元天寶間群公子之尋芳買醉，享受繁華如此，則此曲創始時代可知矣。

【異名】此調一名四換頭，蓋薛昭蘊、顧敻詞俱四換韻也。

【宮調】此調未詳其宮調，俟攷。

【詞例】

醉公子　　顧敻

漠漠秋雲澹仄韻紅藕香侵檻叶枕倚小山屏平韻金鋪向晚扃叶　睡起橫波慢換仄韻獨坐情何限叶衰柳數聲蟬換平韻魂銷似去年叶

【訂律】全唐五代詞彙編收醉公子一調，計顧敻二首、薛昭蘊一首、尹鶚一首、唐詞闕名一首，凡五首。此調以顧敻「漠漠秋雲澹」一首爲正本，若尹詞及顧詞別首，押韻異同，皆變格也。至所收唐調，平仄換韻，終近古詩，故詞譜删之。今卽據顧詞正體以訂律。

此詞雙調四十字，上下片各四句，兩仄韻兩平韻。全詞二句一韻，凡四換韻。上片三四句，薛詞「牀上小熏籠，韶州新退紅。」牀字新字俱平聲；下片三四句，薛詞「惱得眼慵開，問人閑事來。」惱字問字俱仄聲，閑字平聲。故此詞上片枕字向字可平；下片衷字魂字可仄，似字可平。調內可平可仄據此。又此體上下片首次句聲調，亦有連用兩句「平平平仄仄」者（第一字不拘），如顧詞別首「岸柳垂金線，雨晴鶯百囀」。及尹詞「離鞍偎繡袂，墜巾花亂綴」等是。

望遠行

【考源】唐教坊曲名，見教坊記。任二北教坊記箋訂云：「調名本義與漢橫吹曲內之望行人同。王建、張籍均有望行人辭。孟郊有望遠曲」。此調名之所由昉也。敦煌曲伯四六九二卷中有望遠行一首，任二北敦煌曲初探以其內容多涉征戍，遂疑爲盛唐時代作品。今以其詞與花間集中韋莊詞相較，略有襯字、餘聲之異；與李珣二首相較，則句法韻叶俱同。如從任說，則敦煌曲自應在韋詞之前，至李詞二首，殆沿舊調而作者也。

【宮調】此調令詞，金奩集載韋莊詞，入夾鐘宮，俗呼中呂宮。慢詞始自柳永，注中呂調（夾鐘羽）。又一首注仙呂調（夷則羽）。中原音韻、太和正音譜並注商調（夷則商）。

【詞例】

望遠行　李珣

春日遲遲思寂寥平韻　行客關山路遙叶　瓊窗時聽語鶯嬌叶　柳絲牽恨一條條叶　休暈繡句　罷吹簫叶　貌逐殘花暗彫叶　同心猶結舊裙腰叶　忍辜風月度良宵叶

【訂律】全唐五代詞彙編收望遠行一調，計韋莊一首、李珣二首、李璟一首。又敦煌曲載此調一首，凡五首。敦煌曲與韋詞相較，上片第二句多一字，第四句多二字；下片末少五言二句。上片所多之字或爲襯字，下片所少之句疑爲餘聲。李珣二首與敦煌曲悉同。李璟所作與珣詞同，惟上片第二句、下片第三句各多一字異。又韋莊李璟之作，唐詞無別可校，敦煌曲亦有待校之句，故今僅據李珣二首以訂律。

此詞雙調五十三字，上片四句四平韻，下片五句四平韻。按李詞別首，上片第一句「露滴幽庭落葉時」，露字仄聲。第三句「玉郎一去負佳期」，玉字一字俱仄聲。下片第四句「吟蛩斷續漏頻移」，斷字仄聲。調內可平可仄據此。

南歌子

【考源】唐教坊曲名，見教坊記。其始爲五言四句聲詩。既屬南音，自非胡樂。張衡南都賦云：「坐南歌兮起鄭舞」。調名殆濫觴於此。隋唐以來，詞曲多稱「子」。任二北教坊記箋訂疑爲大曲摘遍，因先有大曲始產生小曲者，故名以「子」以別於大曲也。敦煌卷子內有本調之舞譜，其爲舞曲可知。敦煌曲中有南歌子七首，其中五首爲兩片，上片句法多爲「五、五、七、六、五」，偶有作「五、五、七、六、六」者（如見於伯三八三六之第二首）；下片有作「五、五、七、六、五」（如伯三一三七、伯三八三六之第二首），有作「五、五、七、六、三」者（如伯三八三六之第一首及另一首），有作「五、五、七、六、六」者（如伯三八三六之又一首），此當因襯字而有所出入。至於單片之二首，句法一爲「五、五、七、六、六」，一爲「五、五、七、六、五」，其見於伯三一七三者，有題曰「獎美人」，劉復敦煌掇瑣指爲「當是虞美人，但詞調與今所傳虞美人不同」。姜亮夫敦煌卷子目次敍錄於此調，亦稱虞美人。夏承燾據周詠先敦煌詞掇校語，疑「今傳虞美人調，倒叶仄均於首耳。」惟唐圭璋敦煌唐詞校釋認此說爲「一誤再誤」，任二北敦煌曲校錄亦認爲「其說太曲，不免望文生義」。其敦煌曲初探云：「南歌子在晚唐爲單片二十三字之調，有溫庭筠詞七首在，可信爲『眞的，原始的調子』也，敦煌曲恣肆於襯字，遂較多六字，在溫體爲「五、五、五、五、三」，在敦煌體遂爲「五、五、七、六、六」或「五、五、七、六、五」，寖假而成別體矣。」驗之五代詞南歌子之句法聲調，此說較爲可信。

【異名】此調異名有七：其單調者，萬樹詞律注云：「歌又作柯。」毛先舒詞學全書亦云：「南歌子題，采淳于棼事，一名南柯子。」又因溫庭筠詞有「恨春宵」句，名春宵曲；張泌詞有「高捲水晶簾額」，名水晶簾；又有「驚破碧窗殘夢」句，名碧窗夢；鄭子聃有「我愛沂陽好」詞十首，更名十愛詞。其雙疊者，程垓詞名望秦川；田不伐詞有「簾風不動蝶交飛」句，名風蝶令。

【宮調】金奩集載溫庭筠詞，入林鐘宮，俗呼南呂宮；張先詞兩片者入夷則商，俗呼林鐘商，又呼商調。

【詞例】

南歌子　溫庭筠

手裏金鸚鵡句胸前繡鳳凰韻偷眼暗形相叶不如從嫁與句作鴛鴦叶

【訂律】全唐五代詞彙編收南歌子一調，計敦煌曲七首、溫庭筠七首、歐陽炯一首、張泌三首、孫光憲二首、毛熙震二首，凡二十二首，敦煌曲七首之句法與聲律，大抵與五代詞同，惟其曲多歌者之詞，中有襯字，句法字數多寡未定，不易歸納，故今仍據唐五代之文人詞以定律。

五代以前，此調凡三體；溫詞七首，皆單調二十三字，五句三平韻，句法為「五、五、五、五、三」。詞中平仄如出一轍，塡者宜遵之。

又張泌一體，詞云：「錦薦紅鸂鶒。羅衣繡鳳凰。綺疏飄雪北風狂。簾幕盡垂無事。鬱金香。」單調二十六字，五句三平韻，句法為「五、五、七、六、三」，歐陽炯詞句法聲調同此，惟其第三句「迢迢永夜夢難成」，上迢字平聲，永字仄聲，知此句第一三字平仄不拘。

又毛熙震一體，詞云：「惹恨還添恨，牽腸卽斷腸。凝情不語一枝芳。獨映畫簾閑立、繡衣香。

暗想爲雲女，應憐傅粉郎。晚來輕步出閨房。髻慢釵橫無力、縱猖狂。」雙疊五十二字，前後各四句三平韻，句法俱爲「五、五、七、六、三」，惟毛詞別首第一句「遠山愁黛碧」，聲調爲「仄平平仄仄」，與此小異。孫光憲詞二首之聲調句法，悉同毛體，惟第一首結句「祇緣傾國著處覺生香」，緣字平聲，國字著字俱仄聲，與毛詞不同，塡者可斟酌。又萬氏詞律云：「兩結語氣可上六下三，亦可上四下五。」實則此調兩結之九字句，一氣舒卷，可斷可連，可作四五句法，可作六三句法，亦可作二七句法也。

漁歌子

【考源】任二北教坊記箋訂謂此調「應爲民間歌曲。」唐教坊曲名「漁」作「魚」，與敦煌寫卷同。五代花間集以後，乃均作漁歌子。詞律以下之譜書，必强張志和之漁父爲漁歌子，殊非。敦煌曲中雲謠雜曲子有魚歌子二首，另日本橋川氏藏本亦有魚歌子二首，皆以三三、七、三三、六兩片爲正格，偶多一二字者，則爲襯字。本調製作甚早，張志和之漁父，合於本調之「三三七」句法，而易其平仄。蘇軾之漁歌子，合於本調之「三三六」句法，而另加末二句，其結句六字，仍同本調，故任氏敦煌曲初探云：「本調實爲後來類此諸調之總源，敦煌四辭之寫作時期，可能在張志和以前。」

【宮調】敦煌曲調名下注一月字，殆樂工省易字也。當爲越調（無射商）。

【詞例】

漁歌子　顧夐

曉風清句幽沼綠仄韵倚闌凝望珍禽浴叶畫簾垂句翠屏曲叶滿袖荷香馥郁叶　好攄懷句堪寓目叶身閒心靜平生足叶酒杯深句光影促叶名利無心較逐叶

【訂律】全唐五代詞彙編輯錄本調計敦煌曲辭四首、顧夐一首、孫光憲二首、魏承班一首、李珣四首，凡十二首。惟敦煌爲民間所撰，各辭聲調互異，與五代詞亦多不合，故今據五代諸家詞以定律。

本調雙疊，五十字，十二句，上下片各六句，四仄韻。上片第一句例作「仄平平」，五代詞八首，悉依此律。第二句起仄韻，聲調以「平仄仄」爲宜，八首中僅李詞第一首之「瀟湘夜」、第四首之「三湘水」，次字作平，可知此字雖平仄不拘，而以用仄者爲多。第三句爲平起仄韻之七字者，一三字平仄不拘；八首中獨李詞第一首「春風澹澹看不足」，間爲拗句，不足爲式。第四句用「仄平平」，第五句用「平仄仄」（按此句一二字可平可仄；李詞「明月下」，明字平聲，月字仄聲；又一首「出深浦」，出字仄聲，深字平聲，可以參校），叶韻與首二句相同，顧、李、魏六首皆然，反其聲而不叶者獨孫詞二首，當從其多者。結句爲仄起仄韻之六言句（卽仄仄平平仄仄），第一字可平可仄，第三字宜平，既作平，則第五字平仄不拘，如李詞「櫂月穿雲遊戲」、「緩唱漁歌歸去」、孫詞「萬頃金波澄徹」等是。第三字儻作仄，則第五字必平，如魏詞「窗外曉鶯殘月」、李詞「漁艇櫂歌相續」、孫詞「天際玉輪初上」等是，要之，此二字之中，必有一平也。下片聲句概同上片，惟第二句必作「

平仄仄」，其次字無有用平聲者，與上片小異，各詞皆然，可視爲定格。

風流子

【考源】唐敎坊曲名，見敎坊記。梁范靜妻詩云：「託意風流子，離情肯自私」。是南朝人已有寫「風流子」者。開元天寶遺事云：「長安有平康坊，妓女所居之地，京都俠少，萃集於此；兼每年新進士以紅箋名紙遊謁其中，時人謂此坊爲風流藪澤。」開元、天寶敎坊曲中所謂風流子者，殆卽謂此風流藪澤中之遊士耶？花間集中載孫光憲此調三首，似爲聯章，以詠「風流子」之事，蓋亦就調名立意耳。又此調二體，唐爲小令，宋則慢詞。兩者體製全異，亦無嬗變之跡，詞律與詞譜均以慢詞爲令詞之又一體，非也。

【異名】此調宋慢詞體一名內家嬌，然與柳永詞名內家嬌者不同，見詞律拾遺。

【宮調】唐詞宮調。宋周邦彥、吳文英所作慢詞，入黃鐘商，俗呼大石調。

【調例】

風流子　　孫光憲

金絡玉銜嘶馬仄韻繫向綠楊陰下叶朱戶掩句繡簾垂句曲院水流花謝叶歡罷叶歸也叶猶在九衢深夜叶

【訂律】全唐五代詞彙編收風流子一調，僅孫光憲三首，單調三十四字，八句六仄韻，而每首第六七句，俱用兩韻。按孫詞別首第一二句「樓倚長衢欲暮，瞥見神仙伴侶」，長字神字俱平聲，欲字伴字俱仄聲。結句「慢曳羅裙歸去」，慢字仄聲，羅字平聲。又一首第二句「雞犬自南自北」，雞字平聲。第五句「門外春波漲綠」，門字春字俱平聲，漲字仄聲，調內可平可仄據此。

生查子

【考源】唐教坊曲名，見教坊記。歷代詩餘云：「查本樝梨之樝。」塡詞名解云：「查，古槎字通，取海客事。」遠志齋詞衷亦云：「生查子之查，古槎字，張騫乘槎事也。」任二北教坊記箋訂引曾慥類說：「唐明皇呼人爲『查』，言士大夫如『仙查』，隨流變化，升天入地，能處淸濁也。」並謂「調名之『查』，亦可能用此義」。均可備一說。惟敦煌寫卷中伯三八二一有生查子兩首，皆詠建立功勳之事，以唐調多就調名之意推之，似此調立名之始，乃就人而言，非就物而言，當以任氏之說爲長。今傳辭以韓偓之作爲早，故詞譜謂此調創自韓偓，然盛唐間韋應物已有其調，東坡詞生查子「三度別君來」一首，並以詩體見於東坡續集中，自注：「效韋蘇州」，是其證。且其調名既見教坊記，益可證盛唐已有，非始創於韓偓也。

【異名】此調異名有三：朱希眞詞有「遙望楚雲淡」句，名楚雲淡；韓淲詞有「山意入春晴，都是梅和柳」句，名梅和柳；又有「晴色入青山」句，名晴色入青山。

【宮調】尊前集載劉侍讀詞，注雙調（夾鐘商）；宋張先詞亦注雙調；張孝祥詞注中呂調（夾鐘羽）；朱淑貞詞入大石調（黃鐘商）；元高拭詞注南呂宮（林鐘宮）。

【詞例】

生查子　魏承班

煙雨晚晴天句零落花無語仄韻難話此時心句梁燕雙來去叶

琴韻對薰風句有恨和情撫叶腸斷斷絃頻叶淚滴黃金縷叶

【訂律】全唐五代詞彙編收生查子一調，計韓偓二首、魏承班三首、牛希濟四首、劉侍讀一首、孫光憲七首、張泌一首、歐陽彬一首，又敦煌曲有此調二首，凡二十一首，今據之以訂律。

此調凡六體，大抵以五言八句四仄韻者爲正體，其兩段之後三句皆仄起，所不同者惟在兩段首句耳。首句仄起者，唐體也；平起者，宋體也。至過片叶韻（如劉詞）或七字（如魏詞第三首、孫詞第二首）者，唐體之變也；後起三字兩句（如孫詞六首及牛詞第一首），或前後皆三字兩句（如張詞）者，又其變也。此調每句第二字用仄聲者，如「詞例」所舉魏承班詞是，五代詞人照此塡者甚多，其前後段起句第二字用平者，如牛希濟詞：「裙拖安石榴，鬢嚲偏荷葉。一對短金釵，輕重都相愜。輕顰月入眉，淺笑花生頰。夫婿不風流，取次看承妾。」宋詞多用此體。又此調每句第一字平仄不拘，如前後首句平起，則第三字可平。至韓詞二首，平仄多有參差，其第一首前段第三句「那知本未眠」，知字平聲，未字仄聲，結句「和煙墜金穗」，煙字平聲，墜字仄聲。第二首後段第一句「空樓雁一聲」，用平起句法，第二句「遠屏燈半滅」，屏字平聲，半字仄聲。皆與諸家聲調不合，錄此以供塡者參校。

敦煌曲二首，其聲律概與魏詞同，惟第一首起句押韻，第三句平起爲稍異耳。

山花子

【考源】唐教坊曲名，見教坊記。此曲在唐，獨自爲調，非若五代以後，指雜言浣溪沙爲山花子也（如花間集和凝詞作七七七三兩片平韻者，卽名山花子）。故崔記以二名並列，當知非屬重複。二調句法雖同，而一叶平韻，一叶仄韻。自敦煌曲發現後，乃得勘定此二名爲二調。任二北敦煌曲初探嘗較論兩者之異同，其言曰：「十三首浣溪沙乃平韻，普通所常見；而一首山花子，獨叶仄韻，爲過去傳辭中所未有者。其所屬之宮調，彼此必然不同——一也。浣溪沙無論齊雜言，前後片句法雖同，而平仄不同。此首山花子，前後片不但句法同，平仄亦同，所謂『雙疊』之調是——二也。此首山花子，凡七字句，全以平起，以仄收；浣溪沙不然——三也。準此，此二名不僅異體，甚至異調，絕不得謂之同。可能在初期時，山花子一名，卽專指此種仄韻之辭而言；後來始平仄不分，成爲攤破浣溪沙之普遍別名。」所論精審，宜從之。

【宮調】此調未詳其所屬宮調，俟考。

【詞例】

山花子　　　　無名氏

去年春日長相對仄韻今年春日千山外叶落花流水東西路句難期會叶　西江水竭南山碎叶憶　終日心無退叶當時只合同攜手句悔悔悔叶　（此詞末句原缺二字，據饒宗頤論文「長安詞、山花子及其他」補。）

【訂律】全唐五代詞彙編收山花子（叶仄韻者）一調，僅敦煌寫卷斯五五四〇所載一首，此調雙疊四十八字，前後段各四句三仄韻，以無他詞可校，平仄宜遵之。

竹枝子

【考源】唐教坊曲名，見教坊記。此調傳辭僅見於敦煌寫卷，雙疊，六十四字，較之中晚唐及五代之竹枝聲詩，作七言四句者，長且倍之；句調參差，亦無從比附。足見其必別有來源，或獨自生成，與後起之竹枝，由民歌改作者無涉。人皆知劉禹錫改造竹枝之聲辭，而白居易和之，一若竹枝之入文人詞翰，自劉白始。其實約早五十年前，顧況已有詠竹枝之「竹枝曲」，及「早春思歸，有唱竹枝歌者，座中下淚」之作，起云：「渺渺春生楚水波，楚人聽唱竹枝歌。」白居易聽蘆管詩亦云：「幽咽新蘆管，淒涼古竹枝。」足證竹枝乃古歌。又唐馮贄雲仙雜記謂「張旭醉後唱竹枝曲，反復必至九回乃止。」亦可證竹枝之調，盛唐以前卽已有之，當爲竹枝子之所本也（參看任二北敦煌曲初探第二章）。至董逢元唐詞紀謂「竹枝詞亦曰竹枝，教坊記曰竹枝子。」殆因未及見竹枝子之傳辭，故誤混二調爲一也。

【宮調】此調未詳及宮調，俟考。

【詞例】

竹枝子　無名氏

高捲朱簾垂玉牖仄韻公子王孫女叶仄顏容二八小娘平韻滿頭珠翠影爭光叶平百步惟聞蘭麝香叶平

口含紅豆相思語仄韻幾許遙相許叶仄修書傳與蕭郎平韻儻若有意嫁潘郎叶平休遣潘郎爭斷腸叶平（據潘師石禪敦煌雲謠集新書）

【訂律】敦煌曲收竹枝子一調，凡二首。第二首完整可誦，上下片各「七、五、六、七、七」，共五句，一仄韻，三平韻。第一首句讀較零亂，疑有脫字，其詞云：「羅幌塵生，幈幃悄悄，笙篁無緒理。恨小郎遊蕩經年。不施紅粉鏡臺前。只是焚香禱祝天。垂珠淚滴，點點滴成斑。待伊來敬共伊言，須改往來段却顛」。（從潘師石禪雲謠集新書）按此調兩首，字數及句法皆不同，兼以第一首多有脫誤之字，故不易校律。今姑舉次首於上，旁注平仄，以供參酌。

天仙子

【考源】唐教坊曲名，見教坊記。段安節樂府雜錄云：「天仙子本名萬斯年，李德裕進，屬龜兹部舞曲。」任二北敎坊記箋定非之，其言曰：「與樂府雜錄內謂李德裕所進萬斯年卽天仙子者無關。因萬斯年乃宰相所進之『頌聖』大曲，不應有小曲之別名。皇甫松作及敦煌寫卷所見之天仙子，無不詠調名本意，辭內各有『天仙』『仙子』『仙娥』等字，尤不合宰相進樂之體。新唐書禮樂志亦載其事，但並無『卽天仙子』說。胡適於『詞的起源』內因李德裕之時代關係，疑本書（指崔記）列天仙子乃後人所增附，非崔氏原文，失據。」任說甚是。按此調名既見崔記，爲開天間曲，則必非李德裕所進之新調無疑。又詞譜謂因皇甫松詞有「懊惱天仙因有以」句，取以爲名，意謂此調蓋始於皇甫。查皇甫詞另首，有「劉郎此日別天仙」句，而雲謠三首中，一曰：「五陵原上有仙娥。」一曰：「天仙別後信難通。」足見此調在唐，慣詠天仙本意，調名由來，何嘗專用皇甫一辭耶？詞譜之說蓋亦誤矣。

【宮調】金奩集載韋莊詞五首，並三十四字單調體，入林鐘商，俗呼歇指調。宋張先詞凡兩見，並六十八字雙調體，惟注宮調不同，一入夾鐘羽，俗呼中呂調；一入夷則羽，俗呼仙宮調。

【詞例】

天仙子　皇甫松

＊·＊○○··　＊○＊·○○·　＊○＊··○○　＊＊·　＊＊·　＊·＊○○··
晴野鷺鷥飛一隻仄韻水葓花發秋江碧叶劉郎此日別天仙句登綺席叶淚珠滴叶十二晚峰高歷歷叶

【訂律】全唐五代詞彙編收天仙子一調，計皇甫松二首、韋莊五首、和凝二首，又敦煌曲雲謠集錄此調三首（含雙調者一首），凡十二首，今卽據之以訂律。

此調以皇甫詞單調三十四字，六句五仄韻者爲正體，若和凝詞之少押一韻（和凝第二首「洞口春紅」詞第四句不用韻），韋莊詞之平仄換韻（韋詞第二首第三句以下換平韻），或全押平韻（韋詞另四首全叶平韻，其第三句亦押韻，與仄韻體不同），皆變體也。按和凝第一首「柳色披衫」詞，正與此同，惟第二句「纖手輕拈紅豆弄。」平仄與皇甫詞全異，第四五句「桃花洞，瑤臺夢」，平仄亦小異。而雲謠三首，聲調卽同此體。又此調凡七言句，第一三字不論；三字句，第一二字不論；調內可平可仄據此。

酒泉子

【考源】唐教坊曲名，見教坊記。相傳漢武帝置酒泉郡，城上有泉，味甘如酒，郭弘好飲，嘗曰：「得封酒泉郡，實出望外。」詞名取此（見毛先舒塡詞名解）。又敦煌卷子茶酒論云：「國家音樂，本爲酒泉。」則酒泉子爲唐樂曲名，斯爲顯證。今所見敦煌曲中有酒泉子三首，其敍京師亂事（見伯二五〇六）一首之作辭時代，任二北敦煌曲初探據唐史資料考訂，疑在昭宗乾寧年間，然佐證不足，任氏亦未敢遽斷，姑附此以俟考。

【異名】詞律收潘閬憶餘杭二詞，以爲卽酒泉子也。然釋文瑩湘山野錄云：「長憶二首是潘閬自度曲，因憶西湖諸勝，故名憶餘杭，與酒泉子不同。」詞律校刊詞譜皆據此主二調不容混淆。

【宮調】敦煌詞於調名下注平字，蓋平調也；金奩集載溫庭筠詞一首、韋莊詞一首，並四十一字體，注高平調（林鐘羽）；宋張先詞五首，並四十二字體，前後片有叶有不叶，與詞律所收諸體異，注高平調。

【詞例】

酒泉子　　溫庭筠

花映柳條平韻閒向綠萍池上仄韻凭闌干句窺細浪叶仄雨瀟瀟叶平　近來音訊兩疏索換仄韻洞房空寂寞叶仄掩銀屏句垂翠箔叶仄度春宵叶平

【訂律】全唐五代詞彙編收酒泉子一調，計溫庭筠四首、韋莊一首、司空圖一首、牛嶠一首、張泌二首、牛希濟一首、顧夐七首、孫光憲三首、毛熙震二首、李珣四首、毛文錫一首、馮延巳七首，又敦煌曲有此調三首，凡三十七首。此調變格之多，用韻之雜，可謂甚矣。其見於詞律者有二十體，然自當以唐五代詞爲正體。敦煌詞三首，其句法上片爲「四、七、七、五、」，下片爲「七、七、七、五、」，與習見唐五代文人詞不同，蓋其中有襯字耳。文人詞則去其襯字，稍加紀律，而漸成空格矣。今卽據之以訂律。

此調見唐五代詞彙編者有四十字、四十一字、四十二字、四十三字、四十四字、四十五字六體。四十字者爲溫庭筠「花映柳條」、「日映紗窗」、「楚女不歸」、「羅帶惹香」四首，牛希濟「枕轉簟涼」一首，顧夐「羅帶縷金」一首，孫光憲「空磧無邊」、「曲檻小樓」、「斂態窗前」三首，毛熙震「閒臥繡帷」、「鈿匣舞鸞」二首。每首均爲十句，四換韻。前段五句，兩平韻兩仄韻，後段五句，三仄韻一平韻。按此體後段第二句，溫詞別首「千里雲影薄」、牛希濟詞「纖手匀雙淚」，俱與「詞例」異，是此句聲調，尙可作「平仄平仄仄」或「平仄平平仄」也。調內其餘可平可仄之字，悉參「詞例」，不復註。

四十一字者爲韋莊「月落星沉」一首，顧夐「楊柳舞風」一首。韋莊詞亦爲十句，四換韻，與四十字體同，惟後段第二句作「曙色東方纔動」，爲六字體。顧夐詞則十句，三換韻，前段與四十字詞體同，後段首、結二句韻與前段首結句同，改押平聲。後段第二句與第四句以入聲作平聲押韻，而第二句亦爲六字。

四十二字者爲牛嶠「記得去年」一首，顧夐「黛薄紅深」一首，李珣「秋月嬋娟」一首，馮延巳「庭下花飛」等七首。數者句法不同。牛嶠詞前段四句，兩平韻；後段四句，三仄韻一平韻。顧夐詞前後段皆間入一仄韻，其前段起句，有用韻者，有不用韻者；後段起句，有仄韻者，有平韻者。第二句亦有七字六字五字不同。馮詞七首略與顧體同，惟前片次句俱用七字，後片次句俱用六字異。又顧詞後片首句押仄韻，馮詞則多叶平韻。李珣詞上片四句兩平韻，下片五句兩平韻。

四十三字者有顧夐「小檻日斜」、「掩却菱花」、「水碧風淸」三首，李珣「寂寞靑樓」、「雨漬花零」、「秋雨連緜」三首，張泌「春雨打窗」、「紫陌靑門」二首。顧詞上片「四、七、七、三」，下片「七、五、七、三」。李、張詞上片「四、七、三、三、三」，下片「七、七、三、三、三」。

四十四字者有顧敻「黛怨紅羞」一首。此與顧詞「黛薄紅深」同，但前段第三句多一字，第四句用平韻異。

四十五字者有司空圖「買得杏花」一首，毛文錫「綠樹春深」一首。此體與顧詞四十三字者同，惟後段第二句七字異。

此調用韻之法，約有五種。有上片間入仄韻，下片換仄韻者，如溫庭筠「花映柳條」是也。有上片間入仄韻，後片即押前韻者，如顧敻「黛薄紅深」是也。有上片全押平韻，下片間入仄韻；後段全押平韻，前段間入仄韻者，如牛嶠「記得去年」、顧敻「掩却菱花」是也。有全押平韻者，如張泌「紫陌青門」是也。有全押平韻，結又換韻者，如李珣「秋月嬋娟」、顧敻「水碧風清」是也。

赤棗子

【考源】唐教坊曲名，見教坊記。此調或本於梁曲咄嗜歌，歌云：「棗下何纂纂，榮華各有時。棗欲初赤時，人從四邊來。棗適今日賜，誰當仰視之？」惟張祜讀曲歌云：「郎去摘黃瓜，郎來收赤棗。」又「蘇小小歌」云：「中擘庭前棗，教郎見赤心。」此調始義，應不外此二說，然則此調乃清樂而非胡聲，可無疑也。

【宮調】此調未詳其宮調，俟考。

【詞例】

赤棗子　歐陽炯

夜悄悄句燭熒熒平韻金爐香燼酒初醒叶春睡起來囘雪面句含羞不語倚雲屏叶

【訂律】全唐五代詞彙編收赤棗子一調，僅歐陽炯二首，今卽據此二首互證以訂律。

此調二十七字，五句三平韻。按歐詞別首第一句「蓮臉薄」，蓮字平聲。第三句「等閒無事莫思量」，等字仄聲。第四句「每一見時明月夜」，每字仄聲。第五句「損人情思斷人腸」，損字仄聲，情字平聲。要之，此調惟首句及三四句之第一字，又第五句之第一字及第三字，平仄通用，餘無別詞可校，塡者宜從之。

甘州子

【考源】唐教坊曲名，見教坊記。一名甘州曲，始乃七言四句聲詩，殆出於大曲甘州。唐書禮樂志：「天寶間樂曲，皆以邊地爲名，甘州其一也。」蔡寬夫詩話謂大曲甘州出自龜茲，而何時始經甘州，以傳入中原，史載不詳，然唐志以之與涼州伊州並列爲天寶樂曲，則天寶年中固有之矣。教坊記載大曲名既有甘州，當爲此調之所自出。又十國春秋曰：「蜀主衍奉其太后太妃禱青城山，宮人皆衣雲霞之衣，後主自製甘州曲。」按詞譜云：「曲、子二字互爲省文，並無分別也。」故知此調有二體，皆單調，王衍體二十八字；顧敻體三十三字。

【宮調】樂府詩集引樂苑云：「甘州，羽調曲也。」

【詞例】

甘州曲　　王衍

畫羅裙平韻能結束句稱腰身叶柳眉桃臉不勝春叶薄媚足精神叶可惜許讀淪落在風塵叶

甘州子　　顧敻

一爐龍麝錦帷旁平韻屛掩映句燭熒煌叶禁城刁斗喜初長叶羅薦繡鴛鴦叶山枕上讀私語口脂香叶

【訂律】全唐五代詞彙編收甘州子（曲）一調，計王衍一首、顧敻五首，今卽據之以訂律。

王詞單調二十九字，六句五平韻，無他首可校，平仄當遵之。

顧詞單調三十三字，亦六句五平韻。實卽王詞體，惟起句多四字耳。按顧詞五首，俱有「山枕上」三字。其一首，第一句「曾如劉阮訪仙蹤」，曾字平聲。第四句「綺筵散後繡衾同」，散字仄聲。又一首，第五句「寂寞繡羅茵」，寂字仄聲。結句「幾點淚痕新」，幾字仄聲。故此詞一字可平，刁、羅、私三字可仄，調內可平可仄據此。

采蓮子

【考源】樂府江南弄七曲中，有採蓮曲，相傳爲梁武帝製。唐人賀知章、李白、崔國輔等，均有五言或七言之歌詞。按吳越習俗，女子多蕩舟搖蓮，作爲歌曲，文士詠其事，或代爲婦人之詞，故六朝唐人樂府中多有之，然揆厥體製，終非詞調也。唐敎坊雜曲中，有採蓮子，與敎坊大曲雙調採蓮無涉，花間集皇甫松之作，殆卽據此曲調而塡詞者，其體乃七言四句帶襯字和聲之聲詩，當爲詞調之始。

【宮調】采蓮曲郭茂倩樂府詩集入清商曲，本調沿襲舊名，殆非清商遺聲。宋史樂志入夾鐘商，俗呼雙調。又詞譜載柳永採蓮令，亦注雙調，然柳詞雙叠九十一字，與本調實不相類。

【詞例】

采蓮子　皇甫松

菡萏香連十里陂（韻）舉棹　小姑貪戲采蓮遲（叶）年少　晚來弄水船頭濕（句）舉棹　更脫紅裙裹鴨兒（叶）年少

【訂律】全唐五代詞彙編收采蓮子一調，僅皇甫松詞二首耳。觀二者之聲調，大抵爲七絕仄起平韻之折腰體。以兩詞平仄互校，則菡小晚更，凡四字，可平。至其舉棹年少等辭，乃歌時相和之聲也。

夫詞之有和聲者，採蓮子其一也。此外則柳枝、竹枝皆有和聲，惟和聲之用法，各詞不同，詞律、詞譜雖略及之，惜未能盡其意；近人徐棨詞律箋榷則於此論之極詳。玆擇要迻錄，以備參酌。其言云：「詞律以採蓮子之和聲與竹枝比……註雖亦云：『竹枝用於句中，女兒用於句尾，此則一句一換。』然竹枝和聲所以異於採蓮子者，尙不止此。蓋竹枝一句兩和，而和聲之竹枝、女兒等字，與本詞語意絕不相屬。採蓮子一句一和，而和聲之舉棹、年少等字，則與本句語意相屬。則倚此調者，不但須專賦採蓮，且每句之命意遣詞，須先關合和聲之本意。是採蓮子之和聲，反爲此調之主要處，非若竹枝僅於句外泛設和聲，而可以隨意製詞，此其不同之大者，萬未審耳。」

破陣子

【考源】唐教坊曲，見教坊記。任二北教坊記箋訂，謂此調出於大曲破陣樂。按唐破陣樂，乃七言絕句，此蓋因舊曲名而另度新聲也。又雲謠集載此調四首，任氏初探已據其曲辭內容多涉徵兵戍邊一事，訂爲盛唐之作（參看初探頁二二八），未知確否？又此調在五代北宋，均爲雙疊，前後段全同，每段次句爲六言，然雲謠四首之前段第二句，均作五言，與五代所作微異，任氏初探嘗於此有所論證，其言曰：「若謂奪一字，不能四首皆在此句奪一字，若謂後來六字者皆襯一字，則亦無各辭專襯此句之理。自不得不認此句或爲五字，或爲六字，乃各自爲體也。」所言甚是，則唐詞此調與五代北宋之作蓋有別也。

【異名】此調在五代北宋時名十拍子，然與崔記所錄十拍子無涉，塡詞名解謂「破陣子一名十拍子，然考之唐樂，自是兩曲，俱隸教坊也」，即指此。

【宮調】此調據樂苑著錄係商調曲，羯鼓錄明著爲入「太簇商」，而續通志載唐樂署供奉曲，則屬「太簇宮」，又屬「小石」，又屬「越調」，又屬「雙調」，恐係合各類翻製而混稱也。元高拭詞注正宮（黃鐘宮）。

【詞例】

破陣子　　無名氏

日煖風輕佳景句流鶯似問人平韻正是越溪花捧艷句獨隔千山與萬津叶單于迷虜塵叶雪落渟梅愁地句香檀枉注歌脣叶蘭徑萋萋芳草綠句紅臉可知珠淚頻叶魚牋豈易呈叶（據潘師石禪敦煌雲謠集新書）

【訂律】全唐五代詞彙編收破陣子一調，僅李後主一首，又敦煌寫卷有雲謠曲辭四首，凡五首，今據之以訂律。

此詞雙調六十一字，前後段各五句三平韻。雲謠曲辭四首，句法悉同。獨李詞前段次句「三千里地山河」，作六言異。前段首句，雲謠別首「蓮臉柳眉羞韻」，蓮字平聲，柳字仄聲。次句「參差千里餘」，千字平聲。第三句「煖日和風花戴媚」，和字平聲。第四句「魚雁山川鱗跡疏」，魚字鱗字俱平。結句「捲簾恨去人」，捲字恨字俱仄。後段首句，別首「春色可堪孤枕」，春字平聲，可字仄聲。第三句「早晚三邊無事了」，早字仄聲。第四句「不念當初羅帳恩」，不字仄聲，又「重被重眠比翼魚」，重字平聲，比字仄聲。結句「兒教心怨天」，兒字仄聲，心字平聲。故此詞日、似、越、獨、與、雪、可、豈，凡八字，可平；風、單、迷、渟、蘭、紅、珠、魚，凡八字，可仄。又雲謠四首，各段末二句之韻脚處，皆作去平，如「去人」、「悵恩」、「度春」、「萬津」、「淚頻」、「易呈」、「去書」、「自舒」、「斷絃」、「怨天」，應非偶然，可遵之。此調始自雲謠曲辭，宋詞聲調俱與此同。至李詞聲調，則與雲謠曲迴異，其詞云：「四十年來家國，三千里地山河。鳳閣龍樓連霄漢，瓊枝玉樹作煙蘿。幾曾識干戈。一旦歸爲臣虜，沈腰潘鬢消磨。最是倉皇辭廟日，教坊猶奏別離歌。垂淚對宮娥。」無他首可校，姑仍之。

贊普子

【考源】唐教坊曲名，見教坊記。此調一名贊浦子，蓋因邊事而創之曲也。按「贊浦」乃吐蕃語：強雄曰「贊」，大夫曰「普」，號君長曰「贊普」（見唐書吐蕃傳）。酉陽雜俎云：「蕃將嘗以羊革數百，因轉近牙帳，贊普子愛其了事，遂令執纛。」則稱蕃將也，曲調之名當有取於此。今敦煌寫卷斯二六〇七號中，有贊普子一首，乃作蕃將歸順之事，足可爲證。至花間集毛文錫詞，則全用作艷曲矣。

【異名】毛文錫詞名贊浦子。

【宮調】此調未詳其宮調，俟考。

【詞例】

贊浦子　　毛文錫

錦帳添香睡句金爐換夕薰平韻嬾結芙蓉帶句慵拖翡翠裙叶　正是桃夭柳媚句那堪暮雨朝雲叶宋玉高唐意句裁瓊欲贈君叶

【訂律】此調除全唐五代詞彙編輯毛文錫一首外，又見於敦煌寫卷一首。今據二詞互證，皆前後段各四句兩平韻，體製悉同，惟敦煌詞下片第二三句各多一襯字耳。至其聲調，亦多相合，僅一二字出入，然以敦煌詞勘校未定，故平仄仍當從毛詞爲是。

南鄉子

【考源】唐教坊曲名，見教坊記。敦煌卷子內有舞譜，此調自是舞曲。又南鄉即南國，唐人稱南中。陳元龍片玉集注云：「晉國高士全隱於南鄉，因以爲氏也。（號南鄉子）」，此當爲調名之所本。周密云：「李珣、歐陽炯輩俱蜀人，各製南鄉子數首，以志風土，亦竹枝體也。」今觀花間集所載此調，歐陽炯八首、李珣十首，所詠皆南方風物，周說是也。又此調傳辭始見歐陽炯詞，有二十七字、二十八字兩體，迨馮延巳始添作雙調，成今體之五十六字。

【異名】詞統謂此調「前後四字起，名減字南鄉子」，惟減字之名，別無所見，故詞律斥爲「無據」。

【宮調】金奩集載歐陽炯詞，注黃鐘宮；至宋張先、周邦彥、張孝祥詞，並雙調五十六字體，子野注作中呂宮（夾鐘宮）；清眞注作商調（夷則商）；于湖則入雙調（夾鐘商）。

【詞例】

南鄉子　　　歐陽炯

路入南中平韻　桄榔葉暗蓼花紅叶　兩岸人家微雨後仄韻　收紅豆叶仄　樹底纖纖擡素手叶仄

【訂律】全唐五代詞彙編收南鄉子一調，計歐陽炯八首、李珣十五首、馮延巳二首，凡二十五首。按此調初本單遍，歐陽炯用四字起，李珣用六字兩句起。至馮延巳始爲雙疊二首，一首換韻，仍即從歐、李之體；一首不換韻，即後來宋人通用之體，兩首起句皆五字。今即分別訂律。

此詞單調二十八字，五句兩平韻三仄韻。次句別首作「日斜歸路晚霞明」，日字仄聲，歸字平聲。第三句，別首「紅袖女郎相引去」，紅字平聲，女字仄聲。結句，李詞「潮退水平春色暮」，潮字平聲，水字仄聲。是此三句，其第一三字之平仄，俱可不論也。又第三句歐詞例作「仄仄平平平仄仄」，而李詞「迴塘深處遙相見」、「越王臺下春風暖」等，有作「平平仄仄平平仄」者，想亦音律所許。歐詞另有二十七字體，即於此詞第四句減一字，作二字句，其餘句法音調悉同。又李珣一體，單調三十字，六句兩平韻三仄韻，句法爲「三三七、七、三、七」，句度韻叶與歐詞二十八字者同，惟起作三字兩句異。

至馮詞二首，皆雙調五十六字，其換韻者，即以歐詞二十七字爲加一疊耳，惟上下片起句各添一字，作五言句。其不換韻者，句法與換韻者同，惟全押平韻，開宋人通用之體。玆擧其詞，以供參鏡：

「細雨濕流光平韻　芳草年年與恨長叶　煙鎖鳳樓無限事句　茫茫叶　鸞鏡鴛衾兩斷腸叶　魂夢任悠揚叶　睡起楊花滿繡床叶　薄倖不來門半掩句　斜陽叶　負你殘春淚幾行叶」

撥棹子

【考源】唐教坊曲名，見教坊記。此調來源甚古，乃民間棹歌。三輔黃圖記云：「漢昆明池，武帝元狩四年穿。……池中有龍首船。常令宮女泛舟池中，張鳳蓋，建華旗，作櫂歌，雜以鼓吹。」注：「櫂歌，櫂發歌也。」又曰：「櫂歌，謳舟人歌也。」「櫂發」，卽撥櫂發舟，是「撥棹子」調名之由來。按本草云：「蟹扁而最大，後足濶者，名蝤蛑。南人謂之撥棹子，以其後脚如棹也。」則撥棹子亦蟹名，然恐與此調名無涉。此調以前，在「相和歌辭」瑟調曲中已有櫂歌行，唐人亦曾擬作，至宋又用本調作唱道之辭，見能改齋漫錄卷二，則非調名之本義矣。

【宮調】未詳。

【詞例】

撥棹子　　尹鶚

風切切韻深秋月叶十朶芙蓉繁豔歇叶小檻細腰無力叶空贏得豆目斷魂飛何處說叶　寸心恰似丁香結叶看看瘦盡胸前雪叶偏挂恨豆少年抛擲叶羞覷見豆繡被堆紅閑不徹叶

【訂律】全唐五代詞彙編輯錄本調僅尹鶚二首。按本調雙疊，六十字，上片五句，五仄韻；下片四句，四仄韻。上下片結句俱作十字句。別首上片第四句作「將一朶瓊花堪比」，與本詞作六言者異，蓋於首字塡一襯字耳。詞律謂：「小檻句上，定落一憑字。」以無確證，似恐未必。又上片第二句別首作「雙靨媚」（平仄仄），與此略異；下片第二句作「綠酒勸人教半醉」（仄起仄住），與此作平起仄住者亦不同，兩存之可也。

何滿子

【考源】唐敎坊曲名，見敎坊記。崔記云：「『何滿』作『河滿』」，故諸本多誤何爲河。然白居易詩：「世傳滿子是人名，臨就刑時曲始成。」自注謂何滿子乃：「開元中，滄州歌者姓名，臨刑，進此曲以贖死，上竟不免。」段安節琵琶錄云：「後遊靈武，李靈曜尙書席上有客唱何滿子，四座稱妙。」是應作「何」字。何滿子本明皇時人，因罪就刑，欲製一曲以贖死，後人遂以其名稱之。又樂府雜錄既載明皇時人駱供奉、胡二姊歌何滿子事，元微之何滿子歌亦云：「何滿能歌聲宛轉，天寶年中世稱罕。」可證此調開元天寶間已有之。此調有五言四句、六言六句及七言四句三種聲詩。敦煌寫卷斯六五三七有辭四首，爲七言四句，其同卷前後所列皆大曲（前爲阿曹婆，後爲劍器詞），故任二北疑此四首爲大曲。至和凝、毛文錫所作，則多爲單調六句，每句六字，間有用七字者。五代時尹鶚、李珣始漸衍爲雙疊之體。王灼云：「字句既異，卽知非舊曲。」則其演變可知矣。

【宮調】碧雞漫志謂此調「今詞屬雙調」，按卽唐書禮樂志所謂夾鐘商也。

【詞例】

何滿子　　和凝

寫得魚牋無限句其如花鎖春輝平韻目斷巫山雲雨句空敎殘夢依依叶卻愛熏香小鴨句羨他長在屏幃叶

【訂律】全唐五代詞彙編收何滿子一調，計單調者和凝二首、毛文錫一首、孫光憲一首；雙調者毛熙震二首、尹鶚一首，又敦煌曲四首，凡十一首。和詞「寫得魚牋」一首，單調三十六字，六句三平韻，每句皆六字。毛文錫「紅粉樓前」詞，與此同。和詞「正是破瓜」一首，單調三十七字，亦六句三平韻，惟第三句七字，與前體小異。孫光憲「冠劍不隨」詞，與此同。至雙調者，特就上二體加一疊耳，上下片聲調句法悉同。此調平仄，大抵六言仄住句，第一三五字不論；叶韻句，第一三字不拘。七言句皆用「仄仄平平平仄仄」，一三字可平可仄。敦煌詞爲七言四句之聲詩體，同於七絕體製，可不具論。

西溪子

【考源】唐敎坊曲名，見敎坊記。按此調旣載於崔記，則盛唐時已有，無可疑也。塡詞名解云：「毛文錫詞『昨夜西溪遊賞，芳林奇花千樣。』遂采以爲名。」非也。蓋毛詞特取調名以入詞耳。

【宮調】此調未詳其宮調，俟考。

【詞例】

西溪子　毛文錫

昨夜西溪遊賞仄韻芳樹奇花千樣叶鎖春光句金尊滿換仄韻聽絃管叶嬌妓舞衫香暖叶不覺到斜暉換平韻馬馱歸叶

【訂律】全唐五代詞彙編收西溪子一調，計牛嶠一首、毛文錫一首、李珣二首。此調凡二體：三十三字者，僅牛詞一首，未見他作；三十五字者，則毛詞一首、李詞二首，實祇結句多二字，亦猶襯字耳。今卽據三十五字者訂律。

此詞單調三十五字，八句五仄韻兩平韻。按李詞起句「金縷翠鈿浮動」，金字平聲，翠字仄聲。次句「認得臉波相送」，認字臉字俱仄聲。是知此調首次句之第一三字，平仄可不拘。李詞第四五句「無限意、夕陽裏」，限字夕字俱仄聲；又牛嶠「人不語、絃解語」，解字仄聲。知第四句第二字平仄不論，第五句則既可作「平仄仄」，又可作「平平仄」或「仄平仄」，四詞三式，其聲之不拘，亦已至矣。第六句第一字，李詞爲「滿」，仄聲；第七句第一字，爲「離」，平聲；則此二字平仄亦可通融。調內可平可仄據此。

樂世詞　一名綠腰

【考源】此調爲大曲，陰法魯序王重民敦煌曲子詞集已言之，略謂白居易「聽歌六絕句」內「樂世」一首云：「管急絃繁拍漸稠，綠腰宛轉曲終頭。誠知樂世聲聲樂，老病人聽未免愁。」詩中有「綠腰宛轉」之語，自注又云：「樂世一名六么」，而樂府雜錄琵琶條謂「錄要卽綠腰」。然後知綠腰、六么、錄要與樂世四者，名稱雖異，而實卽一曲也。又據姜白石大樂議（見宋史樂志），此曲爲胡曲，則所謂綠腰、六么、錄要諸名，蓋均爲由西域傳入後，其胡名之音譯，故其字無定，而「樂世」者，則另具意義之雅名也。唐張說有「贈崔二安平公樂世詞」一首，七言十句，此詞不知撰於何年，然既云樂世詞，必爲配樂世曲而作者，則此曲在玄宗之世，固已有之。敦煌寫卷載此調二首（伯三二七一斯六五三七），皆作七言四句（敦煌曲七言八句，王重民氏列作一首，分成七言四句兩遍。任二北謂此調前後分叶二韻，乃七絕二首，非一首也，今從任說），疑樂世在盛唐以前，祇傳大型雜曲之調，原歌譜必甚長，配辭如張說之體，或卽崔記大曲名內之綠腰也。至中唐，摘其後段急拍美聽之部份，呼爲急樂世，辭祇七言四句，與敦煌曲同，觀白居易自作之急樂世辭可證。又據白氏聽歌大曲樂世之詩（見前引），知中唐以後，樂世舊曲之較全者，或已不甚流行，而專行急樂世矣。

【宮調】據樂府雜錄，唐代六么爲羽調。碧雞漫志謂：行於宋代者，所屬之宮調有四，皆爲羽調：(甲)夾鐘羽，卽俗呼中呂調；(乙)黃鐘羽，卽俗呼般涉調；(丙)林鐘羽，卽俗呼高平調，又呼南呂調；(丁)夷則羽，卽俗呼仙呂調。

【詞例】

樂世詞　　　無名氏

菊黃蘆白雁南飛平韻羌笛胡琴淚濕衣叶見君長別秋江水句一去東流何日歸叶　（據任二北敦煌曲校錄）

【訂律】敦煌曲收樂世詞一調，凡二首，皆七言八句，叶三平韻。別首次句作「半夜高飛在月邊」，半字仄聲；第三句「霜多雨濕飛難進」，霜字平聲，雨字仄聲。末句「暫借荒田一宿眠」，一字仄聲，故此詞羌、長、何三字，可仄，見字可平，調內可平可仄據此。

後庭花

【考源】唐教坊曲名，見教坊記。此調原陳曲，爲陳後主所作。陳書卷七謂陳後主每引賓客遊宴，令張貴妃、孔貴嬪以女學士等與「諸狎客共賦新詩，采其尤艷麗者，以爲曲調，被以新聲，其曲有玉樹後庭花、臨春樂等。」又按隋書五行志記：禎明初，後主作新歌，詞甚哀怨，令後宮美人，習而歌之。其辭有「玉樹後庭花，花開不復久」之語，則陳書所謂「采其尤艷麗者以爲曲調」者，蓋即取其一句爲曲名也。王灼碧雞漫志云：「或者疑是兩曲，謂詩家或稱玉樹，或稱後庭花，少有連稱者。」實則謂之玉樹或後庭花者，皆詩人習用之簡稱，而實非兩曲也。後庭遺曲至唐高祖時尚存，觀唐書音樂志「今玉樹伴侶之曲尚存，爲公奏之，知必不悲」等語可知。嗣經開元教坊收納，卽擴充爲大曲，其擴充之法，蓋卽以此曲爲主，而湊集若干小曲而成者也。玉樹後庭花之曲辭，樂府詩集載陳後主所作者一首，其末句云：「玉樹流光照後庭。」唐會要所載梨園別教院之法曲樂章等，亦有玉樹後庭花樂一章，惜其詞無傳。大抵唐人所作曲詞，皆整齊之五七言，直至後蜀時，始有長短句。漫志引蜀檮杌云：「三月上巳，王衍宴怡神亭，衍自執板，唱霓裳羽衣、後庭花、思越人曲。」後庭花流行於川中，故毛熙震、孫光憲皆有長短句之曲辭也。

【宮調】此調毛詞、孫詞皆未著宮調，俟考。

【詞例】

後庭花　　毛熙震

輕盈舞伎含芳艷仄韻競妝新臉叶步搖珠翠修蛾斂叶膩鬟雲染叶　歌聲慢發開檀點叶繡衫斜掩叶時將纖手勻紅臉叶笑拈金靨叶

【訂律】全唐五代詞彙編收後庭花一調，計毛熙震三首、孫光憲二首。毛詞「輕盈舞伎」、「鶯啼燕語」二首爲此調正格，孫詞二首於下片添字，則毛體之變格，非專體也。今卽據數詞以訂律。

此詞雙調四十四字（孫詞俱四十六字），上下片各四句四仄韻。上片首句起韻，爲平起之七言句，孫詞作「景陽鐘動宮鶯囀」，景字仄聲，鐘字平聲，與毛詞比勘，知此句第一三字平仄不拘。次句各詞並作「仄平平仄」，可視爲定格。第三句，毛詞三首及孫詞第一首，均爲平起仄韻之七字句，與首句同。惟孫詞「七尺青絲芳草綠」，作「仄仄平平平仄仄」，與諸詞異，當是音律所許。結句毛詞三首均作「仄平平仄」，孫詞「玉葉如剪」，葉字仄聲，知此句第二字可平可仄。下片音響句法，全同上片，不贅。至毛詞第三首，下片第三句「爭不教人長相見」，或作拗句，乃間一爲之，不必從。

回波樂

【考源】回波樂亦作迴波樂。北史爾朱榮傳，謂榮「與左右手踏地唱回波樂而出」，未知其辭體如何？郭茂倩樂府詩集云：「回波樂，商調曲，唐中宗時造，蓋出於曲水引流泛觴也。後亦爲舞曲。」全唐詩話卷一云：「中宗詔郡臣曰：天下無事，欲與臣共樂。於是迴波艷辭，妖冶之舞，作於文字之臣。」又唐書李景伯傳（附李懷遠傳內）云：「中宗嘗宴侍臣，及朝集，使酒酣，令各爲迴波辭，衆皆爲詔佞之辭，及自要榮位。次至景伯，曰：『迴波爾時酒巵，微臣職在箴規。侍宴既過三爵，喧嘩竊恐非議。』中宗不悅。中書令蕭至忠稱之曰：此眞諫官也。」據此，知回波樂一調，中宗之朝，固已有之。此調至開元中爲教坊所採用，而變爲大曲。其原曲則仍流行於民間，如憲宗元和三年十二月，有武功人張英奴者，撰回波辭惑衆，因杖殺之（見舊唐書憲宗本紀）。以回波惑衆，足見此調必爲民間所樂於聽聞，樂於傳誦者也。

【異名】一名回波詞。

【宮調】樂府詩集謂爲商調。羯鼓錄有回波樂，疑卽此調（禮樂志注疑爲回波樂），入太簇商。

【詞例】

回波樂　　沈佺期

回波爾時佺期平韻流向嶺外生歸叶身名已蒙齒錄句袍笏未復牙緋叶

【訂律】唐五代詞輯回波樂一調，計李景伯一首、沈佺期一首、無名氏一首（原作裴談詞，蓋循全唐詩之誤也。詞律校勘云：「此乃優人嘲謔裴談之詞，非其自作。」今從之），凡三首，皆單調二十四字四句，卽唐之六言絕句體，惟首句俱用「回波爾時」四字起。李、沈詞三用平韻，其平仄不同，其體則同也。無名氏「回波爾時栲栳」一首，則用仄韻，聲調亦與李、沈異，此或唐人風氣初開，猶有古樂府遺意，故其平仄往往不拘也。

一片子

【考源】調名子或作兒，乃仿自古樂府題，而無腔調律調及曲類節奏之關係。又此調殆亦五言絕句而別立調名者，歷代詩餘、詞律拾遺均主此說。

【宮調】此調未詳其宮調。

【詞例】

一片子　　無名氏

柳色青山映句梨花雪鳥藏平韻綠窗桃李下句閑坐歎春芳叶

【訂律】全唐五代詞彙編收一片子一調，僅無名氏一首，單調二十字，兩平韻，其聲調與仄起五絕悉同，以無他首可校，平仄宜從之。

一斛珠

【考源】曹鄴梅妃傳：「梅妃爲太眞逼遷上陽，明皇於花萼樓念之，會夷使貢珠，命封一斛賜妃，妃謝以詩云：『柳葉雙眉久不描，殘粧和淚汚紅綃。長門盡日無梳洗，何必珍珠慰寂寥。』上覽詩悵然，命樂府以新聲度之，號一斛珠。」此本調之所由昉也。

【異名】此調名有三：宋史樂志名一斛夜明珠；晏幾道詞名醉落魄；張先詞名怨春風。

【宮調】尊前集載李後主詞，注商調（夷則商），宋張先詞亦入此調。宋史樂志屬中呂調（夾鐘羽）；金詞注仙呂調（夷則羽）。

【詞例】

一斛珠　　李煜

晚粧初過仄韻沈檀輕注些兒個叶向人微露丁香顆叶一曲清歌讀暫引櫻桃破叶　羅袖裛殘殷色可叶盃深旋被香醪涴叶繡床斜凭嬌無那叶爛嚼紅絨讀笑向檀郎唾叶

【訂律】全唐五代詞彙編收此調，僅李後主一首。此詞雙調五十七字，上下片各五句四仄韻。首句四字，平起仄韻。次爲平起仄韻之七言句。第三句同次句。末句九字，於第四句略逗，顧詞律逕將四字作句，似有礙一氣呵成之妙。下片首句換頭，爲仄起仄收之七言句。以下與上片悉同。此調在唐，無他詞可校。「詞例」所示可平可仄，乃參宋詞而定者。

一葉落

【考源】五代史云：「後唐莊宗能自度曲。」此調他無作者，恐卽其自度曲也。御製詞譜謂「取首句以爲調名」，信然。塡詞名解與歷代詩餘則謂調名本於淮南子：「一葉落而知天下秋。」亦可備一說。

【宮調】此調未詳其宮調，俟考。

【詞例】

一葉落　　李存勗

一葉落仄韻寒珠箔叶此時景物正蕭索叶畫樓月影寒句西風吹羅幕叶吹羅幕疊往事思量著叶

【訂律】全唐五代詞彙編收此調僅後唐莊宗李存勗一首，此詞單調三十一字，七句五仄韻，一疊韻。其第六句卽疊第五句，亦是和聲，塡者宜遵之。

八六子

【考源】調名無考。此調始見於尊前集所載之杜牧詞，向之論詞者，或囿於詞體遞進之成說，或就氣韻格律味之，皆不信其爲唐詞。惟考雲謠集中，如鳳歸雲、傾盃樂、內家嬌等，既多長調，而小杜清才，夙負盛名，其詩豪而艷，專事藻華，故賦此長調，或亦可能，非可遽斥其爲僞作也。

【異名】秦觀詞有「黃鸝又啼數聲」句，又名感黃鸝。

【宮調】杜詞未注宮調。宋柳永詞屬中呂羽，俗呼正平調。

【詞例】

八六子　　杜　牧

洞房深平韻畫屏燈照句山色凝翠沈沈叶聽夜雨冷滴芭蕉句驚斷紅牕好夢句龍煙細飄繡衾叶辭恩久歸長信句鳳帳蕭疏句椒殿閑扃叶

輦路苔侵叶繡簾垂讀遲遲漏傳丹禁句蕣華偸悴句翠鬟羞整句愁坐讀望處金輿漸遠句何時綵仗重臨叶正消魂句梧桐又移翠陰叶

【訂律】全唐五代詞彙編收此調，僅杜牧一首，雙調九十字，上片九句四平韻，下片八句三平韻。唐詞無別首可校，宋人有作，詞譜共列六體，與杜詞相較，所異甚尠，實一體也。

卜算子慢

【考源】 塡詞名解云：「唐駱賓王詩好用數名，人稱爲卜算子，詞取以名。一曰人稱駱爲算博士」。又詞律云：「按山谷詞：『似扶著賣卜算』，蓋取義以今賣卜算名之人也。」兩說歧異，惟皆取俗諺爲名。今傳辭始見全唐詩鍾輻一首，詞徵云：「唐尙小令，自杜牧之八六子外，絕少慢聲，咸通末（懿宗朝），江南鍾輻有卜算子慢詞。」按唐詞無名慢者，此詞蓋僅見。北宋柳永卜算子亦不稱慢，樂章集固有慢曲，稱慢者惟「木蘭花慢」一闋，然則此調之名慢，乃後世所增改耶？

【宮調】 鍾詞未詳其宮調。宋柳永、張先詞入林鍾商，俗呼歇指調。

【詞例】

卜算子慢　　鍾輻

桃花院落句煙重露寒句寂寞禁煙晴晝仄韻風拂珠簾句還記去年時候叶惜春心逗不喜閑窗繡叶倚屏山逗和衣睡覺句醺醺暗消殘酒叶　獨倚危闌久叶把玉筍偸彈句黛蛾輕鬬叶一點相思句萬般自家甘受叶抽金釵逗欲買丹靑手叶寫別來逗容顏寄與逗使知人淸瘦叶

【訂律】 全唐五代詞彙編收此調，僅鍾輻一首，雙調八十九字，上片八句四仄韻，下片八句五仄韻。此調在唐無別首可校，今參宋柳永「江楓漸老」一首，定其可平可仄，注於鍾詞之側，以備參覽。

三字令

【考源】此調始見於花間集歐陽炯詞，通詞俱用三字成句，前後片皆八句。節奏短促，宜寫落莫之情，易得淒咽之致。

【宮調】花間集載歐陽炯詞，未詳律調。宋張先詞入夷則商，俗呼林鍾商，又呼商調。

【詞例】

三字令　歐陽炯

春欲盡句日遲遲平韻牡丹時叶羅幌卷句翠簾垂叶彩箋書句紅粉淚句兩心知叶　人不在句燕空歸叶負
佳期叶香燼落句枕函欹叶月分明句花淡薄句惹相思叶

【訂律】全唐五代詞彙編收此調，僅歐陽炯一首，無他首可校。此詞雙調四十八字，前後片各八句，四平韻。又詞律另載向子諲一體，乃本歐詞而添字者，惟韻節不同，故平仄不能借證。

小重山

【考源】此調唐人絕句作樂府歌曲，皆七言絕句而異其名。全唐五代詞彙編載韋莊、薛昭蘊、和凝、毛熙震四家小重山詞，皆「七五三七五三」、「五五三七五三」兩片，自以韋莊所作爲最早。溫飛卿詞有「小山重疊金明滅」之句，不知此詞調名是否有取於此。自韋、薛諸人所作觀之，大抵詠宮中怨情，言君王雖近在咫尺，而承恩則難，如隔小重山也。

【異名】此調之異名有四：歷代詩餘謂此調之「重」或作「沖」，一名枕屏風。李邴詞名「小沖山」；姜夔詞名「小重山令」；韓淲詞有「點染煙濃柳色新」句，名「柳色新」。

【宮調】金奩集載韋莊詞，入夾鐘商，俗呼雙調。宋史樂志因舊曲造新聲，入雙調。夏敬觀詞調溯源云：「按韋詞既已在本調（指雙調），則舊曲已如此，必韋莊前已有此曲，非屬平調者。」又云：「張先詞入夾鐘宮（俗呼中呂宮），又一首入中呂宮（俗呼道宮），疑二律調中，必有一是舊曲之律調。」

【詞例】

小重山　韋莊

一閉昭陽春又春平韻夜寒宮漏永讀夢君恩叶臥思陳事暗銷魂叶羅衣濕讀紅袂有啼痕叶　歌吹隔重閽叶遶庭芳草綠讀倚長門叶萬般惆悵向誰論叶凝情立讀宮殿欲黃昏叶

【訂律】全唐五代詞彙編收小重山一調，計韋莊一首、薛昭蘊二首、和凝二首、毛熙震一首，凡六首，今據之以訂律。

此詞雙調五十八字，上下片各四句，平韻一韻到底。上片首句，和詞「春入神京萬本芳」，春字平聲，萬字仄聲；次句和詞「群仙初折得」，群字平聲；第三句和詞「烏犀紵最相宜」，烏字平聲，白字仄聲；第四句薛詞「宮漏促、簾外曉鶯啼」。和詞「精神出、御陌袖垂鞭」，漏字御字仄聲；下片首句，薛詞「憶昔在昭陽」，憶字仄聲。其餘各句聲調，與上片同。故此詞一、夜、臥、遶、萬，凡五字，可平；春、陳、衣、紅、歌、惆、情、宮，凡八字，可仄。調內可平可仄據此。

女冠子

【考源】溫庭筠撰此調云：「寄語青娥伴，早求仙。」薛昭蘊云：「求仙去也，翠鈿金篦盡捨。」孫光憲云：「只流巫峽外，名籍紫微中。」張泌云：「露花煙草，寂寞五雲三島。」殆以詞詠女冠，故名。至詞譜援漢宮掖承恩者，賜芙蓉冠子，然詞名未必緣此事也。蓋唐詞多緣調所賦：臨江仙則言仙事；女冠子則述道情；河瀆神則詠詞廟；大概不失本題之意，爾後漸變，始去題遠矣。又詞譜謂本調：「唐教坊曲名，小令始於溫庭筠，長調始於柳永。」然崔書時在開元、天寶間，何得又曰始於飛卿？豈斷溫作詞調與教坊曲異歟？然教坊曲調如何，清初已無從知，難斷溫詞之或異或同也。要之，本調來源甚古，盛唐時已有之，今可見之詞作則以飛卿爲最早也。

【宮調】此調在唐未詳其宮調。宋柳永詞注仙呂調，又注大石調。

【詞例】　　溫庭筠

女冠子

含嬌含笑仄韻宿翠殘紅窈窕叶鬢如蟬換平寒玉簪秋水句輕紗卷碧煙叶　雪肌鸞鏡裡句琪樹鳳樓前叶寄語青娥伴句早求仙叶

【訂律】全唐五代詞彙編輯錄本調溫庭筠詞二首、韋莊二首、孫光憲二首、張泌一首、毛熙震二首、歐陽炯二首、鹿虔扆二首、李珣二首、薛昭蘊二首、尹鶚一首、牛嶠四首，凡廿二首。俱屬雙疊，四十一字，上片五句，兩仄韻，兩平韻；下片四句，兩平韻。

上片首句，諸家多於次字用平，末字用仄，如溫詞：「含嬌含笑」、「霞帔雲髮」，歐詞：「秋宵秋月」，爲「平平平仄」，孫詞：「蕙風芝露」，爲「仄平平仄」，「澹花瘦玉」爲「仄平仄仄」，毛詞「修蛾慢臉」爲「平平仄仄」，一三兩字皆或平或仄，唯第四字以起仄韻，故例皆作仄聲，次字則皆爲平聲也。與此異者，厥唯韋作，「四月十七」、「昨夜之半」，四字俱仄。詞律謂爲「不拘」，說嫌武斷，蓋韋作自屬拗體，出以奇險之筆也。下片首句「平起仄收」，次句「仄起平收」，諸家皆然，唯廿二首中，首句作「仄平平仄仄」者，竟達廿首，次句作「平仄仄平平」者達十五首，可見其已有成法，未可漠視。第三句諸家多作「平起仄收」，僅韋莊「覺來知是夢」、鹿虔扆「倚雲低首望」、「欲留難得住」、李珣「曉天歸去路」，則作「平起仄收」，雖佔少數，然適相反，亦其出入之大者，固當留意。又此調上片四五兩句，下片首次兩句，例皆對偶，如韋莊：「忍淚佯低面，含羞半歛眉」（上片）；「不知魂已斷，空有夢相隨」（下片）；孫光憲「苔點分圓碧，桃花踐破紅」（上片）；「只流巫峽外，名籍紫微中」（下片）；「瑞露通宵貯，幽香盡日焚」（上片）「碧紗籠絳節，黃藕冠濃雲」（下片）。例外者，僅韋作「半羞還半喜，欲去又依依」一聯耳；是又為本調定法矣。

月宮春

【考源】此調始見花間集，僅毛文錫詞一首，以其詠遊月宮事，遂以名調。按唐時明皇遊月宮事，民間已盛傳，故每多附會之說，觀王灼碧雞漫志引異人錄、逸史、鹿革事類與幽怪錄等諸家所載，大同小異，要皆附會神怪之言，而荒誕不經，其不可稽據可知。然民間既盛傳，故詩人亦偶援入詩，如張繼華清宮云：「玉樹長飄雲外曲，霓裳閑舞月中歌。」杜牧華清宮云：「月間仙曲調，霓作舞衣裳。」皆取流行之神話入句，此詩人之常態也。月宮春之詞調，當卽創作於此種神話流傳之背景下。

【異名】此調碎金詞譜云：「周邦彥更名月中行。」詞譜亦謂「月中行卽月宮春，美成所更名。」

【宮調】此調宋史樂志屬小石角（中呂閏）；唐詞宮調未詳。

【詞例】

月宮春　毛文錫

水晶宮裏桂花開平韻神仙探幾囘叶紅芳金蕊繡重臺叶低傾瑪瑙杯叶　玉兔銀蟾爭守護句姮娥姹女戲相偎叶遙聽鈞天九奏句玉皇親看來叶

【訂律】全唐五代詞彙編收月宮春一調，僅毛文錫一首。此詞雙調四十九字，前段四句四平韻，後段四句兩平韻。唐五代詞無他首可校，平仄宜遵之。

內家嬌

【考源】此調之名，崔記不載，今傳辭始見於雲謠集雜曲子，凡二首。其中一首題作「御製臨鍾商內家嬌」（伯三二五一卷），任二北因此調以百字以上之長體而叶平韻，遂斷爲盛唐遺製（見敦煌曲初探頁八九），又據「御製」二字考證此調乃開元二十八年至天寶四年間玄宗爲楊妃作（見初探頁二三六）。而饒宗頤敦煌曲則以詞內「歌令」一辭，爲五代時常用語，遂疑「御製內家嬌一類，可能爲（後唐）莊宗時之作品」（見頁十）。二說未審孰是，姑誌之以俟考。

【宮調】任二北敦煌曲校錄用胡忌校，改題中「臨鍾商」作「林鐘商」，並謂「查柳永樂章集內家嬌之宮調，果然，乃胡氏之創見。」知此調在唐在宋，均注林鐘商。

【詞例】

內家嬌　　無名氏

絲碧羅冠句搖頭墜（髻）鬢句寶妝玉鳳金蟬平韻輕輕浮粉句深深長畫眉綠句雪散胸前叶嫩臉紅脣句眼如刀割句口似珠丹叶渾身掛異種羅裳句更熏龍腦香煙叶　屐子（豈）齒高句慵移（步）兩足恐行難叶天然有靈性句不娉凡間叶（交招事無不會）句解烹水銀句鍊玉燒金句別盡歌篇叶除非却應奉君王句時人未可趨顏叶　（據潘師石禪敦煌雲謠集新書）

【訂律】敦煌曲收內家嬌一調，凡二首。以此調二首之四片互校，並參酌宋柳永詞，應定爲前片「四四六、四四六、四四四四、七六、」共十一句，四平韻；下片「四七、七四、四四四四、七六、」共九句，四平韻。二首相較，僅有二處未合，一在上片第二韻之三句，有「四四六」與「四六四」之別；一在下片第三韻，本應三句，此首之「交招事無不會」，應視爲襯句，「髻」、「豈」、「步」應視爲襯字。今卽據其相合者以訂律。

別首上片首句「兩眼如刀」，兩字仄聲。第三句「風流第一佳人」，風字平聲。第四句「及時衣着」，及字仄聲。第五六句，二首雖有「六四」與「四六」（別首作「梳頭京樣，素質艷麗青春」）之別，然同爲十字，平仄仍可互參。第八句別首「能絲調竹」，能字平聲。第九句「歌令尖新」，歌字平聲。第十句「任從說洛浦陽臺」，任字仄聲。第十一句「謾將比並無因」，比字仄聲。下片首句，別首「半含嬌態」，平仄與此全反，知平起仄起皆合音響。第三四句，二首皆有脫誤，不校。第五句「只把同心」，把字仄聲，同字平聲。第六句「千遍撚弄」，千字遍字平聲，撚字弄字仄聲。第七句

「來往中庭」，來字平聲。第八句「應是降王母仙宮」，是字仄聲。調內可平可仄，大抵據此。

水調詞

【考源】王灼碧雞漫志卷四，說水調甚詳，略謂水調乃宮調之名，非牌調名也，其創始甚古。就水調中作曲最早而可考見者，爲隋煬帝鑿汴河時所製水調歌，幸江都時所製水調河傳。又樂府詩集載有盛唐水調大曲之全辭一套，歌五遍，入破六遍，其中僅兩遍屬五言，餘皆七言。王昌齡有「聽流人水調子」詩，既有水調子，自先有水調大曲，樂府詩集載吳融水調，僅一首，或即水調子之辭。唐玄宗好聽水調，各書稱引頻繁，鄭嵎津陽門詩注：「上（玄宗）每執酒卮，必令迎娘歌水調曲遍，而太眞輒彈弦倚歌，爲上送酒。」及天寶之末，安祿山犯闕，議欲遷幸，玄宗置酒花蕚樓上，命作樂，有進水調歌者，即李嶠「山川滿目淚沾衣」七言四句也。大抵開元中，水調即成爲一大曲之專名，而配此曲之歌詞，即謂之水調歌或水調詞。

【宮調】此調在唐，據樂府詩集引樂苑語，爲商調曲，至宋，據漫志入中呂調（夾鐘羽）。

【詞例】

水調詞　　無名氏

·○○·*○*　○·○○··○　*·*○*○·　*·**··○

楚江搖曳大川冥句天闕聲名發動思平韻孤雁北望呈心遠句不及南山獻壽時叶

（據任二北敦煌曲校

錄）

【訂律】敦煌曲收水調詞一調，凡二首（按王重民敦煌曲子詞集於此調之七言八句，列爲一首，任二北以其前半與後半叶韻各別，分爲二首，今從任說）。此詞七言四句叶二平韻。別首作「爲言無谷還逢谷，將作無山更有山。馬困時時索鞍揭，人乏往往捉樹攀。」平仄可互參。

中興樂

【考源】此調始見花間集，塡詞名解曰：「宋鮑照有中興歌，唐人沿之，製此曲名。」

【異名】此調因牛希濟詞有「濕羅衣」三字，後亦以名詞。

【宮調】此調未詳其宮調，俟考。

【詞例】

中興樂　毛文錫

豆蔻花繁煙艷深平韻　丁香輭結同心叶　翠鬟女仄韻　相與叶仄　共淘金叶平　紅蕉葉裏猩猩語叶仄　鴛鴦浦叶仄　鏡中鸞舞叶仄　絲雨叶仄　隔荔枝陰叶平

【訂律】全唐五代詞彙編收中興樂一調，計毛文錫一首、牛希濟一首、李珣一首，凡三首，今卽據此以訂律。

此詞雙調四十一字，十句，兩換韻。平韻間入六仄韻。此詞後段末兩句，御製詞譜以「雨」與前之「女」、「與」叶韻，故作「二、四」句法。詞律則作「三三」句法。

又牛希濟一體，詞云：「池塘暖碧浸晴暉。濛濛柳絮輕飛。紅蕊凋來，醉夢還稀。春雲空有雁歸。珠簾垂。東風寂寞，恨郎抛擲，淚濕羅衣。」此詞雙調四十二字，九句，全用平韻，第三句以下悉與毛詞異。

又李珣一體，雙調八十四字，前後段各九句六平韻。詞云：「後庭寂寞日初長。翩翩蝶舞紅芳。繡簾垂地，金鴨無香。誰知春思如狂。憶蕭郎。等閒一去。程遙信斷。五嶺三湘。休開鸞鏡學宮妝。可能更理笙簧。倚屏凝睇，淚落成行。手尋裙帶鴛鴦。暗思量。忍辜前約。教人花貌。虛老風光。」此詞前後段，即牛詞加一疊，但「繡簾垂地，倚屏凝睇」，平仄與牛詞小異。

甘州遍

【考源】調名有遍字，蓋出自大曲之排遍。唐教坊大曲有甘州，凡大曲多遍，此調則摘甘州曲之一遍也。歷代詩餘謂此調亦爲六州歌頭之一，六州歌頭本唐鼓吹曲，唐書禮樂志云：「天寶間樂曲，皆以邊地爲名。」六州即指伊州、梁州、甘州、石州、渭州、氐州，皆爲唐代西邊之州。此調曲辭始見於花間集毛文錫詞二首，爲雙調六十三字。

【宮調】此調未詳其宮調。但此調乃甘州曲中之一遍，據樂苑云甘州爲「羽調曲」（樂府詩集引），則此調當亦爲羽調曲也。惟究在羽調中何調，則不可知矣。

【詞例】

甘州遍　　毛文錫

春光好句公子愛閒遊平韻足風流叶金鞍白馬句雕工寶劍句紅纓錦襜出長鞦叶花蔽膝句玉銜頭叶尋芳逐勝歡宴句絲竹不曾休叶美人唱讀揭調是甘州叶堯年舜日句樂聖永無憂叶

【訂律】全唐五代詞彙編收甘州遍一調，祇毛文錫二首，雙調六十三字，上片六句三平韻，下片八句五平韻。全詞一韻到底。毛詞別首與此平仄如一，惟下片第四句「往往路人迷」，上往字仄聲；第七句「鳳凰詔下」，鳳字仄聲。調內可平可仄據此。

玉胡蝶

【考源】御製詞譜謂此調小令始於溫庭筠，塡詞名解則謂創自孫光憲詠蝶詞，溫早於孫，似應以前說爲是。又萬樹詞律云：「溫詞及孫詞均名玉胡蝶，然與張泌胡蝶兒相近，決是一調，故類聚於此。」杜文瀾校勘記云：「句法不同，似非一調。萬氏以同有蝴蝶之名類聚，原無不可，若謂決是一調，則恐未必。」二說歧異，徐棨詞律箋榷因論之曰：「碎金詞譜曰：蝴蝶兒第三句俱七字，此則五字，殆猶未細校也。首句下，玉蝴蝶多五字一句，蝴蝶兒則無此句，若但變七字二句，則同調之詞所常有，萬氏一調之說，未爲誣也。惟其既變二句，復少一句，而兩段起句則前同孫而異溫，後則同溫而異孫，於是八句之調，已變其半，遂不得爲同調矣。然細爲比勘，則前段起句，孫已先變，後段起句，則孫變而蝴蝶兒不變，仍是溫體。若五字句之變七字，則各調中常見者，然則所異者，實祇前段少五字一句耳，故知蝴蝶兒實由玉蝴蝶變化而出，而諸家皆起而難之，蓋因決是一調之語，未免孟浪，而其相近之說，亦無復從而勘之者。然萬說之自相矛盾，既曰相近，又曰決是一調，豈相同者卽可爲同一調哉？又無怪諸家之不復留意矣。至杜氏謂同有蝴蝶之名，類聚原無不可，則亦未然。一曰蝴蝶兒，一曰玉蝴蝶，如以類列爲可，則粉蝶兒、撲蝴蝶皆可矣，皆可反謂之罣漏矣，此有以知其必不然者。」持平之論，深中肯綮，故錄此以釋歧異。

【宮調】此調在唐爲小令，未詳其宮調。至宋行爲長調，柳永樂章集注仙呂調（夷則羽），一名玉蝴蝶慢。

【詞例】

玉胡蝶　溫庭筠

秋風凄切傷離平韻行客未歸時叶塞外草先衰叶江南雁到遲叶　芙蓉凋嫩臉句楊柳墮新眉叶搖落使人悲叶斷腸誰得知叶

【訂律】全唐五代詞彙編收玉蝴蝶一調，祇溫庭筠與孫光憲各一首。溫詞雙調四十一字，前段四句四平韻，後段四句三平韻。其次句即孫詞第三句，惟平仄互異，故此句聲調亦可作「仄平平仄平」，參孫詞可知。

孫詞雙調四十二字，前段五句四平韻，後段五句兩仄韻三平韻。其詞云：「春欲盡，景仍長。滿園花正黃。粉翅兩悠揚。翩翩過短牆。　鮮飈暖。牽遊伴。飛去立殘陽。無語對蕭娘。舞衫沈麝香。」前後段起，俱作三字兩句，換頭又間入兩仄韻，與溫詞不同。

玉樓春

【考源】鄒祇謨詞衷曰：「玉樓春取白樂天詩：『玉樓宴罷醉相和。』」毛先舒塡詞名解非之，並謂顧敻詞「月明玉樓春漏促」，乃調名之所取。惟花間集中收牛嶠詞已名玉樓春，嶠年輩高於敻，故此調名非始於顧敻甚明，塡詞名解之說非也。顧敻特取調名以入詞耳。尊前集歐陽炯詞起句有「春早玉樓煙雨夜」句，又有「日照玉樓花似錦，樓上醉和春色寢」句，亦係取調名入詞，非調名有取於詞也。萬樹詞律以爲玉樓春卽木蘭花，按花間集所收魏承班詞，長短句體木蘭花與五十六字體玉樓春兩調並列，則其聲律必有不同，固無可疑。萬氏從宋人之混合，而不從五代之析分，殊非。又尊前集收歐陽炯詞，亦兩詞並列，皆五十六字七言八句，其首句平起者爲木蘭花，仄起者名玉樓春，然則詞譜僅據花間集，分五十二字至五十五字者爲木蘭花，五十六字七言八句者爲玉樓春，亦有待商榷。參看木蘭花條。

【異名】此調至宋一名木蘭花，蓋誤。柳永樂章集又名木蘭花令，葉夢得詞名春曉曲（與二十七字之春曉曲有別）；朱希眞詞名西湖曲；康與之詞名玉樓春令；高麗史樂志詞名歸朝歡令。

【宮調】此調五代時未詳其宮調，至宋張子野詞入林鐘商（夷則商）；柳永詞題木蘭花者凡兩見，並注林鐘商；題木蘭花令者，注作仙呂調（夷則羽）；題玉樓春者，注作大石調（黃鐘商）；周邦彥詞題木蘭花者，注高平（林鐘羽）；題玉樓春者凡兩見，一作仙呂；一作大石。

【詞例】

玉樓春　顧夐

拂水雙飛來去燕仄韻曲檻小屏山六扇叶春愁凝思結眉心句綠綺嬾調紅錦薦叶　話別多情聲欲戰叶玉筯痕留紅粉面叶鎭長獨立到黃昏句却怕良宵頻夢見叶

【訂律】全唐五代詞彙編收玉樓春一調，計顧夐四首、魏承班二首、牛嶠一首、歐陽炯二首，凡九首，今即據之以訂律。

此調雙調五十六字，全用七言，凡八句，其聲調前後段起二句，第二字第六字俱仄聲，第三句，第二字第六字俱平聲，第四句，第二字第六字亦俱平聲，爲定格。各家詞並同；所異者，惟用韻耳。「詞例」所舉者，上下片不換韻。魏詞二首、歐陽炯二首及顧夐別首「月皎露華」詞，均與此同。又顧夐詞；「月照玉樓春漏促。颯颯風搖庭砌竹。夢驚鴛被覺來時，何處管絃聲斷續。惆悵少年遊冶去，枕上兩娥攢細綠。曉鶯簾外語花枝，背帳猶殘紅蠟燭。」下片起句不押韻，餘與「詞例」同。顧敻別首「柳映玉樓」詞同此。又牛嶠詞：「春入横塘搖淺浪，花落小園空惆悵；此情誰信爲狂夫，恨翠愁紅流枕上。小玉窗前嗔燕語，紅淚滴穿金線縷；雁歸不見報郎歸，織成錦字封過與。」則下片別換仄韻矣。

竹枝

【考源】郭茂倩樂府詩集云：「竹枝本出于巴渝。唐貞元中，劉禹錫在沅湘，以里歌鄙陋，乃依騷人九歌，作竹枝新詞九章，敎里中兒歌之，由是盛行于貞元元和之間。」據此，則知竹枝之聲，蓋起於巴蜀，劉夢得據以創新詞，遂而風行。按諸劉集，以此體與白居易唱和甚多，初本爲七言四句之聲詩，其後皇甫松改作七言二句體，並於每句中塡入「竹枝」、「女兒」之和聲，猶採蓮子之有「舉棹」、「年少」也，而「枝」、「兒」叶韻，亦猶「舉棹」、「年少」之自爲叶也。（又敎坊曲名有「竹枝子」，辭僅見於敦煌寫卷，乃雙叠六十四字體，馮贄雲仙雜記云：「張旭醉後唱竹枝曲，反覆必至九回，乃止。」旭爲盛唐人，則此曲當盛行於開天之間，然必與夢得改訂之竹枝不同，不可混二調爲一。）

【宮調】此調郭茂倩樂府詩集入黃鐘羽，俗名般涉調，劉禹錫創此調，自序亦云：「聆音中黃鐘之羽。」

【詞例】

竹枝　孫光憲

門前春水竹枝白蘋花平韻女兒岸上無人竹枝小艇斜叶女兒商女經過竹枝江欲暮句女兒散抛殘食竹枝飼神鴉叶女兒

【訂律】全唐五代詞彙編輯錄此調，計列劉禹錫十一首、白居易四首、李涉五首、顧況一首、皇甫松六首、孫光憲二首，凡廿九首。其中劉、白、李、顧諸作皆七言四句體，皇甫松六首則七言二句並加和聲，孫光憲二首亦七言四句，但每句中亦塡入「竹枝」、「女兒」之和聲也。

七言四句體，雖偶有聲律穩順者，如白傳之第一第四首，李涉之第二、三、四、五首，孫光憲之第一首。然例多平仄不拘，間或失粘失對；至七言二句體，兩句之第二字皆作平聲，皇甫松六首，無一例外，可視爲定格，舉二例如下：

芙蓉並蔕竹枝一心連韻女兒花侵隔子竹枝眼應穿叶女兒

筵中蠟燭竹枝淚珠紅韻女兒合歡桃核竹枝兩人同叶女兒

阮郎歸

【考源】毛光舒塡詞名解云：「阮郎歸用續齊諧記阮肇事。」按續齊諧記云：「永平中，劉晨、阮肇入天台山採藥，見二女，顏容絕妙，便喚劉阮姓名，因邀至家，設胡麻飯與之。」續齊諧記爲梁吳均撰，而劉阮入天台遇仙事，又爲唐人所艷稱，時見於詩歌，則此調或創於唐代也。

【異名】全唐詩載有馮延巳詞，名醉桃源。宋丁持正詞，有「碧桃春晝長」句，名碧桃春；曹冠詞名宴桃源（源或作園）；韓淲詞有「濯纓一曲可流行」句，名濯纓曲。

【宮調】唐五代此調宮調未詳。宋張先詞入黃鐘商，俗呼大石調；又入夷則羽，俗呼仙呂調。周邦彥詞亦入大石調（黃鐘商）。

【詞例】

阮郎歸

東風吹水日銜山平韻　春來長是閑叶　落花狼藉酒闌珊叶　笙歌醉夢間叶　　春睡覺句　晚妝殘叶　憑誰整翠鬟叶　留連光景惜朱顏叶　黃昏獨倚闌叶

【訂律】全唐五代詞彙編收阮郎歸一調，計李後主一首、馮延巳三首。馮詞第三首與李詞複出，故實得三首，今卽據之以訂律。

此詞雙調四十七字，上片四句四平韻，下片四句五平韻。上片首次句，馮詞第二首「角聲吹斷隴梅枝，孤窗月影低。」角字月字俱仄聲。知此二字平仄可以不拘。第三句，馮詞「青梅如豆柳如眉」，如字平聲，是此句第三字可不拘。第四句，馮詞「日長蝴蝶飛」，日字仄聲，蝴字平聲；則此句既可作「仄平平仄平」，亦可作「平平仄仄平」也。下片第三句與上片次句無異，第三字音律不拘。第四句，李詞馮詞平仄如一，宜從之爲是。結句與上片悉同，可參看。調內可平可仄據此。

好時光

【考源】好時光詞見尊前集，唐明皇製，取結句三字爲調名。或疑此詞爲非明皇筆，然尊前集所收，固唐調也。全唐詩話云：「唐人樂府元用律絕等詩。雜和聲歌之，其并和聲作實字，長短其句以就曲拍者爲塡詞，開元天寶肇其端，元和太和衍其流，大中咸通以後，迄於南唐二蜀，尤家工戶習，以盡其變，凡有五音二十八調，各有分屬，今皆失傳」。按尊前集所載好時光詞，其始或爲五言八句詩，如遍、蓮、張、敞、箇等字，本屬和聲，後乃改作實字而爲長短體者也。

【宮調】此調未詳其宮調，俟考。

【詞例】

好時光　　唐玄宗

寶髻偏宜宮樣句蓮臉嫩豆體紅香平韻眉黛不須張敞畫句天教入鬢長叶　莫倚傾國貌句嫁取箇豆有情郎叶彼此當年少句莫負好時光叶

【訂律】全唐五代詞彙編收好時光一調，僅唐玄宗李隆基一首，雙調四十五字，前後段各四句，兩平韻，以無別首可校，故不註可平可仄。

江城子

【考源】江城子單調始於五代，而著錄最先者爲韋莊詞。塡詞名解以爲名始於歐陽炯詞「空有姑蘇台上月，如西子鏡，照江城。」然韋詞既有此調，年輩又在炯前（歐陽炯以唐昭宗乾寧三年（896）生，宋太祖開寶四年（971）卒，見宋史卷四百七十九西蜀世家附孟昶傳。韋莊以唐文宗開成元年（836）生，蜀高祖武成三年（910）卒，見夏承燾韋端己年譜，長於炯六十年，其年輩在前固無可疑），則此調之得名不始於炯詞明甚，炯詞特就調名而立意耳，塡詞名解之說非也。此詞唐五代皆作單調，以韋詞三十五字體爲主，餘俱照韋詞添字，其三十六字體始於歐陽炯，三十七字體始於牛嶠，至宋人，始依原曲重增一片，爲雙調。

【異名】此調名稱有二：晁補之作雙調，改名江神子。韓淲詞有「臘後春前村意遠」句，更名村意遠。

【宮調】金奩集收韋詞二首，註雙調。宋張子野詞入林鐘羽，俗呼高平調，又呼南呂調。

【詞例】

江城子　　韋　莊

○••○○　•○○　**○　*○*•　*••○○　*•*○○••　**•　•○○

髻鬟狼籍黛眉長平韻出蘭房叶別檀郎叶角聲嗚咽豆星斗漸微茫叶露冷月殘人未起句留不住句淚千行叶

【訂律】全唐五代詞彙編收江城子一調，計韋莊二首、牛嶠二首、張泌三首、和凝五首、歐陽炯一首、尹鶚一首、馮延巳二首（一作張泌作），凡十六首。此調以三十五字體爲主，今即據之以訂律。

此調單調三十五字，七句，五平韻。起句爲平起平韻之七言句，第一三字平仄不拘。韋詞別首起句爲「恩重嬌多情易傷」，知此句聲調亦可作「仄仄平平仄仄平」，和凝詞五首，歐陽炯詞一首，起句平仄悉依此律。第二句必作「仄平平」，各家詞皆然。第三句和凝詞「連理枝」，連字平聲，理字仄聲，與韋詞異，知此二字平仄不拘。第四句前四字，韋詞作「平平仄仄」，一三字不拘，然其他各家亦多作「仄仄平平」者，如和凝詞「輕撥朱絃」、「鬢亂釵橫」、張泌詞「飛絮落花」、歐陽炯詞「六代繁華」等是，知此二種聲調皆可入腔。第五句爲仄起平韻之七字句，一三字可平可仄，惟第五字用仄時，第三字必平，如和詞「含恨含嬌獨自語」，獨字既仄，則含字必平，不論者非。第六句和詞「待梅綻」，待字仄聲，梅字平聲，與韋詞異，故此二字亦平仄不拘。末句「仄平平」可視爲空格，蓋五代詞此調十六首，皆依此律，幾無例外也。

歐陽炯三十六字體，其第六句較各家多一字。牛嶠三十七字體，其第二句爲五字，較韋詞多二字。又尹鶚一體，起句用減字攤破之法，作三字兩句，是皆就韋詞而變者。

花非花

【考源】白樂天詩集收花非花於歌行曲引卷中，本長慶集長短句詩也，而後人列之于詞，即以起句「花非花」爲調名。塡詞名解與詞品並謂此調乃樂天自度之曲，其或別有所據耶？

【宮調】此調未詳其宮調，俟考。

【詞例】

花非花　　白居易

花非花句霧非霧仄韻夜半來句天明去叶來如春夢不多時句去似朝雲無覓處叶

【訂律】全唐五代詞彙編收花非花一調，祇白居易一首。此詞單調二十六字，六句，四仄韻。唐詞既未見他作，宋元似亦無倚此調者，故句中平仄當以白詞爲式。

杏園芳

【考源】此調始見於花間集，亦僅見尹鶚一詞，寫驚艷懷思之情，試揣之：蓋以「芳」喻人，而「杏園」則其所遇之所也。

【宮調】此調未詳其宮調，俟攷。

【詞例】

杏園芳　　尹鶚

嚴妝嫩臉花明平韻教人見了關情叶含羞舉步越羅輕叶稱娉婷叶　終朝咫尺窺香閣句迢遙似隔層城叶
何時休遺夢相縈叶入雲屏叶

【訂律】全唐五代詞彙編收杏園芳一調，僅尹鶚一首。此詞雙調四十五字，前段四句四平韻，後段四句三平韻。無別首可校，平仄當遵之。又按此詞首句六字起韻，過片句七字仄住無韻，餘句悉同，所謂換頭也。

別仙子

【考源】此調傳辭，始見於敦煌寫卷斯四三三二中，蓋詠本意，賦別情也。仙子一詞，據陳寅恪元白詩箋證稿云：「六朝人已侈談仙女杜蘭香萼綠華之世緣，流傳至唐代，仙之一名，遂多用作妖艷婦人或風流放誕之女道士之代稱，亦竟有以之目倡妓者」。所論與此詞聲情正合。又按，斯四三三二卷所載曲辭，除此調外，尚有菩薩蠻「枕前發盡千般願」一首，據向達倫敦所藏敦煌卷子經眼目錄，此卷背後，錄壬午年龍興寺僧學便物字據，經近人考證，壬午年應爲德宗貞元十八年（參看菩薩蠻條），故此調當創於德宗貞元以前。

【宮調】此調未詳其宮調，俟考。

【詞例】

別仙子　　無名氏

此時模樣句算來似逗秋天月仄韻無一事句堪惆悵句須圓闕叶穿窗牖句人寂靜句滿面蟾光如雪叶照淚痕何似句兩眉雙結叶　曉樓鐘動句執纖手逗看看別叶移銀燭句偎身泣句聲哽噎叶家私事句頻付囑句上馬臨行說叶長思憶句莫負少年時節叶　（據敦煌曲校錄）

【訂律】敦煌曲收別仙子調，僅此一首。此詞雙調七十九字，叶入聲韻。無唐宋詞可校，僅以上下片比勘，則除少數字外，平仄多能相合，聲調堪稱謹嚴。而每句末不叶韻處皆用仄聲字，不著任何平聲，則尤見特殊。

更漏子

【考源】古時視刻漏以傳更，唐人則泛稱夜間時分曰更漏。杜甫江邊新月詩：「餘光隱更漏，況乃露華濃。」許渾韶州驛樓詩：「主人不醉下樓去，月在南軒更漏長。」可見更漏子之本意乃詠夜間情景也。胡仔苕溪漁隱叢話曰：「庭筠工於造語，極爲綺靡，花間集可知矣。更漏子一詞尤佳。」毛先舒塡詞名解亦云：「溫庭筠作秋思詞，中詠更漏，後以名詞。」是此調晚唐飛卿已有之，而所詠又俱本義，則調名創作者，或即爲溫氏本人。又崔令欽敎坊記有更漏長曲名，胡震亨唐音癸籤疑溫詞之更漏子卽崔記之更漏長，今所收敦煌曲內，有更漏長二首，一溫庭筠作，一歐陽炯作，並見伯三九九四卷中。溫詞卽習見之「玉爐香」一首，僅「玉爐」作「金鴨」之類，略有數字不同耳。似胡氏所疑者是也。然此二調之句法、叶韻、平仄均異，自不容混淆，任氏初採考證纂詳，可參看本章「更漏長」條。至敦煌寫卷標溫詞更漏子爲更漏長者，殆寫卷者涉筆成誤故也。

【宮調】此調尊前集兩收李後主詞，並注大石調（黃鐘商）；馮延巳二首，則注商調（夷則商）。金奩集載溫庭筠、韋莊詞，入夷則商，俗呼林鐘商，又呼商調。宋張子野詞亦入林鐘商。

【詞例】

更漏子　溫庭筠

柳絲長句春雨細仄韻花外漏聲迢遞叶驚塞雁句起城烏換平畫屏金鷓鴣叶　香霧薄換仄透重幙叶惆悵謝家池閣叶紅燭背句繡簾垂換平夢君君不知叶

【訂律】全唐五代詞彙編收更漏子一調，計溫庭筠六首（其中第一首、第三首與後主詞複出）、韋莊一首、牛嶠三首、毛文錫一首、顧敻一首、孫光憲六首、歐陽炯二首（次首調名應爲更漏長，誤列於此）、毛熙震二首、馮延巳六首（末首與溫詞複出）、李後主二首，去其複出與誤列者，凡二十七首，今據之以訂律。

此調雙叠四十六字，十二句，四換韻。溫詞上片六句，兩仄韻，兩平韻；下片六句，三仄韻，兩平韻。又韋詞「鐘鼓寒」一體，上下片各六句，兩仄韻兩平韻，與溫體相較，惟換頭句不用韻爲稍異耳。按此調以溫韋二詞爲正體，唐人多宗溫詞，宋人多宗韋詞，其餘押韻異同，如孫光憲「掌中珠」

一體，下片六句四平韻，或有減字，如歐陽炯詞，換頭句減一字，皆變格也。

此調起句爲三字對句，而平仄互異。第三句爲「仄仄平平仄仄」之六字句，第一三五字平仄雖可不拘，然第三五字必用一平。第四五句換平韻，亦爲三字對句。第六句五字，第一字宜仄，第三字宜平，間有用「平平仄仄平」者，不足法也。後段起句卽用韻，次句不用對偶，「霧」、「透」二字均可平。按後段起句用韻，唐五代詞多用此體。至宋人詞，則恆與前段起句相同，不復用韻。第三句以下，均與前同。

采桑子

【考源】教坊記所載大曲中有采桑，雜曲中有楊下采桑，羯鼓錄作涼下采桑，屬太簇角（卽北宋之俗呼越角調），采桑子調名本此。舊唐書音樂志云：「采桑因三州而生。」三州，商人歌，屬清商。梁時另有採桑度，樂苑謂爲渡採桑津之意，而辭則蠶女之情歌也。唐大曲之采桑，可能與古相和曲陌上桑之內容有關。采桑子當自大曲采桑摘遍而來，惟花間集收和凝采桑子一首，已非就調名立意。南唐李煜、馮延巳所作采桑子亦然。

【異名】此調名稱有四：南唐李後主詞名采桑子令（一作醜奴兒令，見詞譜）；馮延巳詞名羅敷艷歌；宋賀鑄詞名醜奴兒；陳師道詞名羅敷媚。另有攤破醜奴兒者，列入宋調，爲唐詞中調之變格。

至於黃庭堅之名促拍醜奴兒者，朱敦儒之名促拍采桑子者，皆攤破南鄉子之誤。及辛棄疾之醜奴兒近、潘元質之醜奴兒慢，均不過與本調之別名有關而已，與本調無涉也。

【宮調】唐大曲屬太簇角；尊前集注羽調；至宋，曾慥樂府雅詞所收歐陽修詞及賀鑄東山詞並注中呂宮（夾鐘宮），張先詞入夾鐘商，俗呼雙調，而周邦彥片玉集及張孝祥于湖先生長短句，則並入大石調（黃鐘商）。

【詞例】

采桑子　　和凝

蝤蠐領上訶梨子句繡帶雙垂韻椒戶閒時叶競學摴蒱賭荔枝叶叢頭鞵子紅編細叶裙窣金絲叶無事嚬眉叶春思翻教阿母疑叶

【訂律】唐五代詞輯錄采桑子一調，計和凝一首、李後主二首、馮延巳十四首，凡十七首。今卽據之以訂律。

本調雙疊，四十四字，前後片各四句，三平韻。首句第二字平聲，第四字仄聲，第五第六字俱平聲，第七字仄聲，爲定格。第一字第三字平仄不論，與菩薩蠻首句同，惟不同韻。第二、三句均四字叶，平仄相同。第四句卽仄起平韻之七言句，首字與五字平仄不拘。後闋概同前闋。和凝詞蝤、椒、叢、鞵、裙、無、春、阿，凡八字，可仄。領、繡、競、賭，凡四字，可平。試以馮延巳詞驗之：前片第一句，「馬嘶人語春風岸」，馬字仄聲，人字平聲。第二句「芳草緜緜」，芳字平聲。第三句「

「夢過金扉」，夢字仄聲。結句「花謝窗前夜合枝」，花字平聲。又「落盡燈花鷄未啼」，鷄字平聲。後片第一句「起來檢點經遊地」，起字檢字俱仄聲。第二句「處處新愁」，上處字仄聲。第三句「不語含情」，不字仄聲。結句「水調何人吹笛聲」，水字仄聲，吹字平聲。譜內可平可仄據此。若兩結句，第三、四字，例用平平，則不可移易也。證之後主、延巳詞，莫不如此。

阿那曲

【考源】古今圖書集成詞曲部雜錄云：「阿那曲，仄韻絕句，唐人以入樂府，謂之阿那曲。」又都穆南濠詩話引唐李郢上元日寄湖杭二從事詩曰：「戀別山登憶水登，山光水焰百千層。謝公留賞山公喚，知入笙歌阿那朋。」是阿那乃當時曲名，無可疑也。

【異名】詞律謂此調又名「雞叫子」，惟毛黃稚云：「雞叫子曲今不傳，未知與阿那曲異同。」雞叫子今固未見，而阿那曲除唐詞楊太眞一首外，亦未見他作，然則兩調是否相同，不得而知。又毛先舒塡詞名解於此調既注又名「春曉曲」，復引花草粹編所載朱希眞詞，並謂次句本六字，詞譜增一字，以爲阿那曲，其實二調也。前後何其矛盾耶？姑誌之以俟攷。

【宮調】此調未詳其宮調，俟攷。

【詞例】

阿那曲　楊太眞

羅袖動香香不已仄韻　紅蕖裊裊秋烟裏叶　輕雲嶺上乍搖風句　嫩柳池塘初拂水叶

【訂律】全唐五代詞彙編收此調祇楊太眞一首，二十八字，卽仄起仄韻之七言絕句也。此詞無他首可校，平仄宜遵之。

阿曹婆

【考源】調名源流無攷。敦煌曲載此調三首，辭前分標第一、第二、第三等，作大曲形式。任二北敦煌曲初探以其辭有「征夫鎭在隴西坏」、「君在塞外遠征迴」、「一從征出鎭蹉跎」等句，與雲謠雜曲子之時代背景相合，遂疑此套爲盛唐玄宗時作，似可備一說。

【宮調】此調在唐未詳其宮調，俟攷。

【詞例】

阿曹婆　無名氏

昨夜春風入戶來平韻　動如開叶　祇見庭前花欲發句　半含咍叶　直爲思君容貌改句　征夫鎭在隴西坏叶　正見庭前雙鵲喜句　君在塞外遠征迴叶　夢先來叶

（據任二北敦煌曲校錄）

【訂律】敦煌曲收阿曹婆一調，凡三首。其中第二、三首皆有脫誤，僅第一首較完整可誦，今姑爲訂律，以供參酌。此調單調五十一字，九句六平韻。別首第一句「當本祇言三載歸」，當字三字俱平，祇字仄聲。第二句「灼灼期」，灼字仄聲。第三句「朝暮啼多淹損眼」，朝字平聲。第五句「每恨狂夫薄行跡」，末三字作仄平仄；第六句「一從征出鎭蹉跎」，一字仄聲。第八句「留心會合待明時」，心字平聲。調內可平可仄據此。

金浮圖

【考源】此調僅見尊前尹鶚詞一首，雙調九十四字。塡詞名解謂「漢桓帝於宮中鑄黃金浮圖，調名取此。」今觀尹詞所詠，蓋歌舞貪歡，惜取韶光之意，與調名無涉，然則此調立名之始，當異於尹調也。尹氏或沿舊調以換新辭，或借舊名另倚新聲，則未可知矣。

【宮調】此調未詳其宮調。

【詞例】

金浮圖　尹鶚

繁華地仄韻王孫富貴叶瑇瑁筵開句下朝無事叶壓紅茵逗鳳舞黃金翅叶玉立纖腰句一片揭天歌吹叶滿目綺羅珠翠叶和風淡蕩句偸散沈檀氣叶

堪判醉叶韶光正媚叶拆盡牡丹句艷迷人意叶金張許史應難比叶貪戀歡娛句不覺金烏墜叶還惜會難別易叶金船更勸句勒住花驄轡叶

【訂律】全唐五代詞彙編收此調，僅尹鶚一首，雙調九十四字，上下片各十句七仄韻。此詞無別首可校。

金錯刀

【考源】此調始見馮延巳詞，然陽春集不載，見花草粹編。漢張衡詩：「美人贈我金錯刀。」調名本此。

【異名】詞譜云：「此調見花草粹編，一名醉瑤瑟；葉李押仄韻詞，名君來路。」

【宮調】此調未詳其宮調，俟攷。

【詞例】

金錯刀　馮延巳

雙玉斗句百瓊壺平韻佳人歡飲笑喧呼叶麒麟欲畫時難偶句鷗鷺何猜興不孤叶　歌宛轉句醉模糊叶高燒銀燭臥流蘇叶只銷幾覺懵騰睡句身外功名任有無叶

【訂律】全唐五代詞彙編收此調，僅馮延巳二首。此詞雙調五十四字，上下片各五句，三平韻。馮詞別首亦同此體，惟上下片第四句，各叶一仄韻異，故詞譜列為兩體。此詞上片首句，別首作「日融融」，平仄全異。第三句「黃鶯求友啼林前」，啼字平聲。第四句「柳條裊裊拖金線」，柳字仄聲。

下片第三句，別首「狂蜂浪蝶相翩翩」，浪字仄聲，相字平聲。第四句「春光堪賞還堪玩」，春字堪字俱平聲。末句「惱殺東風誤少年」，惱字仄聲。故此詞雙、麒、銀、身，凡四字，可仄；玉、斗、笑、臥、只、幾，凡六字，可平。調內可平可仄據此。

芳草渡

【考源】此調始見於馮延巳陽春集（別作歐陽修），未審與唐教坊曲之芳草洞同異如何？塡詞名解嘗擧宋人胡宿詩：「蕩槳遠從芳草渡」，謂詞取以名，其說殊謬，按凡釋調名，以唐詩釋宋詞尚可，以宋詩釋宋調已嫌未妥，況於五代之調名乎？

【宮調】此調在唐五代宮調未詳。至宋周邦彥慢詞體入夾鐘商，俗呼雙調。

【詞例】

芳草渡　　馮延巳

梧桐落句 蓼花秋平韻 煙初冷句 雨纔收叶 蕭條風物正堪愁叶 人去後句 多少恨句 在心頭叶 燕鴻遠仄韻

羌笛怨叶仄 渺渺澄江一片叶仄 山如黛句 月如鉤叶平 笙歌散仄韻 魂夢斷叶仄 倚高樓叶平

【訂律】全唐五代詞彙編收此調，祇馮延巳一首，雙調五十五字，上片八句四平韻，下片八句五仄韻兩平韻。此詞換頭及第六七句，俱間入仄韻，結處仍叶上片平韻，蓋以平韻爲主也。宋人塡此調，首句多用七言，且不押仄韻，與此體異。又此詞在唐五代，無別首可證，故調內聲律不拘之處，可參宋張先詞。

河傳

【考源】河傳一調，脞說謂隋煬帝幸江都時所製曲名，蓋於「水調」之調名中製河傳曲也。王灼碧鷄漫志引脞說云：「水調河傳，煬帝將幸江都時所製，聲韻悲切，帝喜之，樂工王令言其弟子曰：『不返矣，水調河傳，但有去聲。』」清沈雄古今詞話亦主河傳爲煬帝開汴河所製之勞歌，然此皆謂水調中之河傳，非後世所行之河傳也。漫志又云：「河傳，唐詞，存者二：其一屬南呂宮，凡前段平韻，後仄韻；其一乃怨王孫曲，屬無射宮，以此知煬帝所製河傳，不傳已久，然歐陽永叔所集詞內，河傳附越調，亦怨王孫曲，今世河傳，乃仙呂調，皆令也。」詞譜亦云：「河傳之名，始於隋代，其詞則創自溫庭筠。」今之河傳，亦作河轉，據萬樹詞律所載，有十七體之多，可見此調自唐以還，演變嬗蛻之繁矣。

【異名】此調異名有五：韋莊詞名怨王孫，宋人多宗之；張先詞有「海寓稱慶與天同」句，更名慶同天；柳永樂章集有河轉，卽河傳也。李清照詞有「人靜皎月初斜，浸梨花。」更名月照梨花；徐昌圖詞有「秋光滿目」句，更名秋光滿目。

【宮調】此調據王灼云：「唐詞存者二：其一屬南呂宮，其一乃怨王孫，屬無射宮。」又云：「歐陽永叔所集詞內，河傳附越調，亦怨王孫曲，今世河傳乃仙呂調。」按王灼所謂之歐公所集詞，今無傳本。金奩集載溫庭筠、韋莊詞並入林鐘宮，俗呼南呂宮。宋柳永詞名河轉，張先詞一作怨王孫，皆入夷則羽，俗呼仙呂調。

【詞例】

河傳　　溫庭筠

湖上仄韻閑望叶雨蕭蕭平韻煙浦花橋路遙叶謝孃翠娥愁不銷叶終朝叶夢魂迷晚潮叶

蕩子天涯歸棹遠換仄韻春已晚叶鶯語空腸斷叶若耶溪換平韻溪水西叶柳堤叶不聞郎馬嘶叶

【訂律】全唐五代詞彙編收河傳一調，計溫庭筠三首、韋莊四首、（其一調名怨王孫，與他首字句平仄音響俱同，唐人曰河傳，至宋則曰怨王孫，實係一調也。）張泌二首、顧夐三首、孫光憲四首、閻選一首、李珣二首、徐昌圖一首，凡十九首。此調句讀韻叶，頗極參差，詞律所載十七體，唐五代詞卽佔十四體，可謂夥矣。然細繹其異同，不過三體耳，有前後段兩仄兩平四換韻者，如溫庭筠「湖上」詞是也；有前段仄韻、後段仄韻平韻者，如孫光憲「風颭」詞是也；有前後段皆仄韻者，如張泌「渺莽雲水」詞是也。閱者但劃清三體，細辨其句讀韻叶之參差變化，各以類列，庶按譜時，各有所宗，不致混淆矣。今僅據溫詞三首以訂律，餘不贅。

此詞雙調五十五字，前段七句兩仄韻、五平韻；後段七句三仄韻、四平韻。此詞前段第四句，溫詞別首作「夢裏每愁依違」，夢字每字俱仄聲，依字平聲。又「仙景箇女采蓮」，女字仄聲。第五句，別首作「仙客一去燕已飛」，仙字平聲，客字仄聲。後段起句，別首作「紅袖搖曳逐風暖」，紅字風字俱平，曳字逐字俱仄。其聲調之可平可仄者據此。又唐河傳一調創自此詞，換頭七字一句，三字一句，五字一句，各體皆然，其源蓋出於此。

怨回紇

【考源】此調本五言律詩體，始見於尊前集皇甫松詞。樂府詩集近代曲辭無名氏一體，名回紇，與皇甫詞句讀不同，不知二者關係若何？俟考。又詞律云：「或曰此本是五言律一首，不宜混入詞譜。余曰：此因尊前集載入，故仍之。且題名與曲意不合，正是詞體。」萬氏此論過矣。唐五代詞之調名，與詞意合者，十調而九。皇甫二首，其一爲送別之詞，其別一首則云：「白首南朝女，愁聽異域歌。」卽怨回紇之詞，亦卽調名之本意也。若以名意不合爲詞體，則於此詞當何以爲說耶？按皇甫詞雖八句，調雖五律，而原作固分雙叠，且兩首句調相同，皆是仄起，以名意不同，證爲詞體，不若以雙叠證爲詞體也。

【宮調】此調未詳其宮調。然古有回紇曲，見郭樂府，樂苑注商調曲，不知與此調有關涉否？俟攷。

【詞例】

怨回紇　　皇甫松

祖席駐征棹句開帆候信潮平韻隔筵桃葉泣句吹管杏花飄叶　船去鷗飛閣句人歸塵上橋叶別離惆悵淚句江路濕紅蕉叶

【訂律】全唐五代詞彙編收怨回紇一調，僅皇甫松二首，皆雙調四十字，前後段各四句，兩平韻。調內可平可仄悉據二詞互校，詳見詞旁圖譜。

秋夜月

【考源】此調與唐教坊曲相見歡之別名秋夜月有無關涉，未詳。夏敬觀詞調溯源夾鐘商內列「秋夜月，一名相見歡，見教坊記。」則不知何所據而云然。今傳辭始見尊前集尹鶚詞一首，起云：「三秋佳節」，結云：「夜深、窗透數條斜月」，調名或有取於此。

【宮調】此調尹鶚詞未注宮調。宋柳永詞入夾鐘商，俗呼雙調。

【詞例】

秋夜月　　尹鶚

三秋佳節仄韻罩晴空句凝碎露句茱萸千結叶菊蕊和煙輕撚句酒浮金屑叶徵雲雨句調絲竹句此時難輟叶

歡極逗一片艷歌聲揭叶　黃昏慵別叶炷沈煙句熏繡被句翠帷同歇叶醉並鴛鴦雙枕句暖偎春雪叶語丁寧句情委曲句論心正切叶夜深逗窗透數條斜月叶

【訂律】全唐五代詞彙編收此調，僅尹鶚一首，雙調八十四字，上下片各十句五仄韻，句法悉同。五代詞無別首可證。詞譜另列宋柳永慢詞一體，句度與此變異頗大，其平仄恐各中律呂，難以參校。萬樹詞律則以此詞上下片對校，酌注可平可仄，亦權宜之計，姑從之。

紇那曲

【考源】唐樂府名，本五言絕句，尊前集收之，蓋與小秦王等本七言絕句，而實爲詞調也，觀劉禹錫「聽唱紇那聲」可知。此詞不知所出，明胡震亨唐音癸籤以爲唐天寶中，崔成甫繙得體歌，有「得體紇那也，紇囊得體那」之句，紇那之名始此。並謂唐人于舟中唱得體歌，有號頭，即和聲，紇那者或曲之和聲也。據此，則此調盛唐或已有之。又劉禹錫竹枝云：「楚水巴山江雨多，巴人能唱本鄉歌。今朝北國思歸去，回入紇那披絲羅。」紇那亦當時曲名，北客歌之，猶竹枝之歌巴渝也。

【宮調】此調未詳其宮調。俟考。

【詞例】

紇那曲　劉禹錫

楊柳鬱青青平韻竹枝無限情叶同郎一回顧句聽唱紇那聲叶

【訂律】全唐五代詞彙編收此調，僅劉禹錫二首。今即據此二首比勘以訂律。此調二十字，四句三平韻，即唐平韻五言絕句也。按劉詞別首，第一句「踏曲興無窮」，踏字仄聲。第三句「願郎千萬壽」，聲調爲「仄平平仄仄」，（第一字不拘），爲正格；「詞例」第三句「同郎一回顧」，聲調爲「平平仄平仄」，乃拗句也。二調皆可入腔，故詞律、詞譜並謂此句第三四字可平可仄也。至第二、第四句，兩詞聲律悉同，宜從之。

思越人

【考源】此調僅見花間集。按孫光憲詞：「館娃宮外春深」，又：「魂銷目斷西子」，張泌詞：「越波堤下長橋」，俱詠西子事，故名「思越人」。

【宮調】此調未詳其宮調，俟考。

【詞例】

思越人　　鹿虔扆

翠屏欹句銀燭背句漏殘清夜迢迢平韻雙帶繡窠盤錦薦句淚侵花暗香銷叶　珊瑚枕膩鴉鬟亂換仄玉纖慵整雲散叶若是適來新夢見叶離腸爭不千斷叶

【訂律】全唐五代詞彙編錄本調孫光憲二首、張泌一首、馮延巳一首、鹿虔扆一首，凡五首。其中孫、張、鹿三家格律大體相近：雙叠，上片五句，兩平韻；下片四句，四仄韻。

上片首次各三字句，平仄各家無出入，第三句六字句，起平韻，孫作第二首首字作平，第三字因改仄（長州廢苑蕭條），四五兩句孫、鹿諸作皆爲七字及六字句，如孫詞：「翠黛空留千載恨，教人何處相尋」；「想像玉人空處所，月明獨上溪橋」。獨張泌作：「鬥鈿花筐金匣，恰舞衣羅薄纖腰。」上六字，下七字，與孫、鹿不同，疑傳本有誤，未必可從。下片首句起仄韻，以下句句叶，聲情甚促。圖譜將次句分作三字兩句，然孫、張、鹿諸作，俱屬六字一句，不可强割也。又諸家此句第五字、及末句第五字，皆作孤平，無一例外，亦可視爲定法。

馮詞則大異於諸家，上片四句，四仄韻；下片四句，亦四仄韻，宜視爲别體，附錄如下，以無别首可校，格律悉依之：

酒醒情懷惡韻金縷褪玉肌如削叶寒食過卻叶海棠零落叶　乍倚遍闌干煙澹薄叶翠幕簾櫳畫閣叶春睡着叶覺來失秋千期約叶

欸乃曲

【考源】柳宗元漁翁詩云：「煙消日出不見人，欸乃一聲山水綠。」程大昌演繁露謂：世因共傳欸乃爲歌，唯不知何調何辭也。按欸乃之義，向有二說：一謂棹船戛軋之聲，二字有音無文，故柳詩一作「欸乃」；一作「襖靄」；劉蛻文集有湖中「靄迺」曲，而劉言史瀟湘詩則作「曖迺」，字雖不同，而歸趣則一也。一則演繁露所稱：「其謂欸乃者，殆舟人於歌聲外別出一聲，以互相其所歌也耶？今徽嚴間舟行猶聞其如此。……柳枝、竹枝尚有存者，其語度與絕句無異，但於句末隨加竹枝或柳枝等語，遂即其語，以爲其歌，欸乃殆其例耶？」一是船聲，一是人聲，二說微異，然演其聲而爲曲，以述舟子漁翁之樂，則信可徵也。至高似孫緯略據劉言史瀟湘詩：「曖迺知從何處生，當時泣舞斷腸聲。」因斷此曲爲泣舞之餘聲，而不必爲漁父棹船相應之聲，則恐附會也。蓋言史弔瀟湘而賦詩，觸景傷情，因藉舟人之謳歌，發悼古之幽懷，因利乘便，固非對欸乃一曲作客觀之考證也。高氏之說，顯非的論。

【宮調】未詳。

【詞例】

欸乃曲　　元結

千里楓林煙雨深韻無朝無暮有猿吟叶停橈靜聽曲中意句好是雲山韶護音叶

【訂律】此調僅元結所作五音，單調，廿八字，四句，三平韻，其體猶七言絕句，詞律詞譜皆謂平仄不拘，細察元作五首，僅第三首聲調可稱穩順（見詞例），其餘皆平仄雜亂，如第一首次句：「順俗與時未安閒。」次字仄而第六字平；第二首首句：「湘江江月春水平。」次字平而第六字仄，皆於律未洽；又第二首、第四首、第五首，皆黏對失體，如第五首：「下瀧船似入深淵，上瀧船似欲昇天，瀧南始到九疑郡，應絕高人乘興船。」第一、二、三句第二字，俱屬平聲，皆所見其不拘於一格也。

荼怨春

【考源】敦煌寫卷斯二六〇七載此調一首，饒宗頤敦煌曲以斯二六五九卷有「一切恭敬」句，知「荼」爲「恭」字之誤。又潘師石禪任二北「敦煌曲校錄」補校，謂「荼」，蓋「茶」字俗寫。此調崔記不載，未詳其創於何時，俟攷。任二北敦煌曲初探謂此調卽獻忠心，與五代歐陽炯存辭句拍相近，實則兩調平仄句法出入甚大，儻僅以其叶平韻而結作「三三三」句法，卽妄爲比附，終不免輕率之誚。

【宮調】此調未詳其宮調，俟攷。

【詞例】

荼怨春　無名氏

柳條垂處處句　喜鵲語零零平韻　焚香稽告表君情叶　*慕得蕭郎好武句　累歲長征叶　向沙場裏句　輪寶劍句　定欃槍叶　去時花欲謝句　幾度葉還靑叶　相思夜夜到邊庭叶　（願）*天下銷戈鑄戟句　舜日淸平叶　待成功日句　麟閣上句　畫圖形叶

（據潘師石禪敦煌曲校錄補校）

【訂律】敦煌曲收恭怨春調，僅此一首，雙調七十五字，除下片「願」爲襯字外，上下片悉同，各八句四平韻。此調他處未見，無別詞可供比勘，惟以此詞兩片互校，僅「慕」、「天」二字平仄不同，餘皆相合，可知此調已成定型。

後庭宴

【考源】此調僅見庚溪詩話所載無名氏詞一首，詞作「四四、七、七七」、「六六、四六、五五」兩片，凡六十字。庚溪詩話云：「宋宣和中，掘地得石，刻唐詞，調名後庭宴。」歷代詩餘亦云：「宋宣和間，掘地得石刻，載唐人詞，本無調名，後人以後庭宴名之。」兩說俱定此調爲唐詞，第唐詞自河傳外，無上下片全然相異者，然則此調殆五代時人所撰也。

【宮調】此調未詳其宮調，俟攷。

【詞例】

後庭宴　無名氏

千里故鄉句十年華屋仄韻亂魂飛過屏山簇叶眼重眉褪不勝春句菱花知我銷香玉叶雙雙燕子歸來句

應解笑人幽獨叶斷歌零舞句遺恨清江曲叶萬樹綠低迷句一庭紅撲簌叶

【訂律】全唐五代詞彙編收錄此調，僅無名氏一首。此詞雙調六十字，上片五句三仄韻，下片六句三仄韻。無別首可校，平仄宜遵之。

後庭花破子

【考源】詞律以此調爲北曲，未爲立調。詞譜亦謂「此金元小令，與唐詞後庭花、宋詞玉樹後庭花異。所謂『破子』者，以其繁聲入破也」。不知此調已見於南唐後主李煜詞，（按陳暘樂書云：「後庭花破子，李後主、馮延巳相率爲之，但不知李作抑馮作也。」）其首句云：「玉樹後庭前」，正合題名，可知非專屬北曲也。

【宮調】此調太平樂府注仙呂調，唐書禮樂志注夷則羽，俗呼仙呂調。

【詞例】

後庭花破子　李煜

玉樹後庭前平韻瑤草粧鏡邊叶去年花不老句今年月又圓叶莫教偏叶和月和花句天教長少年叶

【訂律】全唐五代詞彙編收後庭花破子一調，僅南唐李後主一首。此詞單調三十二字，七句五平韻。唐詞祇此一闋，別無可證，平仄宜從之。

桂殿秋

【考源】桂殿秋詞見於李太白，此後卽罕有作者。宋吳曾能改齋漫錄嘗載「仙女侍」、「河漢女」二詞，並謂此乃「李太白詞也，有得於石刻而無其腔，劉無言倚其聲歌之，音極清雅。」是開天之際已有此調矣。至詞譜所云：「本唐李德裕送神迎神曲」者，蓋沿舊說，誤以詞調起於中唐，而不信太白能爲此調也。

【宮調】此調未詳其宮調，俟考。

【詞例】

桂殿秋　　李白

河漢女句玉鍊顏平韻雲軿往往在人間叶九霄有路去無跡句裊裊香風生珮環叶

【訂律】全唐五代詞彙編收桂殿秋一調，僅李白二首，今卽據之以訂律。此詞單調二十七字，五句三平韻。按李詞別首第二句「董雙成」，雙字平聲。第三句「漢殿夜涼吹玉笙」，漢字殿字俱仄聲，涼字吹字俱平聲，玉字仄聲。第四句「曲終卻從仙官去」，仙字平聲。此詞聲調可平可仄者據此。

閑中好

【考源】此調見唐段成式酉陽雜俎，有平韻仄韻二體，卽以首句三字爲調名，後多效之。詞徵云：「南北朝尚書令王肅悲平城詩云：『悲平城。驅馬入雲中，陰山常晦雪，荒松無罷松。』祖瑩又作悲平城詞云：『悲平城，楚歌四面起。屍積石粱城，血流睢水裏。』唐人製閑中好詞，其音響實祖二詩。」又云：「長樂坊安國寺紅樓，睿宗在藩時舞榭。東禪院亦曰木塔院，武宗癸亥三年，爲諸名流遊宴之所，鄭符、段成式、張希復閑中好詞，乃寓居禪院所撰者。」是此調之作，至遲不逾中唐也。

【宮調】此調未詳其所屬宮調，俟考。

【詞例】

閑中好　　段成式

閑中好句塵務不縈心平韻坐對當牕木句看移三面陰叶

【訂律】全唐五代詞彙編收閑中好一調，計鄭符一首、段成式一首、張希復一首，凡三首，今卽據之以訂律。

此調四句十八字，實五言絕句而少二字者，鄭段諸作，字句音節，皆以五絕法行之。所異者，段張詞押平韻，鄭詞獨叶仄韻耳。詞律謂段詞「看移三面陰」，「看」字作去聲讀，並以張詞「晝中僧姓支」爲證。竊謂唐詞聲律本未嚴，凡詞之尚近於詩者，其平仄多不甚拘，此調亦是以詩爲詞，雖限平仄，亦未至卽嚴去上。「看移」句以詩論之，則第一字本應平聲，若第三字拗平，則第一字可拗仄，所謂拗救也。此調本似詩句，此句第三字既用平聲，則段詞之「看」字，平仄讀皆可，應作爲平仄通用之字。若必援張詞，謂當作拗救之詩句，亦不過「看」字必仄讀而止矣，何以見其必爲去聲耶？調既未嚴，詞無多證，張詞去聲，恐亦偶然耳。

清平調

【考源】李濬松窗雜錄曰：「開元中，禁中初重木芍藥，得四本，紅紫淺紅、通白繁開，上乘照夜白，太眞妃以步輦從，李龜年手捧檀板，押衆樂前，將欲歌之，上曰：『焉用舊詞爲？』命龜年宣翰林學士李白立進清平調詞三章，白承詔賦詞，龜年以進，上命梨園子弟約格調、撫絲竹，促龜年歌，太眞妃笑領歌意甚厚。」王灼碧鷄漫志曰：「明皇宣白進清平調詞，乃是令白于清調平調中製詞。蓋古樂取聲律高下，合爲三：曰清調、平調、側調（通志樂略作瑟調），此之謂三調。明皇止令就擇上兩調，偶不樂側調故也。」詞譜附編亦曰：「楚曲有清調有平調，有清調相合曲，自唐李白始作清平調三章，其體卽七言絕句也。」據此，知清平調原爲七言絕句之樂府詩，後人沿用入詞，蓋於燕樂清商三調中，用其清調平調而去其側調也，因簡稱清平調。按清平調與清平樂無涉。參看清平樂條。

【異名】詞譜附編名清平調辭。

【宮調】此調屬清商樂，宮調未詳，俟考。

【詞例】

清平調　　李白

•○○•○　*○*••○○　*○*•○○•　*•○○••○
雲想衣裳花想容。春風拂檻露華濃。若非群玉山頭見。會向瑤台月下逢。

【訂律】全唐五代詞彙編所輯清平調一調，僅李白三首，皆七言絕句。其詞兩用平起，一用仄起，無拗調拗句，詞律註云：「平仄不拘。」蓋誤。

望江怨

【考源】調僅見於花間集，而花間集中此調，又僅見牛嶠一詞，大抵言思婦之情，其調當創於晚唐五代之時，以其通首用入聲韻，聲情嗚咽，而節奏過於繁促，故作者絕少。

【宮調】此調未詳其宮調，俟考。

【詞例】

望江怨　牛嶠

東風急仄韻惜別花時手頻執叶羅幃愁獨入叶馬嘶殘雨春蕪濕叶倚門立叶寄語薄情郎句粉香和淚泣叶

【訂律】全唐五代詞收望江怨一調僅牛嶠一首，三十五字，全押仄韻，無他首可校，平仄當遵之。又詞律云：「或於入字分段，然此小令必不分也。」徐棨詞律箋榷非之，其言曰：「望江怨惟牛嶠一首，花間本不分段，或於『羅幃愁獨入』分段，詞綜從之。棨按牛詞，前半是別時語，後半是別後語，若作一段，則語意相抵迕，分之爲是也。詞律註云：『此小令必不分。』不知小令分段者正多，而詞律所譜之分段小令亦不少，乃忽謂小令必不分段，是誠奇絕！又唐五代詞，或有因傳寫不同，而體段遂異者，韋端己之訴衷情，即分二段。此調分否無確據，但不解萬氏何以能必耳？」槩因牛嶠詞而並論小令之分段，以其語多可采，故連類及之。

連理枝

【考源】此調始見於尊前集李白詞，舊分二首，御製詞譜合爲一首，是其認兩疊之體，已始於唐矣。細味詞情，殆詠本意，蓋長門寄恨，聊揉鬱結，亦文人失意之託詞也。惟後世或囿於唐無慢詞之成說，遂多疑其非太白所作。今從其遺辭、氣機、聲情等繹之，亦頗覺與宋詞慢體相近，然無確鑿佐證以斷其眞僞，姑暫存而不論。

【異名】程垓詞名紅娘子；劉過詞名小桃紅，又名灼灼花。

【宮調】此調尊前集載李白詞，注黃鐘宮（無射宮）。

【詞例】

連理枝　李白

雪蓋宮樓閉仄韻羅幕昏金翠叶鬥鴨闌干句香心淡薄句梅梢輕倚叶噴寶猊香燼逗麝煙濃句馥紅綃翠被叶

淺畫雲垂帔叶點滴照陽淚叶咫尺宸居句君恩斷絕句似遙千里叶望水晶簾外逗竹枝寒句守羊車未至叶

【訂律】全唐五代詞彙編收此調，祇此一詞，雙調七十字，上下片各七句四仄韻。此調在唐無他首可校，至宋有晏殊、程垓、劉過、佘桂英諸詞可參。「詞例」所注可平可仄，乃據御製詞譜而定。

接賢賓

【考源】此調僅見花間集，而集中又僅見毛文錫詞一首，詞中有所謂「少年公子能乘馭」者，即所接之賢賓也。宋以後稱「集賢賓」，「接」、「集」音相近，義亦同，柳永一體，百十七字，則由毛詞體重疊轉變而出，御製詞譜言之甚詳，可參看。

【宮調】此調在唐未詳其宮調。至宋柳永樂章集，注林鐘商調（即夷則商）。

【詞例】

接賢賓　毛文錫

香韉鏤襜五花驄平韻　值春景初融叶　流珠噴沫躞蹀句　汗血流紅叶　少年公子能乘馭句　金鑣玉轡瓏璁叶

爲惜珊瑚鞭不下句　驕生百步千蹤叶　信穿花句　從拂柳句　向九陌追風叶

【訂律】全唐五代詞彙編收接賢賓一調，僅毛文錫一首。此詞雙調五十九字，前段四句三平韻，後段七句三平韻。唐詞祇此一首，無他作可校，平仄當依之。

魚游春水

【考源】此調曲辭始見全唐詩無名氏一闋。胡仔苕溪漁隱叢話云：「復齋漫錄載：政和中，一中貴人使越州回，得詞于古碑陰。無名無譜，不知何人作也。錄以進，御命大晟府塡腔。因詞中語，賜名魚游春水。」詞律詞譜俱從其說。又沈雄古今詞話引唐詞紀云：「東都防河卒，于濬汴日得一石刻，有詞無調，摭詞中四字，名之曰魚游春水，敎坊倚聲歌之。（詞略）凡八十九字，而風花鶯燕、動植之物曲盡，此唐人語也。」二說不同，未詳孰是？且此詞出宋徽宗朝，歲月渺邈，未必可確指爲唐調，姑誌以俟考。

【宮調】此調未詳其宮調。

【詞例】

魚游春水　　無名氏

秦樓東風裏仄韻燕子還來尋舊壘叶餘寒猶峭句紅日薄侵羅綺叶嫩草方抽碧玉茵句媚柳輕窣黃金蕊叶鶯囀上林句魚游春水叶　幾曲闌干徧倚叶又是一番新桃李叶佳人應怪歸遲句梅妝淚洗叶鳳簫聲絕沈孤雁句望斷清波無雙鯉叶雲山萬重句寸心千里叶

【訂律】全唐五代詞彙編收此調，僅無名氏一首，雙調八十九字，上下片各八句五仄韻。萬樹詞律云：「此調起于此詞，後之作者，皆宜從其平仄。」御製詞譜亦云：「此調以此詞爲正體，（宋）張元幹、馬莊父、盧祖皐詞，悉與之同。」詞譜並參宋詞以訂其聲律，今迻錄於上，聊供參酌。

解紅

【考源】詞譜云：「按宋史樂志，小兒舞隊有解紅，其曲失傳，陳暘樂書載和凝作，乃唐詞也。」歷代詩餘謂「解紅，和凝歌童也，凝爲製此曲。」證之和詞「百戲罷，五音清，解紅一曲新教成」數語，則此調爲和凝自製之曲，可無疑也。又鳴鶴餘音有解紅慢調，一百六十字，係元人所製，與此無涉。

【宮調】此調未詳其宮調，俟考。

【詞例】

解紅　和凝

百戲罷句五音清平韻解紅一曲新教成叶兩箇瑤池小仙子句此時奪却拓枝名叶

【訂律】全唐五代詞彙編收解紅一調，僅和凝一首。此詞單調二十七字，五句三平韻，其第三句第四句平仄略拗。按此調與赤棗子、擣練子、桂殿秋三調，字句悉同，所辨在各句平仄之間，皆昔人音律所寓，塡者宜悉遵之。

賀明朝

【考源】調名源流無考。今傳辭僅見花間集歐陽炯二首，詞律以之混入賀聖朝，蓋誤，詞譜已正其非。今人蕭繼宗花間集校注云：「此調詞律失收，御製詞譜作賀熙朝，不知所本，當是纂修諸臣，忌用『明朝』字樣，故改『明』爲『熙』，以取媚『康熙』耳。」可供參鏡。按此調初起蓋稱賀朝廷聖明之意，今觀歐詞二首，則寫閨情耳，此亦猶獻忠心之易爲獻衷心，而原意已失矣。

【宮調】金奩集載歐陽炯詞二首，注雙調（夾鐘商）。

【詞例】

賀明朝　　歐陽炯

憶昔花間相見後仄韻只憑纖手叶暗拋紅豆叶人前不解句巧傳心事句別來依舊叶辜負春晝叶　碧羅衣上蹙金繡叶覩對對鴛鴦句空裛淚痕透叶想韶顏非久叶終是爲伊句只恁偷瘦叶

【訂律】全唐五代詞彙編收此調，祇歐陽炯二首，而兩首句叶並不全同，詞調亦姑以二首對勘，勉爲分句，語氣終不流順。「詞例」但舉其次首，以備參覽，詞爲雙調六十一字，上片七句五仄韻，下片五句四仄韻。調內可平可仄，悉參詞譜。

陽臺夢

【考源】此調始見於尊前集唐莊宗詞。毛先舒塡詞名解云：「後唐莊宗詞云：『楚天雲雨却相知。

又入陽臺夢。』其調遂曰陽臺夢。」萬樹詞律、御製詞譜，並主此說。

【宮調】此調未詳其宮調，俟攷。

【詞例】

陽臺夢　李存勗

薄羅衫子金泥縫仄韻困纖腰怯銖衣重叶笑迎移步小蘭叢句嚲金翹玉鳳叶　嬌多情脈脈句羞把同心撚弄叶楚天雲雨却相和句又入陽臺夢叶

【訂律】全唐五代詞彙編收陽臺夢一調，僅後唐莊宗李存勗一首。此詞雙調四十九字，全押仄韻，前片四句三仄韻，後片四句兩仄韻。宋元人無塡者，平仄當從之。

喜遷鶯

【考源】此調始於五代，創於韋莊。蓋自毛詩有幽谷喬木之詠，舊時俗諺，遂以「鶯遷」爲祝頌之辭，唐宋科舉時代，更以之爲掇取巍科之代詞。今檢視韋詞二首，皆詠進士及第喜悅之情，是其明徵。至毛文錫之作，乃就調名以立意耳。唐教坊曲有喜春鶯之名，大曲中亦有春鶯囀，不知其聲樂與此調有關涉否？

【異名】此調有小令有慢詞，小令起於唐人，因韋莊詞有「爭看鶴冲天」句，更名鶴冲天；和凝詞有「飛上萬年枝」句，名萬年枝；馮延巳詞有「拂面春風長好」句，名春光好；宋夏竦詞，名喜遷鶯令；晏幾道詞，名燕歸來；李德載詞有「殘臘裏早梅芳」句，名早梅芳。慢詞起於宋人，江漢詞一名桃李烘春。

【宮調】此調令詞金奩集載韋莊二首，注黃鐘宮。慢詞姜夔白石集注太簇宮，俗名中管高宮。

【詞例】

喜遷鶯　　韋莊

街鼓動（句）禁城開（平韻）天上探人回（叶）鳳銜金榜出雲來（叶）平地一聲雷（叶）　鶯已遷（句）龍已化（換仄韻）一夜滿城車馬（叶仄）家家樓上簇神仙（換平韻）爭看鶴沖天（叶）

【訂律】全唐五代詞彙編收喜遷鶯一調，計韋莊二首、和凝一首、毛文錫一首、薛昭蘊三首、李煜一首、馮延巳二首（一首調名春光好），凡十首，今即據此訂律。

此調雙片四十七字，上片五句四平韻，下片五句兩仄韻兩平韻。唐人填此調者，換頭下二句，例押仄韻，惟後結押平韻，或有異同，及上片第二句、下片第一句，或押韻，或不押韻耳。上片第二句不押韻者，如馮延巳「霧濛濛」詞；下片第一句押韻者，如李煜「曉月墜」詞；若毛詞之後結，亦押仄韻，則變體也。又此調兩結，有各用平韻者，如韋詞二首、馮詞二首是；亦有後結卽協上片平韻者，如薛詞三首、和詞一首、李詞一首，皆然。

此詞上片首句和詞「曉月墜」，曉字仄聲；薛詞「殘蟾落」，蟾字平聲。第三句薛詞「駿馬驟輕塵」，駿字仄聲。第四句和詞「建章欲曉玉繩低」，欲字仄聲；毛詞「傳枝偎葉語關關」，傳字平聲。第五句薛詞「認得化龍身」，認字仄聲。下片首句薛詞「紫陌長」，紫字仄聲。第三句和詞「紅日漸長一線」，紅字平聲，一字仄聲；薛詞「不是人間風景」，人字平聲。第四句薛詞「杏園歡宴曲江濱」，杏字仄聲；韋詞別首「霓旌絳節一群群」，絳字仄聲。結句韋詞別首「引見玉華君」，引字仄聲。調內可平可仄據此。

塞姑

【考源】此調見樂府詩集，爲邊塞閨人之詞，蓋亦唐人樂府也。詞律云：「塞姑二字不可解」，實則樂府之名，不可解者甚多，固不獨塞姑也。

【宮調】此調未詳其宮調，俟攷。

【詞例】

塞姑　無名氏

昨日盧梅塞口仄韻整見諸人鎮守叶都護三年不歸句折盡江邊楊柳叶

【訂律】全唐五代詞彙編收錄此調，僅無名氏一首。此詞實仄韻六言絕句，其平仄不拘。

歌頭

【考源】 此調始見尊前集後唐莊宗詞。按「歌頭」之名，唐代已有，明皇雜錄云：「明皇好水調歌頭。」王建閑說詩云：「歌頭舞遍回回別，鬢樣眉心日日新。」可證。惟「歌頭」乃大曲一徧之名，散序爲第一徧，歌頭居散序之後，張炎詞源云：「法曲散序無拍，至歌頭始拍。」是歌頭爲徧名，非牌名也。莊宗此調僅書歌頭，固屬大曲摘遍，但究屬何套大曲，則未可考。夏敬觀詞調溯源云：「歌頭爲大曲之曲徧稱謂，不應以爲詞牌名，疑是大曲中之一徧，而失其調名。」所言是也。

【宮調】 尊前集載後唐莊宗李存勗詞，注大石調（黃鐘商）。

【詞例】

歌頭　李存勗

賞芳春逗暖風飄箔仄韻鶯啼綠樹句輕煙籠晚閣叶杏桃紅句開繁蕚叶靈和殿逗禁柳千行句斜金絲絡叶夏雲多逗奇峰如削叶紈扇動微涼句輕綃薄叶梅雨霽句火雲爍叶臨水檻逗永日逃煩暑句泛觥酌叶露華濃句冷高梧句彫萬葉叶一霎晚風句蟬聲新雨歇叶暗惜此光陰句如流水句東籬菊殘時句歎蕭索叶繁陰積句歲時暮句景難留句不覺朱顏失却叶好容光句且且須呼賓友句西園長宵句讌雲謠句歌皓齒句且行樂叶

【訂律】 全唐五代詞彙編收此調，僅李存勗一首，雙調一百三十六字，上片十四句八仄韻，下片十九句五仄韻。此詞無別首可校，平仄宜遵之。

擣練子

【考源】敦煌寫卷載此調曲辭四首，見伯二八〇九、伯三三一九、伯三九一一等卷子。原列作雙疊二首，而前後片叶韻皆不同。任二北敦煌曲校錄始分雙疊二首爲單片四首，並謂「內容演故事，故爲聯章。」按此調向祇有南唐李後主詠擣練之作，而擣練子之調名又未見崔記，遂疑爲五代人之創調。自敦煌曲發現後，乃知此說不盡然。蓋有爲唐調之可能也。至李詞之詠練，殆就調名立意耳。

【異名】李煜詞一名擣練子令；又因詞起結句有「深院靜」及「數聲和月到簾櫳」句，更名深院月。

【宮調】此調唐五代時未詳其宮調。太和正音譜注雙調（夾鐘商）。

【詞例】

擣練子　李煜

深院靜句小庭空平韻斷續寒砧斷續風叶無奈夜長人不寐句數聲和月到簾櫳叶

【訂律】敦煌曲載此調四首（據任氏之說）；全唐五代詞彙編載李煜詞二首。惟敦煌曲多爲書手所亂，雖經校勘，仍不易訂律，故今祇據李詞參校其平仄。李詞單調二十七字，五句三平韻。起爲三字對句，句法皆上二下一。第三四五句，與平起七絕詩之二三四句無異。參校李詞二首，平仄大略相同，僅別首第四句「斜託香顋春筍懶」，香字平聲，與此詞異。

漁　父

【考源】此調始於張志和。唐書張志和傳云：「志和居江湖，自稱煙波釣徒，每垂釣不設餌，志不在魚也，憲宗圖眞求其人不能致。」嘗撰漁歌，自寫其煙波釣徒之生活，而即以「漁父」爲其調名。唐敎坊曲有漁父引、魚歌子二名，聲律各異，漁父引爲七言四句聲詩，魚歌子見於敦煌曲及花間集（作漁歌子），均以五十字爲正格，此三調不可混而爲一。按志和此調名漁父，唐五代作者，皆無漁歌子之名，而顧敻、孫光憲等所作雙疊仄韻者名漁歌子卻無漁父之名，當時實截然兩調。觀李珣於張體則題漁父，於顧、孫體則題漁歌子，一家之作，而分體異名，可爲確證。

【異名】張玉田詞名漁歌子，然其體與五代顧敻、孫光憲所作雙疊之漁歌子畢。

【宮調】金奩集載詞十五首，誤云張志和，入黃鐘宮（無射宮）。

【詞例】

漁父　　張志和

青草湖中月正圓韵巴陵漁父棹歌連叶釣車子句橛頭船叶樂在風波不用仙叶

【訂律】全唐五代詞彙編輯錄漁父一調，計張志和五首、張志和同時諸賢和詞十五首、張松齡一首、司空圖十八首、和凝一首、歐陽炯二首、李珣三首、李煜二首，凡四十七首，今卽據之以訂律。

此詞爲七絕之變，唐人歌曲，皆五七言詩，此漁父既與七絕異，或就絕句變化歌之耳。此詞單調，二十七字，五句四平韻，第一、二、五句作七字句法，第三、四句作六字折腰句，聲調與七絕相類。張志和此調凡五首，共四體。一爲仄句起平句結，「西塞山前」是也；一爲平句起，仄句結，「松江蟹舍」及「雲溪灣裏」二首是也。其餘二首，則一爲平句起，平句結（釣臺漁父），一爲仄句起，仄句結（青草湖中）。唐五代詞此調凡四十七首，除李煜「浪花有意千里雪」一首外，餘皆不出張作之四體，而四體之中，尤以仄起仄結體爲習見。按和詞第四、五、七、九、十二、十三、十四等七首、和凝詞一首、歐陽炯二首、李珣三首、司空圖十八首、李煜第二首，凡三十四首，皆作此體。此詞聲調頗與七絕相類，大抵以平句起者，次句必爲仄起，結句則平起仄起不拘。至六字折腰句，例作「平仄仄」、「仄平平」，然第一二字亦有平仄不拘者。如張松齡作「太湖水」，太字仄聲，湖字平聲。和詞第十首作「擊楫去」，擊字仄聲。司空圖第二首作「三田寶」，田字平聲，則此二字平仄諒亦不拘。

壽山曲

【考源】此調始見趙德麟侯鯖錄所載南唐馮延巳詞，爲六言十句之聲詩，平仄對偶均極精嚴，頗類排律。詞中末二句云：「侍臣舞蹈重拜，聖壽南山永同。」所詠與調名相應合，然則此調或係正中之自度腔也。

【宮調】此調未詳其宮調，俟考。

【詞例】

壽山曲　　馮延巳

銅壺滴漏初盡（句）高閣鷄鳴半空（平韻）催起五門金鎖（句）猶垂三殿簾櫳（叶）階前御柳搖綠（句）仗下宮花散紅（叶）鴛瓦數行曉日（句）鸞旗百尺春風（叶）侍臣舞蹈重拜（句）聖壽南山永同（叶）

【訂律】全唐五代詞彙編收此調，祇馮延巳一首，無別首可證。此詞單調六十字，十句五平韻。前人亦有於第四句下分段者，究有未妥，故歷來選家，均未分段，姑仍其舊。

滿宮花

【考源】此調始見花間集。尹鶚賦宮怨詞，有「滿地禁花慵掃」句，塡詞名解謂「取以爲名」，未審確否？又唐教坊曲載有「滿堂花」之名，近人華連圃花間集注，疑二者爲一調，其言云：「教坊記曲名中載有滿堂花而無滿宮花；詞譜、詞律、歷代詩餘諸書中有滿宮花而無滿堂花，竊疑二者，當是一調，宮堂音同，傳鈔之誤也。」姑存其說以俟考。

【異名】歷代詩餘謂此調一名瑞宮春；文獻通考作滿宮春。

【宮調】此調未詳其宮調，俟考。

【詞例】

滿宮花　　張泌

花正芳句樓似綺仄韻寂寞上陽宮裏叶鈿籠金鎖睡鴛鴦句簾冷露華珠翠叶　嬌豔輕盈香雪膩叶細雨黃鶯雙起叶東風惆悵欲清明句公子橋邊沉醉叶

【訂律】全唐五代詞彙編收滿宮花一調，計尹鶚一首、張泌一首、魏承班二首，凡四首，今即據之以訂律。

此詞雙調五十一字，上片五句三仄韻，下片四句三仄韻。上片第一句，魏詞第一首「雪霏霏」，雪字仄聲，上霏字平聲。故此二字可平可仄。第三句，魏詞第二首「愁見透簾月影」，愁字平聲，是第一字平仄不拘。按此句各家多作「仄仄仄平平仄」，惟魏詞第一首「玉郎何處狂飲」，作「仄平平仄平平」間一爲之，不必從。第四五句，魏詞第一首「醉時想得縱風流，羅帳香幃鴛寢」，醉想二字俱仄聲，羅香二字俱平聲，與張詞合參，知此四字平仄可不論。下片首句，各家例作仄起仄韻之七言句，第一、三字平仄不拘，惟魏詞第一首「春朝秋夜思君甚」，爲平起仄韻句，與諸詞異，或亦音律所許。第二三四句，音響句法與上片悉同，不贅。又此調六言句，全作「仄仄平平仄仄」，第一三五字固可不拘平仄，但第三第五字必用一平，始協聲律。魏詞次首上片第三句「愁見透簾月影」，下片結句「不忍駡伊薄倖」，透、駡二字既用仄聲，則月、薄二字，當是借入作平，但必前後相同。

又尹詞一體，雙調五十字，上下片各五句三仄韻。此體換頭作三字兩句，與張詞作七字一句者異，其餘句度聲調悉同。

舞春風

【考源】此調一名瑞鷓鴣，初見於馮延巳陽春集，通首皆平韻，與七言律體無異，蓋唐人七言律叶之聲歌也。苕溪詞話云：「唐初歌詞多五言詩，或七言詩，今存者止瑞鷓鴣七言八句詩，猶依字易歌也」。是此調原本七言律詩，因唐人歌之，遂成詞調。

【異名】此調異名有七：蘇軾詞名瑞鷓鴣；陳彭年詞名桃花落；尤袤詞名鷓鴣詞；元丘長春詞名拾菜孃；樂府紀聞名天下樂；梁溪漫錄詞有「行聽新聲太平樂」句，名太平樂；有「猶傳五拍到人間」句，名五拍。

【宮調】唐詞宮調未詳。宋史樂志中呂調（夾鐘羽）；元高拭詞注仙宮調（夷則羽）；又柳永有添字體，自注般涉調（黃鐘羽）；有慢詞體，自注南呂宮（林鐘宮），然皆與七言八句者不同。

【詞例】

舞春風　馮延巳

才罷嚴粧怨曉風平韻粉牆畫壁宋家東叶蕙蘭有恨枝猶綠句桃李無言花自紅叶　燕燕巢時羅幕捲句鶯鶯啼處鳳樓空叶少年薄倖知何處句每夜歸來春夢中叶

【訂律】全唐五代詞彙編收錄此調，僅馮延巳一首，雙調五十六字，上片四句三平韻，下片四句兩平韻，前結後起二聯須對偶。按此調本律詩體，七言八句，宋詞皆同，其小異者，惟各句平仄耳。此詞上下片起、結句，俱用仄起，中二句俱用平起，宋詞則相反。其可平可仄之字，與詩律同，故不復注。

舞馬詞

【考源】唐書禮樂志云：「明皇嘗命敎舞馬四百蹄，各爲左右，分部目，衣以文繡，絡以金珠，每中秋節，舞於勤政樓下，賜宴設酺。其曲數十疊，馬聞聲，奮首鼓尾，縱橫應節。又施三層板牀，乘馬而上，抃轉如飛，或命壯士舉榻，馬舞其上，歲以爲常。」此詞殆卽當時舞馬時所歌也。

【宮調】此調在唐未詳其宮調。

【詞例】

舞馬詞　張說

天鹿遙徵衞叔句日龍上借羲和韻將共兩驂爭舞句來隨八駿齊歌叶

【訂律】全唐五代詞彙編止輯錄張說此調六首，每首六言四句，除第一首第三首因首句押韻而成三平韻外，餘首皆押二平韻。其體猶六言絕句，但其聲調穩順，黏對合體者，則唯第六首耳。其他每出諸折腰之體。如第一首第二句「千金率領龍媒」，第三句則作「眄鼓凝驕躞蹀」，前是「平起平收」，後乃作「仄起仄收」，遂成折腰，其他第二首、第四首、第五首莫不皆然，此爲玆調之一大特色。至第三首首句與次句皆作平起，因成拗對之格，則又稍異於其他諸首。詞譜、詞律籠統稱之爲「平仄不拘」，恐未確然。又本調整首皆出以排偶之筆，除前錄詞例外，如第五首：「二聖先天合德，群靈率土可封，擊石騶驟紫燕，摐金顧步蒼龍。」其他諸首亦然。雖偶有未臻精工處，然其爲排偶之體，可無疑也。

調笑

【考源】白居易代書詩一百韻寄微之云：「打嫌調笑易，飲訝卷波遲。」自注：「拋打曲有調笑令，飲酒曲有卷白波。」可證此調成立於中唐之際。胡適詞選云：「調笑之名，可知此調原本是一種遊戲的歌詞。轉應之名，可見此詞的轉折，似起於和答的歌詞。三臺令之名，可見此調是從六言的三臺變出來的」。胡氏以此調自三臺變出，恐誤，蓋兩者本無關涉也（見夏敬觀詞調溯源）。毛先舒塡詞名解曰：「調笑令亦有二體，稱古者三十二字，創自唐也；專名調笑令者三十八字，宋人之作也。」

按唐調笑與宋調笑令，明是二調，宋調笑令多連章爲轉踏詞者，每詞之前，有七言古詩八句，即以詩末二字爲詞之起句，亦卽以起韻，其體格字句與唐調笑迥不相侔，萬樹詞律收宋詞爲唐詞之又一體，非也。唐人作調笑者至多，樂府詩集除載韋應物二首外，戴敍倫之邊草詞，王建之團扇詞，亦皆用此調，其後楊柳枝盛行，而此調寖荒。入宋以後，句法益變，專供大曲歌舞之用矣。

【異名】此調名稱有五：詞譜作古調笑；韋蘇州集作調嘯；王建詞云宮中調笑；馮延巳詞云三臺令；戴敍倫詞云轉應曲。按本調第六、七句，卽倒疊第五句末二字轉以應之，戴詞所謂轉應者，意蓋取此。

【宮調】樂府詩集引樂苑曰：「調笑，商調曲也。」

【詞例】

調笑

胡馬韻胡馬疊句遠放燕支山下叶跑沙跑雪獨嘶換平東望西望路迷叶平迷路三換仄迷路疊句邊草無窮日暮叶三仄

【訂律】全唐五代詞彙編輯錄此調，計王建四首、韋應物二首、戴敍倫一首、馮延巳三首，凡十首。今卽據之以定律。

此調三十二字，爲二六言之長短句，凡八句，四仄韻，兩平韻，兩疊韵。平仄韻遞轉，而平韻再轉仄韻時，二言疊句必用上六言句最末兩字倒轉爲之，此定格也。調中凡二言句，平仄一定，如王詞之「團扇」「絃管」，韋詞之「胡馬」「迷路」，戴詞之「邊草」「明月」，馮詞之「南浦」「流水」，莫不連用平聲仄聲，十首幾無例外。至其六言句之平仄，大抵可以一三五不論、二四六分明涵概之。然亦有可議者：如第三句第二字，各詞並作仄聲，惟王詞第一首「美人病來遮面」，人字平聲，雖亦諧協，終不足爲式。又第四句第五字，各家用仄者皆入聲，如韋詞「跑沙跑雪獨嘶」、王詞「遙看歌舞玉樓」、戴詞「山南山北雪晴」，獨、玉、雪三字，俱入聲。徐釚門詞律権箋曰：「唐詞由詩初變，故其用聲不離於詩，凡拗句拗字多仍詩法。此字疑當用平，各家之入聲，疑是借平，否則上下兩者且係全拗者矣。」固知此仍以作平爲佳。又此調結句多用仄起仄韻之六字句，獨戴詞「胡笳一聲愁絕」、王詞第四首「鷓鴣夜飛失伴」爲平起，良不可解。惟唐人製調，審音必精，其平仄不同，自中律呂，塡者或擇一體宗之，益臻嚴謹。

醉妝詞

【考源】孫光憲北窗瑣言云：「蜀主衍嘗裹小巾，其尖如錐，宮人皆衣道服，簪蓮花冠，施胭脂，夾臉，號醉妝，因作醉妝詞。」是此調乃王衍之自度曲也。

【宮調】此調未詳其宮調，俟攷。

【詞例】

醉妝詞　蜀後主　王衍

者邊走仄韻那邊走疊只是尋花柳叶那邊走疊者邊走疊莫厭金杯酒叶

【訂律】全唐五代詞彙編收醉妝詞調，祇此一詞，無他首可校。此詞單調二十二字，六句六仄韻。

鄭郎子

【考源】此調調名僅敦煌曲有（見伯三二七一、斯六五三七），他無所見，不得其詳。按「郎子」之稱，南北朝已有，如北史齊楊林之傳，楊稱崔暹子曰：「郎子聰明，可成偉器」。至唐，仍盛行「娘子」、「郎子」諸稱。「郎子」乃對青年男子或舞郎歌郎之通稱，如薛詞無雙傳，嘗戲呼仙客爲王郎子，通典論淸商曲，謂「有歌工李郎子」。故鄭郎子原應爲人名，後借作調名，卽爲伊所擅歌，或卽伊所創作者，均可能也。

【宮調】此調未詳其宮調，俟攷。

【詞例】

鄭郎子　無名氏

靑絲弦句揮白玉仄韻宮商角徵羽句五音足叶何時得對明主彈句一弦彈却天下曲叶（據潘師石禪敦煌曲校錄補校）

【訂律】敦煌曲收鄭郎子一，僅此一首，單調二十八字，其辭作「三三、五三、七七、」，六句，三仄韻。無他詞可供比勘，平仄，從之。

踏歌詞

【考源】踏歌，隊舞曲也（見陳暘樂書）。西京雜記曰：「漢宮女以十月十五，相與聯臂踏地爲節，歌赤鳳凰來，此踏歌之始。古清商有銅蹄，唐樂有繚踏歌、踏金蓮、踏謠娘，及踏歌辭、踏歌行之類，皆踏歌也。詞沿其名，其歌法亦同之耳。」唐輦下歲時記亦曰：「先天初，上（明皇）御安福門觀燈，令朝士能文者爲踏歌，聲調入雲。」是此調之興，至遲不逾盛唐，可斷言也。又此調爲唐人小令，與宋詞三疊八十三字體之踏歌無涉，不容混淆。

【異名】踏歌詞一作踏歌辭。按辭與詞通，非另有此別名也。

【宮調】此調未詳其宮調，俟考。

【詞例】

踏歌詞　　崔液

＊•○•○○•○　　○○○•＊•○○　　○•○•○　　••○○
庭際花微落句　樓前漢已橫平韻　金壺催夜盡句　羅繡舞寒輕叶　調笑暢歡情叶　未半看天明叶

【訂律】全唐五代詞彙編收此調，僅崔液二首，今即據此兩詞比勘以訂律。此調五字六句，三十字，四平韻，兩首皆然。崔詞別首第一句「綵女迎金屋」，綵字仄聲，第四句「翡翠貼花黃」，翡字亦仄聲，知此二字可不拘平仄。其餘各字聲律，兩詞悉合。又詞律於此調末句「調笑暢歡情未半看天明，」作七字三字二句，註云：「唐詩刻此，作五言六句，誤。」按此調實五言六句，崔詞別首末句云：「歌響舞分行，艷色動流光。」斷不能讀作七字三字兩句，況「情」字「明」字俱叶韻耶？故此調末句宜從詞譜、詞律校勘與詞律箋榷之說，以五言六句爲是。

樂遊曲

【考源】此調歷代詩餘作閩宮人陳金鳳作，閩宮人亦有陳后者，想陳后必係陳金鳳。彭元瑞五代史注云：「金鳳，福清人，唐福建觀察使陳巖女，王審之駐閩，納爲才人，子鏻立，復嬖之，及僭號，册爲后。金鳳善歌舞，有樂遊曲二首。」是此調始於五代也。詞律謂此調與漁歌子「松江蟹舍」相近，想其腔則各異。杜氏校勘記謂疑卽漁歌子。按所謂漁歌子者，謂張志和漁父也。漁父之調，張志和已成四體，而其句平易似近體詩，陳后兩首，則皆用古詩句爲之，相近而不相同，詞律謂「腔則各異」，是也。

【宮調】此調未詳其宮調，俟攷。

【詞例】

樂遊曲　　陳金鳳

龍舟搖曳東復東平韻采蓮湖上紅更紅叶波淡淡句水溶溶叶奴隔荷花路不通叶

【訂律】全唐五代詞彙編收此調，祇閩后陳金鳳二首，皆單調二十七字，作「七、七、三三、七」句法，四叶平韻。句中多用古詩聲調，平仄想亦不拘。

蝴蝶兒

【考源】此調始見於花間集。唐教坊曲中有蝴蝶子，見教坊記，不知與此調有何異同。填詞名解謂此調名「起于唐張泌詞『蝴蝶兒，晚春時，阿嬌初着淡黃衣。』」姑存此說，若此調爲蝴蝶子之異名，則盛唐已有，不起於張泌矣。又萬樹詞律收溫庭筠玉蝴蝶詞，註云：「與張泌蝴蝶兒相近，決是一調。」然細爲比勘，二詞句法實有出入，萬氏之語，未免孟浪，故詞律校勘記與碎金詞譜俱非之，可以參覽。

【宮調】此調未詳其宮調，俟考。

【詞例】

蝴蝶兒　　張　泌

蝴蝶兒平韻晚春時叶阿嬌初著淡黃衣叶倚窗學畫伊叶　還似花間見句雙雙對對飛叶無端和淚拭胭脂叶惹教雙翅垂叶

【訂律】全唐五代詞彙編收蝴蝶兒一調，僅張泌一首。此詞雙調四十字，八句，平韻到底。前段四句四平韻，後段四句三平韻。此調唐詞僅張泌一首，別無可證，詞律所注可平可仄，似無根據，不可從。

劍器詞

【考源】劍器，唐健舞曲，見樂府雜錄。馬端臨通考舞部云：「劍器，古武舞之曲名，其舞用女妓雄裝，空手而舞」。所謂古武舞者，亦不知始於何時？然陳暘樂書云：「樂府諸曲自古不用犯聲，唐自則天末年，劍器入渾脫，爲犯聲之始。劍器宮調，渾脫商調，以臣犯君，故爲犯聲。」足證其創調時代，早在武后朝，至玄宗時，自不妨有辭也。惟此調傳辭甚罕，僅敦煌曲與姚合詩內各三首，皆大曲。

【宮調】樂書謂劍器爲宮調。宋史樂志教坊所奏之四十大曲中，劍器屬中呂宮（夾鐘宮）及黃鐘宮（無射宮）。又日本亦有劍器渾脫，屬盤涉調（黃鐘羽）。

【詞例】

劍器詞　　無名氏

皇帝持刀強平韻一一上秦王叶聞賊勇勇勇句擬欲向前湯叶心手三五個句萬人誰敢當叶從家緣業重句終日事三郎叶

（據任二北敦煌曲校錄）

【訂律】敦煌曲收劍器一調，凡三首。皆五言八句，第一、二首叶五平韻，第三首叶四平韻。其間平仄頗覺零亂，殊難律定。全唐詩十九載姚合劍器詞三首，皆聲調謹嚴、對仗精工之五言律詩，茲迻錄一首於下，以供參鏡：「晝渡黃河水，將軍險用師。雪光偏著甲，風力不禁旗。陣變龍蛇活，軍雄鼓角知。今朝重起舞，記得戰酣時。」

蕃女怨

【考源】此調僅見於花間集，為溫庭筠所作，故詞律謂「此詞起于溫八叉」。溫詞二首俱詠蕃女之怨，故名。

【宮調】金奩集載溫庭筠詞，入林鐘宮，俗呼南呂宮。

【詞例】

蕃女怨　　溫庭筠

萬枝香雪開已徧仄韻＊細雨雙燕叶鈿蟬箏句金雀扇叶＊畫梁相見叶雁門消息不歸來換平韻又飛回叶平

又

磧南沙上驚雁起仄韻飛雪千里叶玉連環句金鏃箭換仄年年征戰叶仄畫樓離恨錦屏空換平杏花紅叶平

【訂律】全唐五代詞彙編收蕃女怨一調，祗溫飛卿二首，餘無他作。而飛卿二首，即成二體，其第一首仄韻換平韻，第二首則換仄韻後再換平韻，詞律、詞譜僅收其第一首，漏一體矣。此調三十一字，凡七句，其首句第六字、次句第二字，例用仄聲，觀已字雁字俱用仄聲可知。其次句首字則可仄可平，第五句首字亦爲可仄可平。餘字當依溫詞而塡，不可更易。

憶仙姿

【考源】此調又名如夢令、宴桃源。宋蘇軾詞注云：「此曲本後唐莊宗製，名憶仙姿，嫌其名不雅，故改爲如夢令。」蓋因此詞中有「如夢如夢」疊句也。都穆南濠詩話亦謂「此莊宗自度曲也。」至宋周邦彥復因莊宗詞首句有「曾宴桃源深洞」句，而改名宴桃源。然世傳莊宗修內苑，掘土，有繡花，碧色，中得斷碑，載此詞（見塡詞名解），則莊宗前已有之。尊前集載白居易宴桃源三首，按格直是如夢令，昔人以後唐莊宗所作爲創調，不知已始自白傅矣。

【異名】此調又名如夢令、宴桃源（說見前）。沈會宗詞有「不見不見」疊句，名不見；張輯詞有「比着梅花更瘦」句，名比梅；梅苑詞名古記；鳴鶴餘音詞名無夢令；魏秦雙調詞，名如意令。

【宮調】此調古今詞譜謂小石調曲。片玉集注中呂。

【詞例】

宴桃源（即憶仙姿）　白居易

前度小花靜院仄韻不比尋常相見叶見了又還休句愁却等閒分散叶腸斷叶腸斷叠記取釵橫鬢亂叶

【訂律】全唐五代詞彙編收此調凡五首，計白居易三首、後唐莊宗一首、馮延巳一首。今即據之以訂律。

此詞單調三十三字，七句，五仄韻一疊句。句式爲「六六五、六二二六」，通體以六言句爲主，第五句例用叠句。此詞前、尋、相、愁、腸、釵，凡六字，可仄；小、靜、見、記、鬢，凡五字，可平。調內可平可仄據此。

憶秦娥

【考源】此調據許彥周詩話，謂是李衞公所作。湘江詩話謂均州武當山石壁上刻之，云神仙作。詞綜引吳虎臣云：「此太白詞也。」而詞苑叢談則斷爲晚唐人詞。按此調與菩薩蠻在詞中爲最古，鄭樵通志云：「二詞爲百代詞曲之祖。」吳梅詞學通論亦云：「太白此詞實冠古今，非後人所可托。」太白作菩薩蠻之說既非荒誕（見任二北敦煌曲初探），則賦此調，亦極有可能。因太白詞有「秦娥夢斷秦樓月」句，調名或取於此。

【異名】此調在唐無異名，至宋蘇軾詞有「清光偏照雙荷葉」句，名雙荷葉；無名氏詞有「水天搖蕩蓬萊閣」句，名蓬萊閣；張輯詞有「碧雲暮合」句，名碧雲深；宋媛孫道絢詞有「花深深」句，名花深深。

【宮調】此調在唐未詳其宮調。元高拭詞注商調（夷則商）。

【詞例】

憶秦娥　　李白

簫聲咽仄韻秦娥夢斷秦樓月叶秦樓月疊年年柳色句灞橋傷別叶　樂遊原上清秋節叶咸陽古道音塵絕叶音塵絕疊西風殘照句漢家陵闕叶

【訂律】全唐五代詞彙編收憶秦娥一調，祇李白與馮延巳各一首。李詞為此調正體，馮詞創為減字之體，實為變格。今卽據之以訂律。

李詞雙調四十六字，前後段各五句三仄韻，一疊韻。唐詞無他首可校。茲參宋人所作略言之：「秦樓月」、「音塵絕」二句俱疊，「灞」、「漢」二字必用仄聲，而名家尤多用去聲，音調始暢。第一句為「平平仄」，第二字不拘。次句為轆轤體，第一字必須用平，否則兩秦字不能轆轤。第三疊句卽上句之末三字，第四五句均四言，為平平仄仄（第一三字不拘），仄平平仄。後段改首句為七字，句法上四下三，聲調為「平平平仄仄平平仄」，一三字不拘，餘與前半無異。

馮詞雙調三十八字，前後段各四句四仄韻，其詞云：「風浙。夜雨連雲黑。滴滴。牕外芭蕉燈下客。除非魂夢到鄉國。免被關山隔。憶憶。一句枕前爭忘得」。此體僅見陽春集，無別首可校，平仄當遵之。

應天長

【考源】此調始見於韋莊詞。老子：「天長地久」。白樂天詩：「天長地久無終畢。」調名當有取於此。花間集載韋莊、牛嶠、毛文錫、顧敻四家詞，皆有此調，可見五代時此調已流行於世。

【異名】此調有令詞慢詞，惟令慢各自為調，初無所謂本調也。令詞始於韋莊，又有顧敻、毛文錫兩體，五代作者多從之，宋毛幵詞名應天長令。慢詞始於柳永，雙調九十四字，又有周邦彥一體，雙調九十八字，名應天長慢。

【宮調】此調金奩集載韋莊詞，入夾鐘商，俗呼雙調。宋柳永、周邦彥、吳文英詞入夷則商，俗呼商調。

【詞例】

應天長　　韋莊

綠槐陰裏黃鶯語仄韻深院無人春晝午叶畫簾空句金鳳舞叶寂寞繡屏香一炷叶　碧天雲句無定處叶

空有夢魂來去叶夜夜綠窗風雨叶斷腸君信否叶

【訂律】全唐五代詞彙編輯錄應天長調，計韋莊二首、牛嶠二首、毛文錫一首、顧敻一首、孫光憲一首、南唐中主李璟一首（此詞毛刻尊前集、歷代詩餘、全唐詩均作後主李煜作）、馮延巳七首（馮詞第一首「一彎初月臨鸞鏡」與中主詞複出，僅數字略異耳），凡十五首，今卽據之以訂律。

此調五十字，上下片各五句，各用四仄韻。上片首句爲平起仄韻之七字句，第一字可平可仄，而各家詞以用仄者爲多。第三字亦可平可仄，大抵首字爲仄者，第三字以平爲宜，如此則首句爲「仄平平仄平平仄」，音最諧協，五代詞多合此律。次句爲仄起仄韻之七言句，第一字平仄不拘，第三字與第五字之平仄雖亦不拘，然二者必有一平，不可全用仄聲。第三四句，韋詞另首作「難相見，易相別」與前擧詞例之聲調合參，可知除第三句第二字與第四句之叶韻字外，餘皆可平可仄。第五句與次句聲調相同。下片首次兩句宜作「仄平平，平仄仄」，爲定格，各詞皆然。三四句同爲仄起仄韻之六言句，一三五字平仄不拘，惟三五兩字不可全仄，必用一平，聲律始諧，如孫詞「共宴此宵相偶」、牛詞「莫信綵牋書裏」等是。結句聲調爲「平平平仄仄」，第一字平仄可不論。

又顧敻「瑟瑟羅裙金線縷」一體，雙調四十九字，上片五句四仄韻，與韋詞同，僅首句仄起耳。下片首句，本韋詞第一二兩句減一字，作五言句，與韋詞小異。又毛文錫「平江波暖鴛鴦語」一體，雙調五十字，上下片各四句四仄韻。下片首句五字與顧詞同，上片第三句則攤破韋詞三字兩句，作七字一句。至馮延巳（？）「一彎初月臨鸞鏡」一體，雙調四十九字，句法與顧悉同，惟上片第三句押韻爲小異。按此體祇馮集有之，唐宋人不作也。

薄命女

【考源】此調始見於花間集，亦僅和凝一首。漢書外戚孝成許皇后傳：「奈何妾薄命，端遇竟寧前。」調名當有取於此。樂府雜錄云：「大曆中，嘗有樂工自述一曲，即古曲長女命西河也，增損節奏，頗有新聲。」長命女之名，載於唐教坊記，然未聞有薄命女之異稱。至和凝之詞，則寫宮怨，今詞律、詞譜均收入長命女調，恐誤。按「長命」與「薄命」，義正乖反，長命女爲頌禱之詞，觀馮延巳之作可知；薄命女乃悲抑之作，聲辭均應有別，不應混爲一調。自碧鷄漫志誤以和凝詞爲長命女，而詞律詞譜皆沿其誤，殊可異也。

【宮調】此調未詳其宮調，俟攷。

【詞例】

薄命女　　和凝

天欲曉仄韻宮漏穿花聲繚繞叶窗裏星光少叶　冷露寒侵帳額句殘月光沈樹杪叶夢斷錦幃空悄悄叶强起愁眉小叶

【訂律】全唐五代詞彙編收此調，僅和凝一首，雙調三十九字，七句。上片三句三仄韻；下片四句三仄韻。上下片通用一韻，無他首可校。平仄宜遵之。

瀟湘神

【考源】此調始自中唐劉禹錫詞。劉詞二首皆詠舜二妃，卽名其調曰瀟湘神，蓋所謂賦題本意也。歷代詩餘謂此調「倣九歌，爲迎神送神調。」古今詞話亦云：「但迎神之詞耳。」二說殊恐未然。今細味其詞意，殆竹枝之流也。

【異名】此調一名瀟湘曲，歷代詩餘、塡詞名解俱有此說。

【宮調】此調未詳其宮調，俟考。

【詞例】

瀟湘神　劉禹錫

湘水流平韻湘水流疊九疑雲物至今愁叶若問二妃何處所句零陵芳草露中秋叶

【訂律】全唐五代詞彙編收瀟湘神一調，僅劉禹錫二首，皆單調二十七字，五句四平韻。兩詞平仄如一，惟第三句劉詞別首作「淚痕點點寄相思」，上點字仄聲，調中僅通此一字。又此調首三字例用疊句，如別首之「斑竹枝」，「斑竹枝」是也。

點絳唇

【考源】此調初見於馮延巳陽春集。江淹詩：「白雪凝瓊貌，明珠點絳脣。」鮑照蕪城賦：「東安妙姬，南安佳人。蕙心蘭質，玉貌絳脣。」此蓋調名之所由昉也。

【異名】此調唐詞無異名。宋王禹偁詞名點櫻桃；王十朋詞名十八香；張輯詞有「邀月過南浦」句，名南浦月；又有「遙隔沙頭雨」句，名沙頭雨；韓淲詞有「更約尋遙草」，名尋瑤草。

【宮調】此調在唐宮調未詳。元太平樂府注仙呂宮（夷則宮）；高拭詞注黃鐘宮（無射宮）。正音譜注仙呂調（夷則羽）。

【詞例】

點絳唇　　馮延巳

蔭綠圍紅句夢瓊家在桃源住仄韻畫橋當路叶臨水開朱戶叶　柳逕春深句行到關情處叶顰不語叶意憑風絮叶吹向郎邊去叶

【訂律】全唐五代詞彙編收錄此調，僅馮延巳一首，雙調四十一字，上片四句三仄韻；下片五句四仄韻。唐詞無別首可校，玆參宋詞聲律略言之：上片首句四字，不用韻；然第一字以去聲爲佳（詞律論之甚詳）。第三句亦四字，作「仄平平仄」，第一字亦宜用去聲。第四句爲仄起仄韻之五言句，第一字平仄不拘。下片第一句同上片首句。第二句同上片第四句。第三句三字叶。第四五句復與上片第三四句同。

謝新恩

【考源】調名源流無考。

【宮調】此調未詳其宮調。

【詞例】

謝新恩　李煜

冉冉秋光留不住。滿階紅葉暮。又是過重陽、臺榭登臨處。茱萸香墜。紫菊氣、飄庭戶、煙籠細細。嗈嗈新雁咽寒聲。愁恨年年長相似。

【訂律】全唐五代詞收此調凡七首，皆南唐後主李煜所作，惟各詞字句皆有脫闕，殊難訂律，故今僅錄其較完整者，存以備體。

謫仙怨

【考源】此調一名廣謫仙怨，又名劍南神曲。竇弘餘廣謫仙怨序云：「天寶十五載正月，安祿山反，陷沒洛陽；王師敗績，關門不守。車駕幸蜀，途次馬嵬驛，六軍不發，賜貴妃自盡，然後駕行。次駱谷，上登高下馬，望秦川，遙辭陵廟，再拜嗚咽流涕。左右皆泣。謂力士曰：『吾聽九齡之言，不到於此。』乃命中使往韶州以太牢祭之。因上馬索長笛吹，笛成，潸然流涕，佇立久之。時有司旋錄成譜。及鑾駕至成都，乃進此譜，請名曲，帝謂吾因思九齡，亦別有意，可名此曲爲謫仙怨。其旨屬馬嵬之事。厥後以亂離隔絕，有人自西川傳得者，無由知，但呼爲劍南神曲。」然則此調爲明皇幸蜀時倚笛所製之新聲，調名亦明皇所命，其後以傳自西川，而人不識其本事，乃又別呼爲「劍南神曲」。至如名「廣謫仙怨」者，竇序云：「大曆中，江南人盛爲此曲，隨州刺史劉長卿左遷睦州司馬，祖筵之內，長卿遂撰其詞，吹之爲曲，意頗自得；蓋亦不知本事。余既備知，聊因暇日撰其詞，復命樂工唱之，用廣其不知者。」其意蓋謂長卿用此調以抒左遷之恨，與本事不合，故撰詞述明皇馬嵬之悲，藉廣播其事也。其後康駢亦撰此詞，序云：「蓋明皇發駱谷之時，實有畏賢之意；竇之所製，殊不述焉。駢因更廣其辭，益欲兩全其事。」則又因竇詞而加廣焉。所謂「廣」者，俱就內容而言，與體製無涉，其實皆一調耳。又詞律拾遺云：「謫仙怨本唐樂府新聲，後用以填詞，實卽回波而加後疊也。」按回波樂唐中宗時所造曲，六言四句，三平韻，其體如六言絕句，而此調雙疊，上下片各六言四句，韻亦如律詩體，以律考之，則拾遺之說，或可信也。

【異名】一名廣謫仙怨，劍南神曲。參考源。

【宮調】此調在唐，未詳其宮調，俟考。

【詞例】

謫仙怨　竇弘餘

胡塵犯闕衝關韻金輅提攜玉顏叶雲雨此時蕭散句君王何日歸還叶傷心朝恨暮恨句回首千山萬山叶獨望天邊初月句蛾眉猶自灣灣叶

【訂律】全唐五代詞彙編只錄此調三首，卽劉長卿、竇弘餘、康駢三家之作是也。凡雙疊，上下片各六言四句，上片三平韻，下片兩平韻，體格一如律詩，卽中間兩聯，亦作偶語，除上舉詞例外，如劉作三四句：「鳥向平蕪遠近，人隨流水東西。」五六句：「白雲千里萬里，明月前溪後溪。」康詞三四句：「鑾輅西巡蜀國，龍顏東望秦川。」五六句：「曲江魂斷芳草，妃子愁凝暮烟。」（按「曲江」謂張九齡也。故與妃爲對。）至其句中平仄，雖三首偶有出入，（如詞例所示），然亦穩順可喜，而黏對俱全，尤見其脫胎於律體矣。

歸自遙

【考源】此調始見於陽春集馮正中詞，其句法爲「三七七」、「七三七」兩片，與溫庭筠歸國遙異，故二體不容混淆。萬樹詞律誤編此調入歸國遙，御製詞譜嘗非之，可參看歸國遙條。

【異名】此調異名有二：詞譜謂一名風光子；趙念瑞詞名思佳客。

【宮調】樂府雅詞注道調宮（中呂宮）。

【詞例】

歸自遙　　　　馮延巳

何處笛仄韻深夜夢回情脈脈叶竹風檐雨寒窗滴叶　離人數歲無消息叶今頭白叶不眠特地重相憶叶

【訂律】全唐五代詞彙編收歸自遙一調，計馮延巳三首，今即據之以訂律。此詞雙調四十三字，前後段各三句三仄韻。此詞前段第二三句，別首作「江上何人吹玉笛，扁舟遠送瀟湘客」，何字扁字平聲，遠字仄聲。後段首句，別首作「蘆花千里霜月白」，月字仄聲。結句「來朝便是關山隔」，來字平聲。故此詞夢、竹、數、不，凡四字，可平；檐、消二字，可仄。調內可平可仄據此。

擷芳詞

【考源】全唐五代詞彙編載此調，僅無名氏一首，詞作雙調五十四字，上下片各七句六仄韻。古今詞話云：「政和間，京師妓之姥，曾嫁伶官，常入內教舞，傳禁中擷芳詞以教其妓，人皆愛其聲，又愛其詞，類唐人所作」。此詞作者既闕名，又出於徽宗朝，年代久遠，未必可確指為唐調，故今暫可視作偽詞，不定律。

贊成功

【考源】此調僅見花間集，亦僅有毛文錫詞一首，聞汝賢詞牌彙釋以爲此調「詠本意，蓋以事而名調也。此腔想係毛文錫自度。」今按毛詞純詠閨情，特借海棠以發之耳。辭旨幽婉，豈「贊成功」之意耶？聞說似誤，姑存此以誌疑。

【宮調】此調未詳其宮調，俟攷。

【詞例】

贊成功　毛文錫

海棠未坼句萬點深紅平韻香包緘結一重重叶似含羞態句邀勒春風叶蜂來蝶去句任遶芳叢叶　昨夜微雨句飄灑庭中叶忽聞聲滴井邊桐叶美人驚起句坐聽晨鐘叶快教折取句戴玉瓏璁叶

【訂律】全唐五代詞彙編收贊成功一調，僅毛文錫一首。此詞雙調六十二字，十四句，平韻到底。前後段各七句，四平韻。此詞無唐宋詞別首可校，平仄當遵之。

鬥百草

【考源】鬥草之戲，創始甚早，明郎瑛七修續稿謂其戲起於吳，清翟灝通俗編，更上溯於成周之世。按荆楚歲時記載：「五月五日，四民並踏百草，又有鬥百草之戲。」唐人梅妃傳謂「上與妃鬥草」。詩人崔顥、李白、韓愈、劉禹錫等，皆有詩句及此，足證此戲在民間之普遍。調名取此，蓋有所由矣。唐會要卷三十三，載「太常梨園別教院教法曲樂章……等十二章」，內有「鬥百草樂一章」，是此調在唐，已入法曲，法曲者，乃唐宋兩代「法部」之大曲也。今敦煌卷斯六五三七、伯三二七一，載此調曲辭四遍，分標「第一」、「第二」等，即作大曲形式。又唐書樂志云：「隋煬帝樂工白明達造鬥百草，泛龍舟等曲」。唐既收此調入法曲，則其聲大抵猶沿隋代之舊。

【宮調】此調未詳其宮調，俟攷。

【詞例】

鬥百草　無名氏

望春希長樂句南樓對北華平韻但看結李草句何時憐頡花叶喜去喜去覓草和聲鬥罷且歸家叶（據任二北敦煌曲校錄）

【訂律】敦煌曲收鬥百草一調，僅大曲一套四遍，每遍皆以五言五句爲主，而揷以六言句爲和聲，概曰：「喜去喜去覓草」。此調曲辭雖簡，然失韻、待校之處甚多，不易訂律，今姑舉一首於上，以供參覽。

結語

本章於唐五代詞考源及訂律既竟，似可得一簡單之結論，玆約爲四端述之，以爲最殿：

一、王易詞曲史論詞體成立之順序，凡有三例：初整齊而後錯綜，一也；初獨韻而後轉韻，二也；初單片而後雙疊，三也。流衍至於五代，短章未足盡興，伶工樂府乃增其節拍，化短爲長。迨北宋柳永周邦彥輩，通樂工文，本舊曲以翻新調，於是慢詞生焉。今按敦煌曲中，長調頗多，如傾盃樂凡一百一十字，內家嬌凡一百零六字，拜新月凡八十六字，鳳歸雲凡八十四字，洞仙歌凡七十七字，別仙子凡七十九字，實與慢體相類。又唐詞杜牧八六子一闋，見尊前集，凡九十字，鍾幅卜算子慢，見全唐詩，凡八十九字，尹鶚金浮圖，見尊前集，凡九十四字，皆不失爲慢詞之椎輪。然則慢體之作，非始于宋人也明矣。

二、唐詞調名有爲後人所誤用者，如浣溪沙一調，北宋以後，於此調齊言聲詩之七言六句者，名浣溪沙；於其雜言作「七、七、七三、」兩片者，則有攤破浣溪沙、攤聲浣溪沙、南唐浣溪沙等名，惟其初並不然也。按此調在唐，本有雜言、齊言兩體，統稱浣溪沙。今觀敦煌曲中，名浣溪沙者，凡十一首，皆作雜言；尊前、花間二集內，浣溪沙之各體皆備，但絕無二名，可以證也。宋人強立名目，不過徒滋紛擾耳。又五代以後，以山花子爲雜言浣溪沙之別名（如和凝詞），唐時則不然，蓋山花子在唐，獨自爲調，其與浣溪沙之雜言體句法雖同，而一叶平韻，一叶仄韻，非可混爲一調，自敦煌曲發現後，益證此說不謬，任氏初探嘗詳論之，可參本章山花子條。

三、再者，唐詞調名，有爲後人所混用者，如萬樹詞律發凡云：「有調同名異者，如木蘭花與玉樓春之類，唐人卽有此異名。」今攷兩調格律，實不相涉。按花間集載木蘭花詞三首，玉樓春七首，其七字八句仄韻者爲玉樓春體；木蘭花則韋莊詞、毛熙震詞、魏承班詞，凡三體，三體格律稍異，然從無與玉樓春同者。且花間集所收魏承班詞，長短句體木蘭花與五十六字體玉樓春兩調並列，則其聲律必有不同，固無可疑，萬氏從宋人之混合，而不從五代之析分，殊非。又尊前集收歐陽炯詞，亦兩調並列，皆五十六字七言八句，其首句平起者爲木蘭花，仄起者名玉樓春。然御製詞譜僅據花間集，分五十二字至五十五字者爲木蘭花，五十六字七言八句者爲玉樓春，亦有待商榷。他如漁父與漁歌子，詞律以下之譜書，亦皆視爲異名同調之作，蓋誤。按漁歌子見於敦煌曲及花間集，均以「三三、七」「三三、六、」兩片爲正格，與張志和漁父作「七、七、三三、七、」者不同。今攷志和所作單片平韻者名漁父，唐五代作者，皆無漁歌子之名，而顧夐、孫光憲所作雙疊仄韻者名漁歌子，卻無漁父之名，可見當時實截然兩調。觀李珣於張體則題漁父，於顧體則題漁歌子，一家之作，而分體異名，是爲確證。然則舊說之誤，蓋可知也。

四、本章比勘唐五代詞之格律，知舊譜頗有疏漏者，如菩薩蠻兩段結句，唐五代詞用拗律者多，不但第三字多用平聲，且第一字亦多用仄聲，其用常律句者蓋不多見，試檢唐五代詞驗之，溫庭筠「

雁飛殘月天」、「玉釵頭上風」；韋莊「美人和淚辭」、「綠窗人似花」；牛嶠「玉郎猶未歸」、「錦屏春晝長」等，罔不如是。又如詞中凡仄起仄住（仄仄平平仄仄）之六言句，其第一三五字平仄雖可不拘，但第五字作仄聲時，則第三字必用平聲，反之亦然。要之兩字中必有一平聲也。再檢唐五代詞驗之，牛嶠更漏子「金爐暗挑殘燭」；牛希濟謁金門「淚滴枕檀無數」；毛文錫何滿子「恨對百花時節」；魏承班滿宮花「應在倡樓酩酊」；尹鶚清平樂「雨打梨花滿地」等皆然，無例外者。然此類聲響，詞律、詞譜皆未道及，百密一疏，終不免玉玷之誚。

重要參考書目

十三經注疏		藝文印書館
論語義疏	皇　侃	藝文印書館
國語	左丘明	九思出版社
戰國策	劉　向	九思出版社
史記	司馬遷	藝文印書館
漢書	班　固	藝文印書館
晉書	房玄齡等	藝文印書館
宋書	沈　約	藝文印書館
南齊書	蕭子顯	藝文印書館
魏書	魏　收	藝文印書館
隋書	魏　徵等	藝文印書館

舊唐書　劉昫　藝文印書館
新唐書　宋祁　藝文印書館
通典　杜佑　新興書局
通志　鄭樵　新興書局
文獻通考　馬端臨　新興書局
淮南子　劉安　世界書局
荀子集解　王先謙　世界書局
墨子集解　張純一　文史哲出版社
呂氏春秋　呂不韋　世界書局
管子集斠　許藎臣　龍門書店
樂府詩集　郭茂倩　中華書局
樂府詩粹箋　潘重規　學海書局
樂府詩紀　汪中　學生書局
樂府詩選　余貫榮　華正書局
全唐五代詞彙編　林大椿　世界書局

全宋詞　唐圭璋　中央輿地出版社
敦煌曲初探　任二北
敦煌雲謠集新書　潘重規　石門書局
敦煌曲校錄　任二北　盤庚出版社
任二北「敦煌曲校錄」補校　潘重規　石門書局
花間集　趙崇祚編　世界書局
花間集注　華連圃　上海商務書局
花間集　評點校注　蕭繼宗　學生書局
評述花間集暨其十八作家　廖雪蘭　文化大學中研所
尊前集　世界書局
詞選續詞選校讀　張惠言、董毅、李次九校讀　復興書局
詞選　鄭騫　華岡出版部
續詞選　鄭騫　華岡出版部
唐宋名家詞選　龍沐勛輯　開明書店
唐宋詞選注　張夢機、張子良　華正書局
宋詞三百首箋注　唐圭璋　華正書局

評註南唐二主詞　廣文編譯所評注　廣文書局
樂章集　柳　永　世界書局
周詞訂律　楊易霖　學海出版社
姜白石詞編年箋校　夏承燾　中華書局
夢窗詞全集箋釋　楊鐵夫　學海書局
中國文學發展史　劉大杰　華正書局
中國大文學史　謝无量　中華書局
中國俗文學史　鄭振鐸　商務印書館
中國文學史　鄭振鐸　明倫書局
中國文學史論　華仲麐　開明書局
中國文學史　葉慶炳　弘道文化事業公司
中國文學流變史　李曰剛　聯貫出版社
中國詩史　陸侃如、馮沅君　藍星出版社
樂府文學史　羅根澤　文史哲出版社
漢魏六朝樂府文學史　蕭滌非　長安出版社

詞史	劉毓盤	學生書局
宋元戲曲史	王國維	商務印書館
南北戲曲源流考	青木正兒著、江俠庵譯	商務印書館
中國音樂史	王光祈	中華書局
中國音樂小史	許之衡	商務印書館
中國音樂史	楊蔭瀏	學藝出版社
唐代音樂史的研究	岸邊成雄著 梁在平 黃志炯譯	中華書局
中國音樂史論集	戴粹倫	中華文化出版事業社
中國音樂史論述稿	張世彬	香港友聯出版社
現代音樂史的研究	岸邊成雄著 梁在平 黃志炯譯	中華書局
外族音樂流傳中國史	孔德	華世出版社
詞律	萬樹	中華書局
御製詞譜	王奕清	
白香詞譜	舒夢蘭	中華書局

詞範	嚴賓杜	光復書局
實用詞譜	蕭繼宗	中華叢書委員會
漪痕館新詞譜	王敭彬	老古出版社
唐宋詞定律	龍沐勛	華正書局
詞調溯源	夏敬觀	商務印書館
詞牌彙釋	聞汝賢	自印本
藝概	劉熙載	廣文書局
詞苑叢談	徐　釚	廣文書局
詞話叢編	唐圭璋	廣文書局
張炎詞源箋訂	劉紀華	嘉新水泥公司文化基金會
教坊記箋訂	任二北	宏業書局
碧雞漫志研究	周曉蓮	文化中文研究所
樂府雜錄	段安節	商務印書館
段安節樂府雜錄箋訂	洪惟助	政大中文研究所
香研居詞麈	方成培	商務印書館

夢溪筆談	沈 括	商務印書館
詞源疏証	蔡 楨	金陵大學中國文化研究所
詞學小叢書	胡雲翼編	泰順書局
羯鼓錄	南 卓	商務印書館
彙輯宋人詞話	映 庵輯	廣文書局
作詞十法疏証	任二北	西南書局
律呂闡微	江 永	商務印書館
樂書要錄	撰人不詳	商務印書館
律呂新論	江 永	守山閣叢書
燕樂考原	凌廷堪	商務書局
詞學全書	查培繼	廣文書局
曲律易知	許之衡	郁氏印獎會
宋歌舞劇曲考	劉宏度	世界書局
東西樂制之研究	王光祈	中華書局
中樂尋源	童 斐	學藝出版社

詞樂叢刊	饒宗頤	香港中華書局
詞調與大曲	梅應運	香港新亞研究所
文學與音律	謝雲飛	東大圖書公司
中國古劇樂曲之研究	陳萬鼐	史學出版社
中國韻文概論	梁啓勳	商務印書舘
近古文學概論等三書	徐嘉瑞	鼎文書局
樂府通論	王易	廣文書局
樂府詩論叢	王運熙	
詞曲研究	盧冀野	中華書局
詞曲四論	洪惟助	華正書局
唐宋詞論叢	夏承燾	華正書局
詞學通論	吳梅	商務印書舘
詞學	梁啓勳	河洛圖書公司
詞學叢譚	段新中	平平出版社
詞學纂要	楊向時	華國出版社
詞學平論史稿	江潤勳	香港龍門書局

詞學今論　陳弘治　文津出版社
宋詞通論　薛礪若　開明書局
作詞法　夏承燾　北一出版社
宋詞四考　唐圭璋　明倫出版社
詞籍考　饒宗頤　香港大學出版社
論曲五種　王國維　藝文印書館
詞餘講義　吳梅　蘭臺書局
顧曲塵談　吳梅　廣文書局
戲曲叢譚　華連圃　商務印書館
曲學例釋　汪經昌　中華書局
唐宋詞人年譜　夏承燾　明倫出版社
景午叢編　鄭騫　中華書局
論樂府　朱謙之　文史學研究所月刊第三期第一卷
樂府之由來及其衍變　祝文白　思想與時代月刊第三十七期

唐代歌詩　朱謙之　文史學研究所月刊第一卷第一期
詩說　陳柱　學衡第十二期
談詞　李殿魁　慶祝瑞安林景伊先生六秩誕辰論文集
論詞之起源及其演進　張衍源　香港中文大學中國文學系年刊
由敦煌曲看詞的起源　林玫儀　書目季刊第八卷第四期
復潘生元憲論詞爲詩餘書　徐英　安徽大學月刊第一卷第六期
論唐宋曲子之源流　張世彬　中國學人第三期
論詞之興起及其在隋唐五代之發展　賓國振　台北市立女子師範專科學校學報
研究詞集之方法　任二北　東方雜誌第廿五卷第九號
增訂詞律之商榷　任二北　東方雜誌第廿六卷第一號
雲謠集雜曲子校釋　唐圭璋　國立中央大學文史哲季刊第一期
長安詞、山花子及其他　饒宗頤　新亞學報第十一卷
唐人打令考　羅庸　國立北京大學四十週年紀念論文集
菩薩蠻及其相關之諸問題　張琬　大陸雜誌語文叢書第一輯第五册
李白菩薩蠻憶秦娥考　楊胤宗　大陸語文叢書一輯五册
音樂通論　高鳳樓　東北叢刊第七期

律呂瞽說　顏虛心　說文月刊第一卷
樂說　顏虛心　國學論叢二卷二號
中國聲律之調停、與琴之聲律　查夷平　東方雜誌十九卷八號
中國音樂文學史敍言　陳鐘凡　文史學研究所月刊第三卷第一期
文學上之韻律　陳覺玄　四川省教育廳文史月刊一、二期
詩經學纂要論詩樂　徐英　安徽大學月刊第一卷第三期
中國詩樂之遷變與戲曲發展之關係　淵實　新民叢報
詩與樂舞　涂公遂　第四年第五號
漢唐間樂舞所受異族之影響　張亮采　國立東北大學志林六期
漢、唐、宋的大曲　由毓淼　文學年報第二期
論「宮調聲情」　張世彬　香港中文大學中國文學系年刊
探求詞調聲情的幾條途徑　陳滿銘　學粹雜誌第十七卷第五、六期
唐宋詞曲宮調經見表　袁帥南　中山學術文化集刊四期
研究詞樂之意見　任二北　中山大學語言歷史學研究所週刊卅九期
論詞的音律與四聲　弓英德　師大學報第四期
詞曲宮調與樂律　張瘦石

龜茲蘇祇婆琵琶七調考原	向　達	學衡五十四期
敦煌琵琶譜讀記	饒宗頤	新亞學報第四卷第二期
敦煌舞譜殘帙探微	趙　泰	
對古琴曲「陽關三疊」的初步研究	楊蔭瀏	民族音樂研究論文集
唐代民間歌謠與敦煌曲子詞之探述	邱燮友	中國學術年刊第二集
唐宋俗樂調之理論與實用	張世彬	饒宗頤教授南遊贈別論文集
宮調辨岐	錢萬選	同聲月刊第二卷第十號
詞律箋榷	徐　棨	詞學季刊第二卷第二號至第三卷第二號
清眞詞敍論	龍沐勛	詞學季刊第二卷第四號
東坡樂府綜論	龍沐勛	詞學季刊第二卷第三號
南宋詞之音譜扳限考	任二北	東方雜誌第廿四卷第十二號
談律	程發軔	師大國研所講義
諸宮調在文學史上的地位	葉慶炳	大陸雜誌第十卷第七期
論劇曲	朱謙之	中國音樂史
從韓國國樂談詞樂	汪志勇	政大研究生雜誌第二期
論清代諸家詞韻之得失	張世彬	中國學人第五期